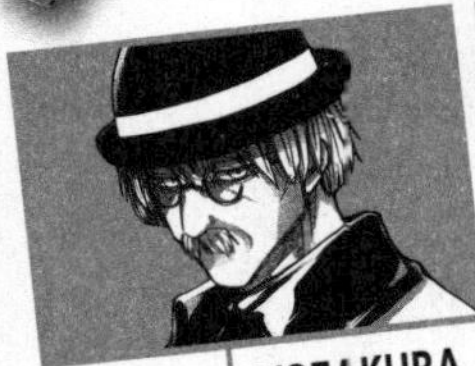

MOMO YOZAKURA

Der Vater der Geschwister Yozakura hat die Familie verlassen und arbeitet mit »Tanpopo« zusammen.

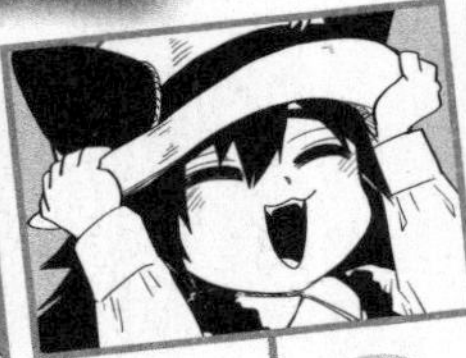

AI

Ein ehemaliges Mitglied von »Tanpopo«. Derzeit wohnt sie bei der Familie Yozakura.

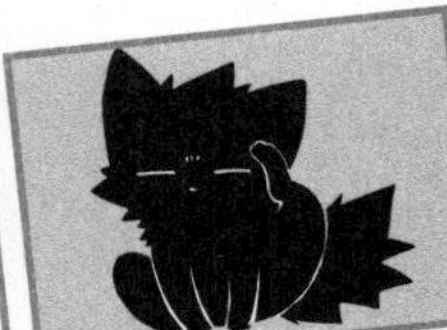

GOLIATH

Haustier der Familie Yozakura

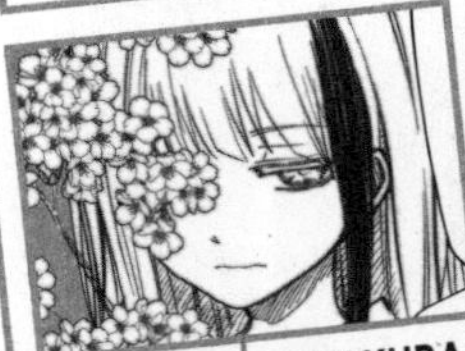

TSUBOMI YOZAKURA

Das erste Oberhaupt der Familie Yozakura. Sie lebt schon seit langer Zeit und hat Kawashita ihre Kräfte geliehen.

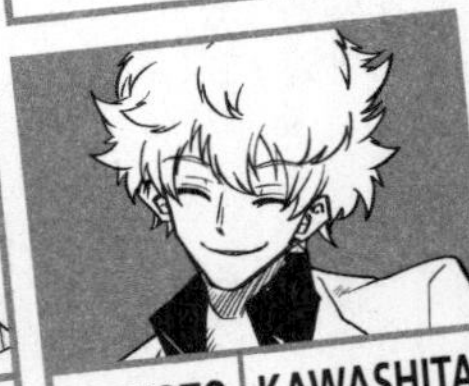

MAKOTO KAWASHITA

Direktor der Kawashita-Klinik und Mitglied von »Tanpopo«. Er trachtet nach Mutsumis Herz.

Story.

Seit Taiyo seine Familie verloren hat, spricht er nur mit seiner Kindheitsfreundin Mutsumi Yozakura. Dann entpuppen sich die Yozakuras als Spione! Taiyo heiratet Mutsumi und wird Teil der Familie. Seine Karriere als Spion beginnt. Er findet heraus, dass die Organisation »Tanpopo«, der Arzt Makoto Kawashita und der tot geglaubte Vater der Geschwister Yozakura beim Tod seiner Familie ihre Finger im Spiel hatten. Am Ende der »Yozakurafront« kommt es zum Kampf gegen Kawashita. Taiyos »Aufblühen« gerät außer Kontrolle und zeigt ihm Ausschnitte aus Kawashitas Gedächtnis, in dem Tsubomi Yozakura, das erste Oberhaupt der Familie, auftaucht. Zusammen mit seinen Geschwistern schafft es Taiyo, Kawashita zu fassen. Die Mission ist gelungen! Einige Tage später hat Taiyo Schwierigkeiten, sein »Aufblühen« in den Griff zu bekommen. Dann hört er eine Stimme — nämlich die von Tsubomi Yozakura, die er in Kawashitas Erinnerungen gesehen hat…

Mission: Yozakura Family – Inhalt

11 Die Aufstiegsprüfung der Spione — To Do Mission

Mission:
Yozakura Family

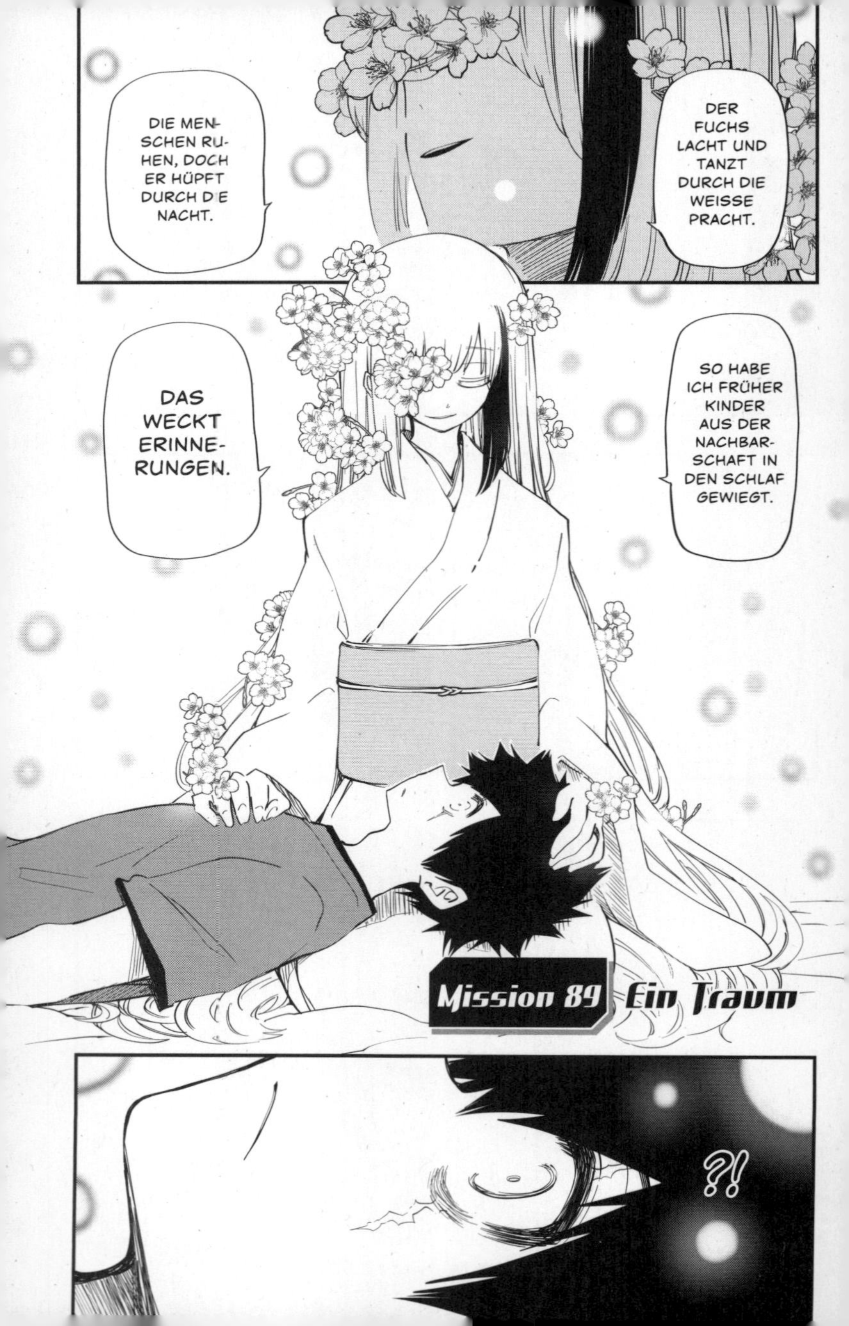
DER FUCHS LACHT UND TANZT DURCH DIE WEISSE PRACHT.
DIE MENSCHEN RUHEN, DOCH ER HÜPFT DURCH DIE NACHT.
SO HABE ICH FRÜHER KINDER AUS DER NACHBARSCHAFT IN DEN SCHLAF GEWIEGT.
DAS WECKT ERINNERUNGEN.
Mission 89 Ein Traum
?!

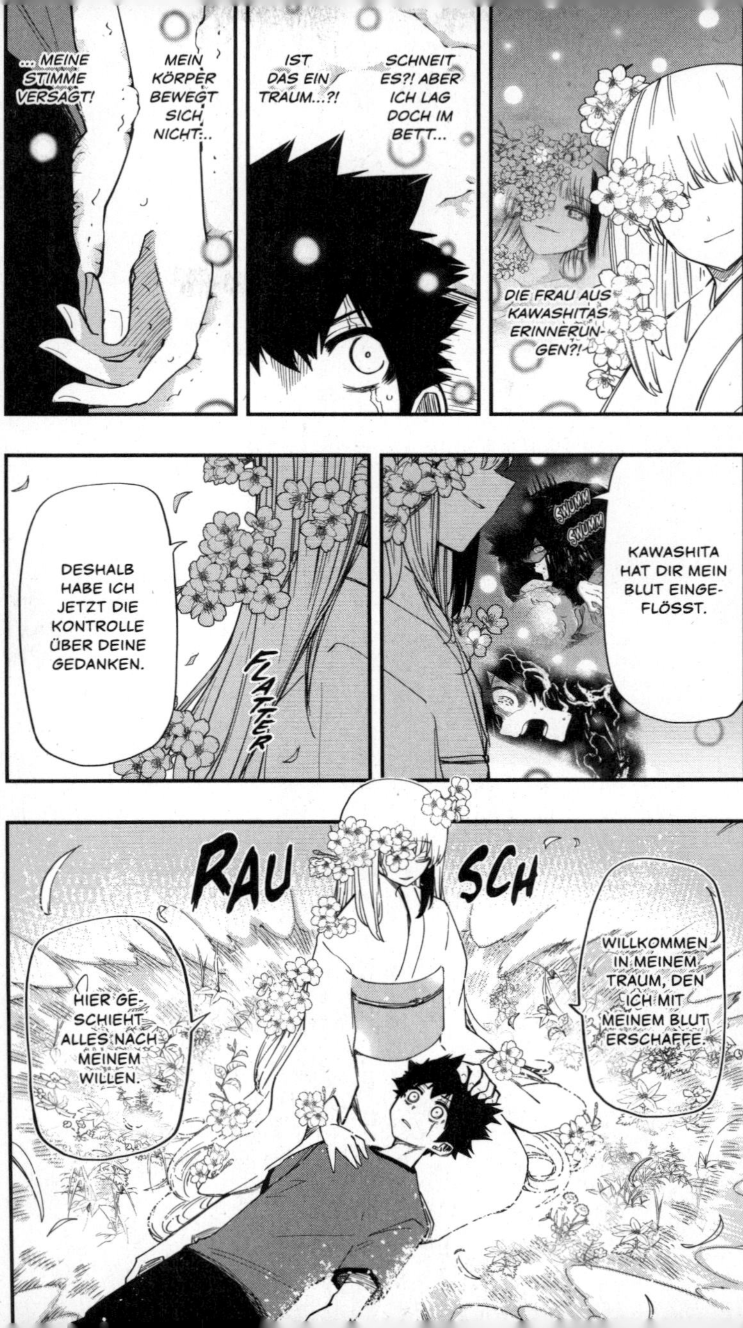
SCHNEIT ES?! ABER ICH LAG DOCH IM BETT...
IST DAS EIN TRAUM...?!
MEIN KÖRPER BEWEGT SICH NICHT...
... MEINE STIMME VERSAGT!
DIE FRAU AUS KAWASHITAS ERINNERUN-GEN?!
KAWASHITA HAT DIR MEIN BLUT EINGE-FLÖSST.
SWUMM
SWUMM
DESHALB HABE ICH JETZT DIE KONTROLLE ÜBER DEINE GEDANKEN.
FLATTER
RAUSCH
WILLKOMMEN IN MEINEM TRAUM, DEN ICH MIT MEINEM BLUT ERSCHAFFE.
HIER GE-SCHIEHT ALLES NACH MEINEM WILLEN.

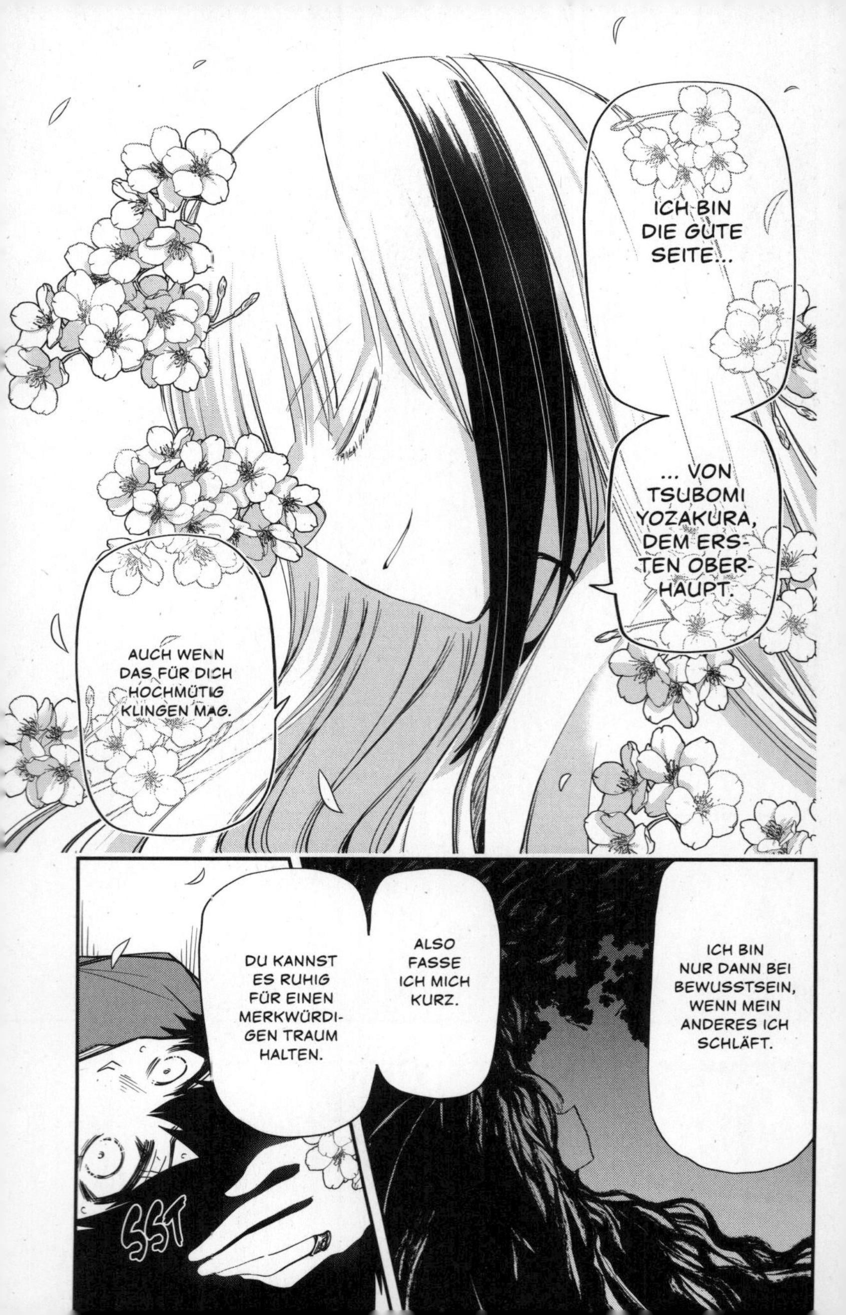
ICH BIN DIE GUTE SEITE...
... VON TSUBOMI YOZAKURA, DEM ERS-TEN OBER-HAUPT.
AUCH WENN DAS FÜR DICH HOCHMÜTIG KLINGEN MAG.
ICH BIN NUR DANN BEI BEWUSSTSEIN, WENN MEIN ANDERES ICH SCHLÄFT.
ALSO FASSE ICH MICH KURZ.
DU KANNST ES RUHIG FÜR EINEN MERKWÜRDI-GEN TRAUM HALTEN.
SST

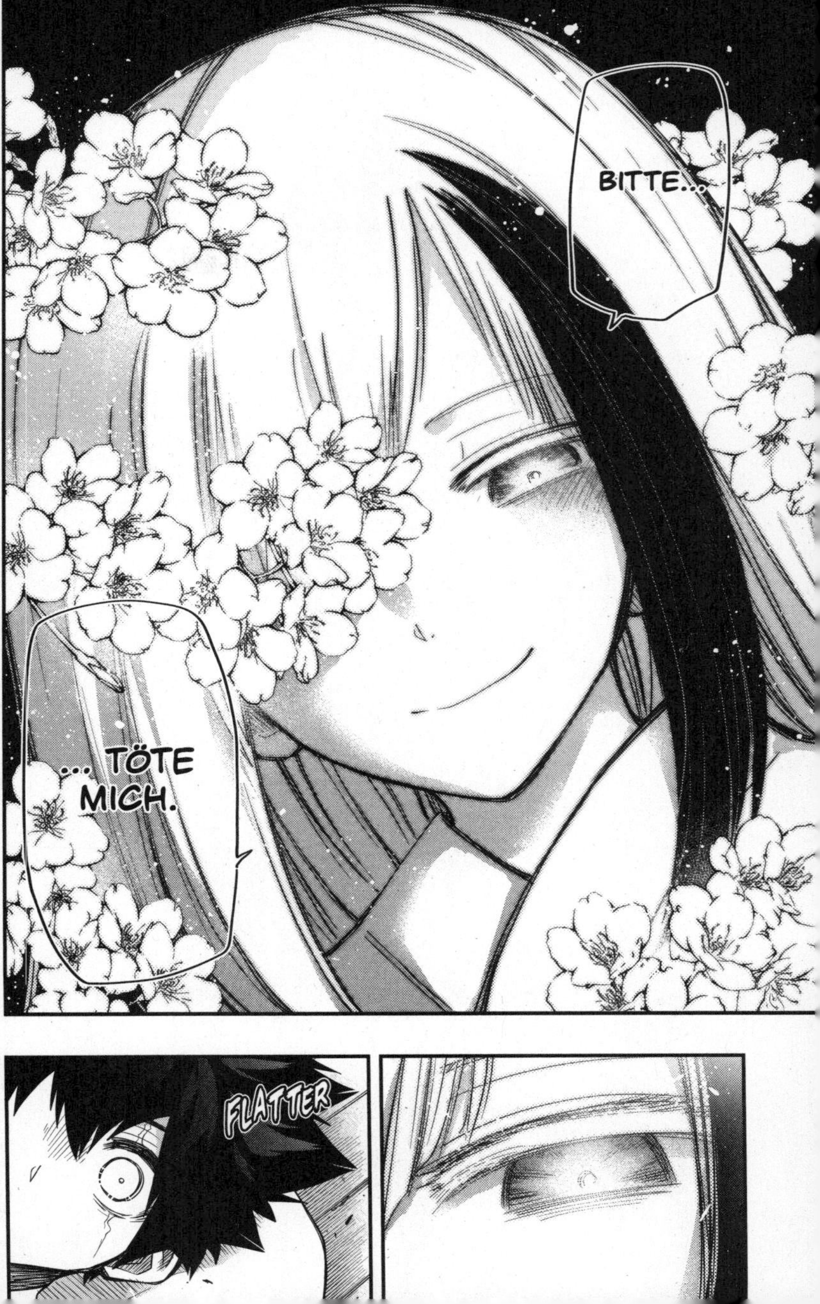

BITTE...
... TÖTE MICH.
FLATTER

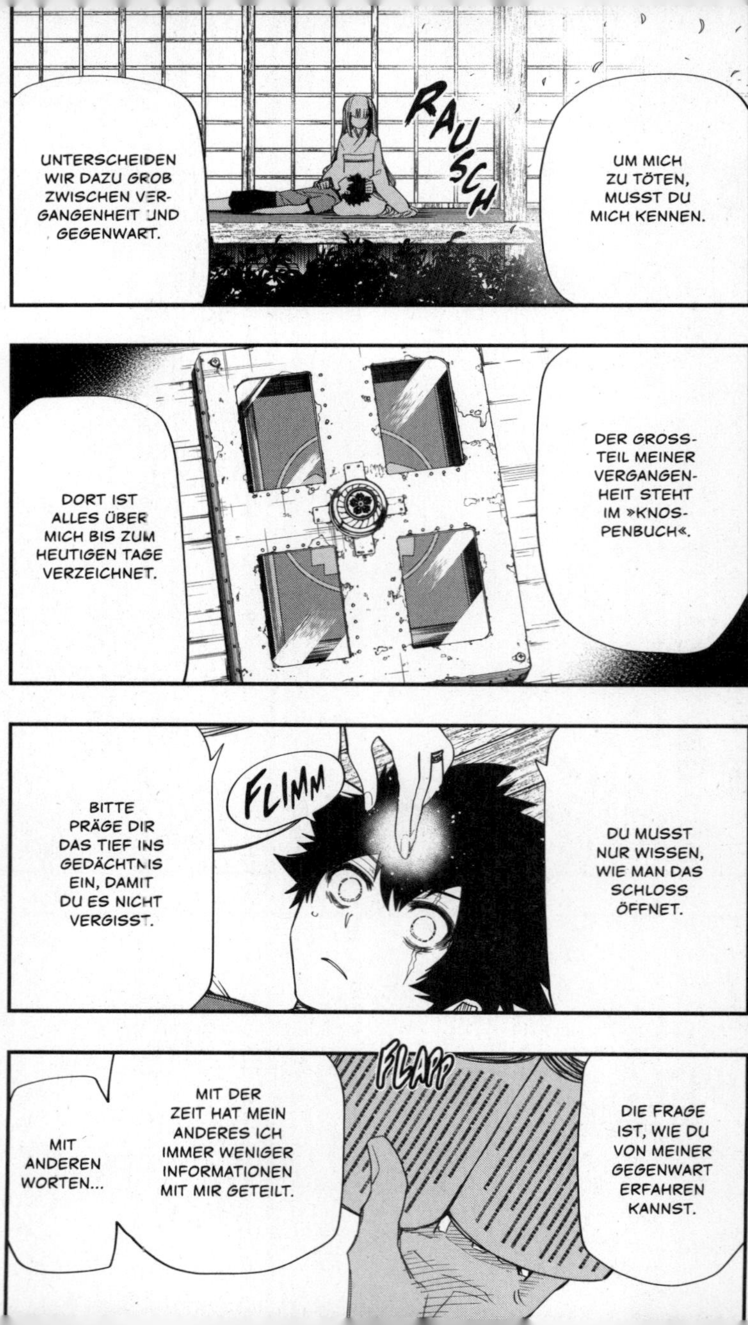
UM MICH ZU TÖTEN, MUSST DU MICH KENNEN.
RAUSCH
UNTERSCHEIDEN WIR DAZU GROB ZWISCHEN VERGANGENHEIT UND GEGENWART.
DER GROSSTEIL MEINER VERGANGENHEIT STEHT IM »KNOSPENBUCH«.
DORT IST ALLES ÜBER MICH BIS ZUM HEUTIGEN TAGE VERZEICHNET.
DU MUSST NUR WISSEN, WIE MAN DAS SCHLOSS ÖFFNET.
FLIMM
BITTE PRÄGE DIR DAS TIEF INS GEDÄCHTNIS EIN, DAMIT DU ES NICHT VERGISST.
DIE FRAGE IST, WIE DU VON MEINER GEGENWART ERFAHREN KANNST.
FLAPP
MIT DER ZEIT HAT MEIN ANDERES ICH IMMER WENIGER INFORMATIONEN MIT MIR GETEILT.
MIT ANDEREN WORTEN...

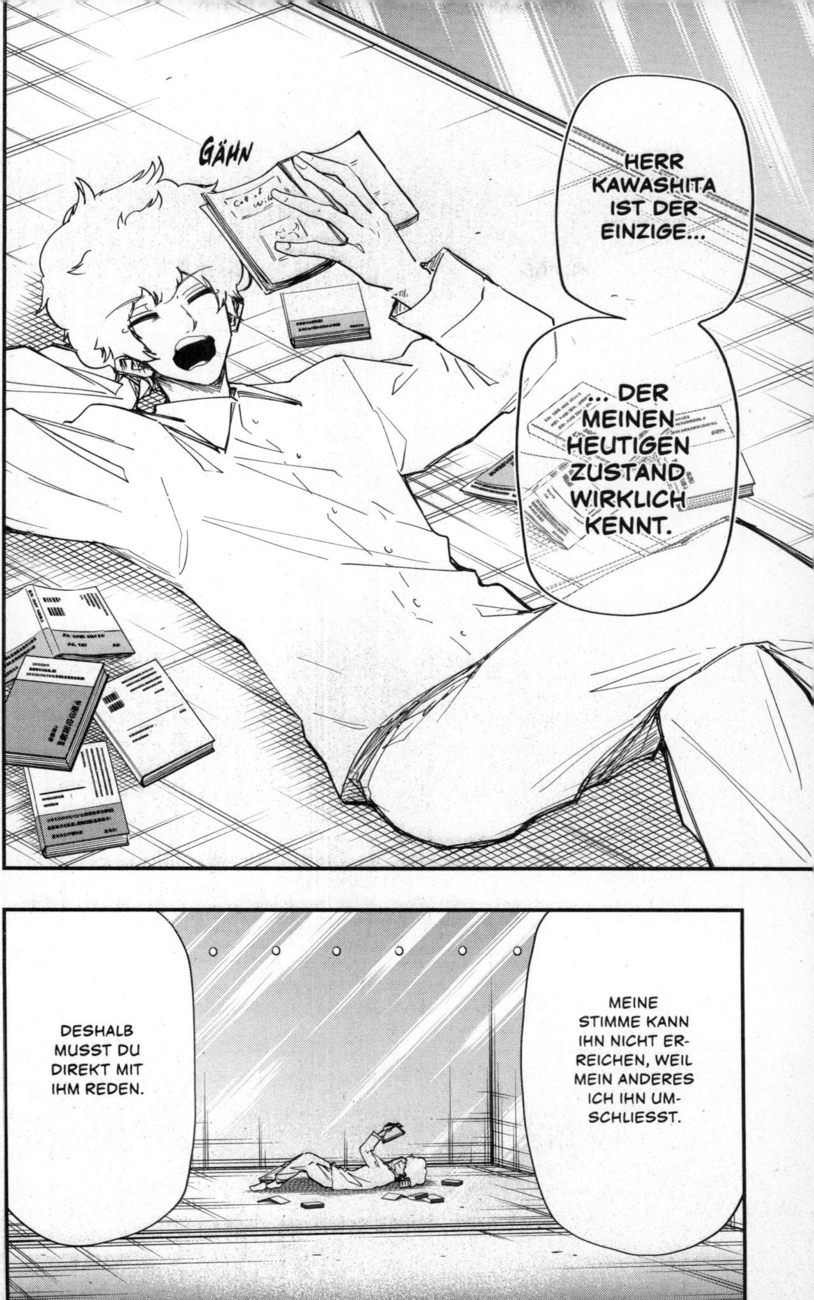
GÄHN
HERR KAWASHITA IST DER EINZIGE...
... DER MEINEN HEUTIGEN ZUSTAND WIRKLICH KENNT.
MEINE STIMME KANN IHN NICHT ER-REICHEN, WEIL MEIN ANDERES ICH IHN UM-SCHLIESST.
DESHALB MUSST DU DIREKT MIT IHM REDEN.

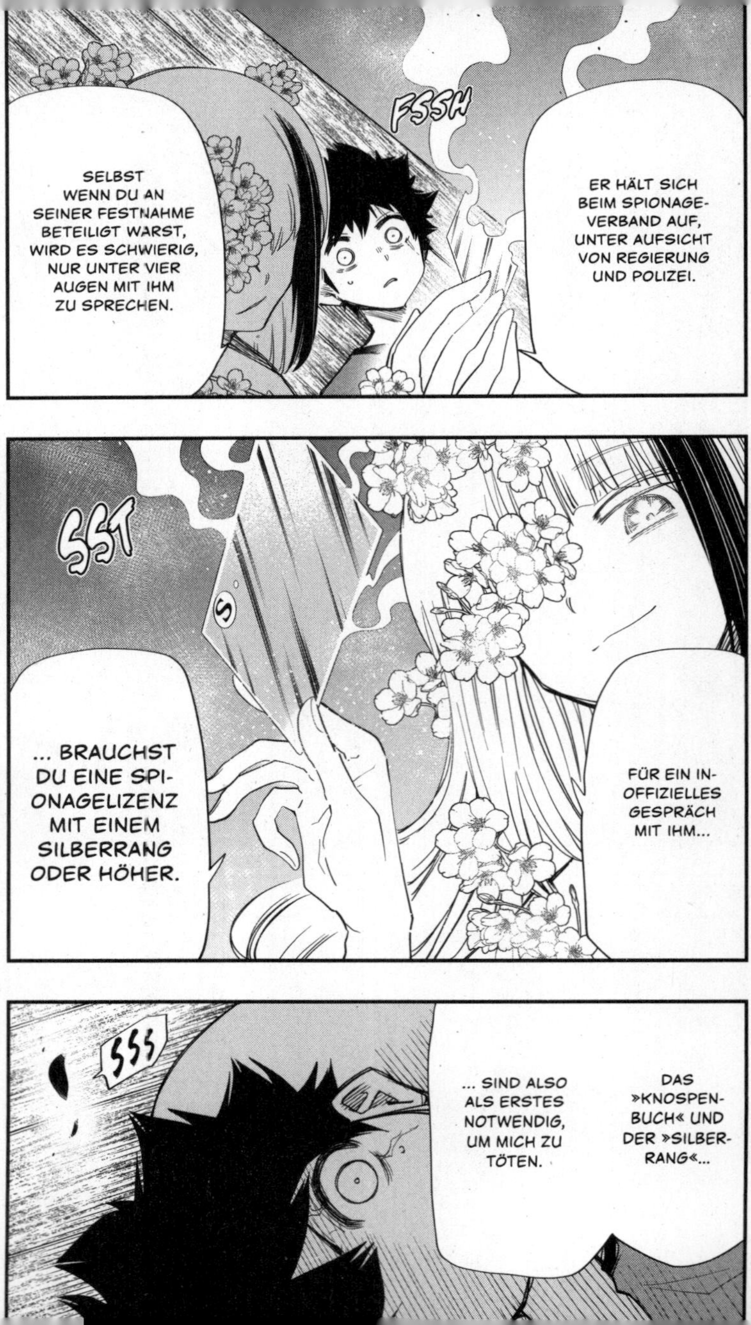
FSSH
ER HÄLT SICH BEIM SPIONAGE-VERBAND AUF, UNTER AUFSICHT VON REGIERUNG UND POLIZEI.
SELBST WENN DU AN SEINER FESTNAHME BETEILIGT WARST, WIRD ES SCHWIERIG, NUR UNTER VIER AUGEN MIT IHM ZU SPRECHEN.
SST
FÜR EIN IN-OFFIZIELLES GESPRÄCH MIT IHM...
... BRAUCHST DU EINE SPI-ONAGELIZENZ MIT EINEM SILBERRANG ODER HÖHER.
S
DAS »KNOSPEN-BUCH« UND DER »SILBER-RANG«...
... SIND ALSO ALS ERSTES NOTWENDIG, UM MICH ZU TÖTEN.
SSS

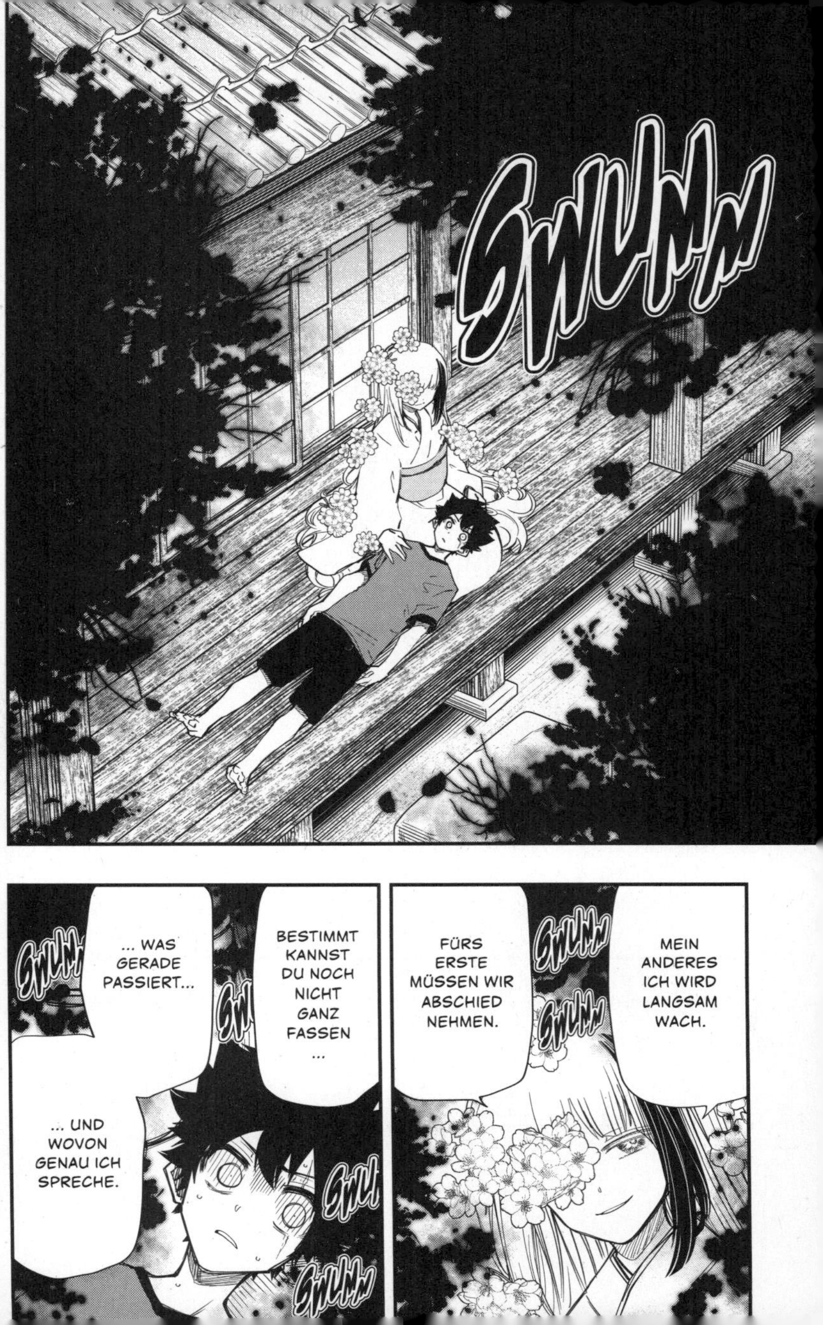
SWUMM
MEIN ANDERES ICH WIRD LANGSAM WACH.
FÜRS ERSTE MÜSSEN WIR ABSCHIED NEHMEN.
BESTIMMT KANNST DU NOCH NICHT GANZ FASSEN ...
... WAS GERADE PASSIERT...
... UND WOVON GENAU ICH SPRECHE.

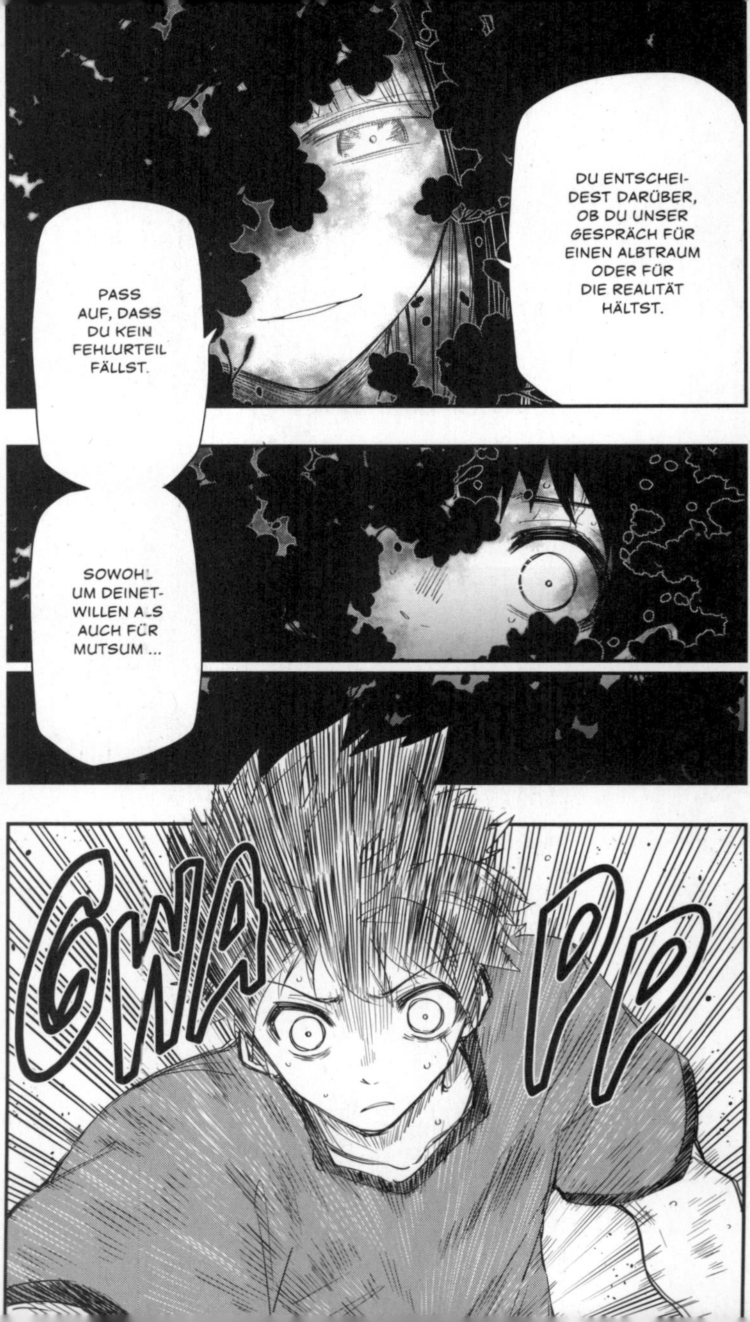
DU ENTSCHEI-
DEST DARÜBER,
OB DU UNSER
GESPRÄCH FÜR
EINEN ALBTRAUM
ODER FÜR
DIE REALITÄT
HÄLTST.
PASS
AUF, DASS
DU KEIN
FEHLURTEIL
FÄLLST.
SOWOHL
UM DEINET-
WILLEN ALS
AUCH FÜR
MUTSUM ...
GWAPP

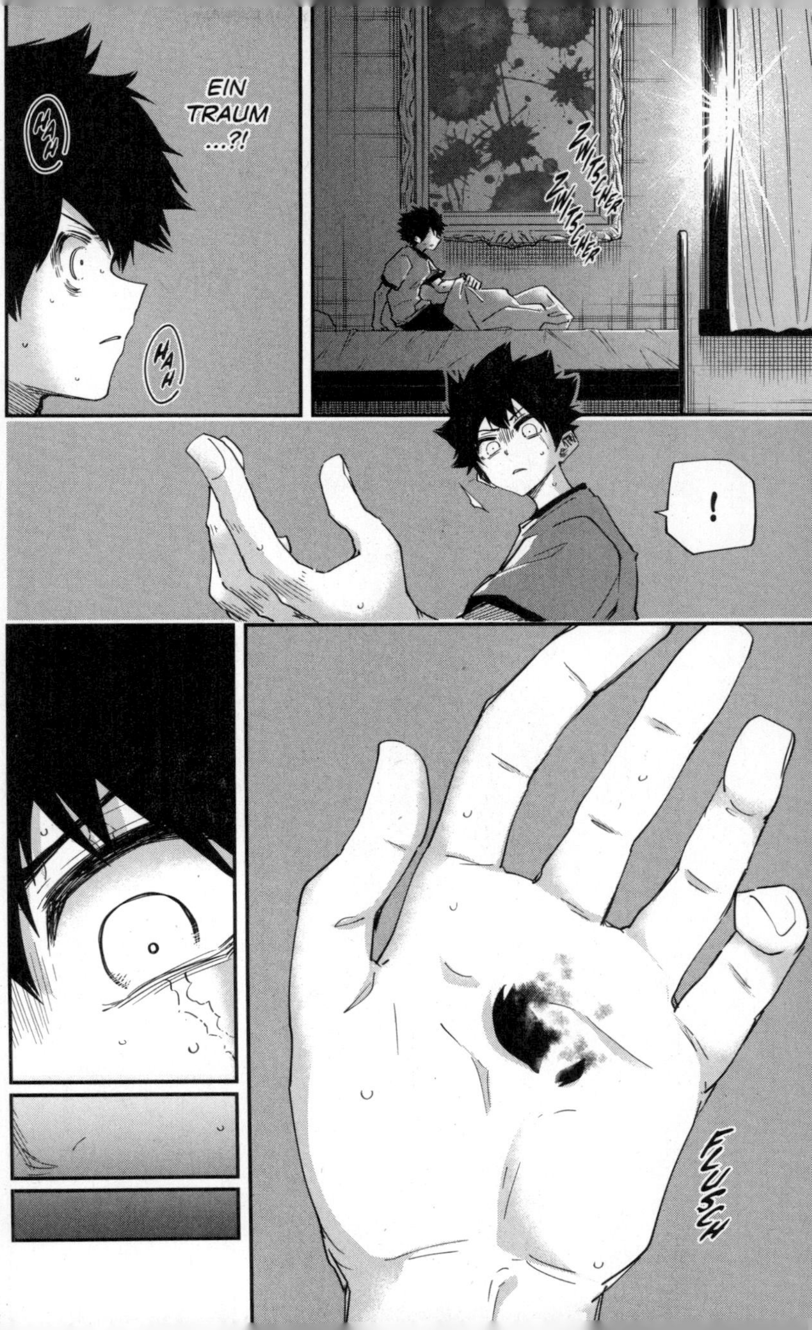

ZWITSCHER ZWITSCHER
HAH
EIN TRAUM ...?!
HAH
!
FLUSCH

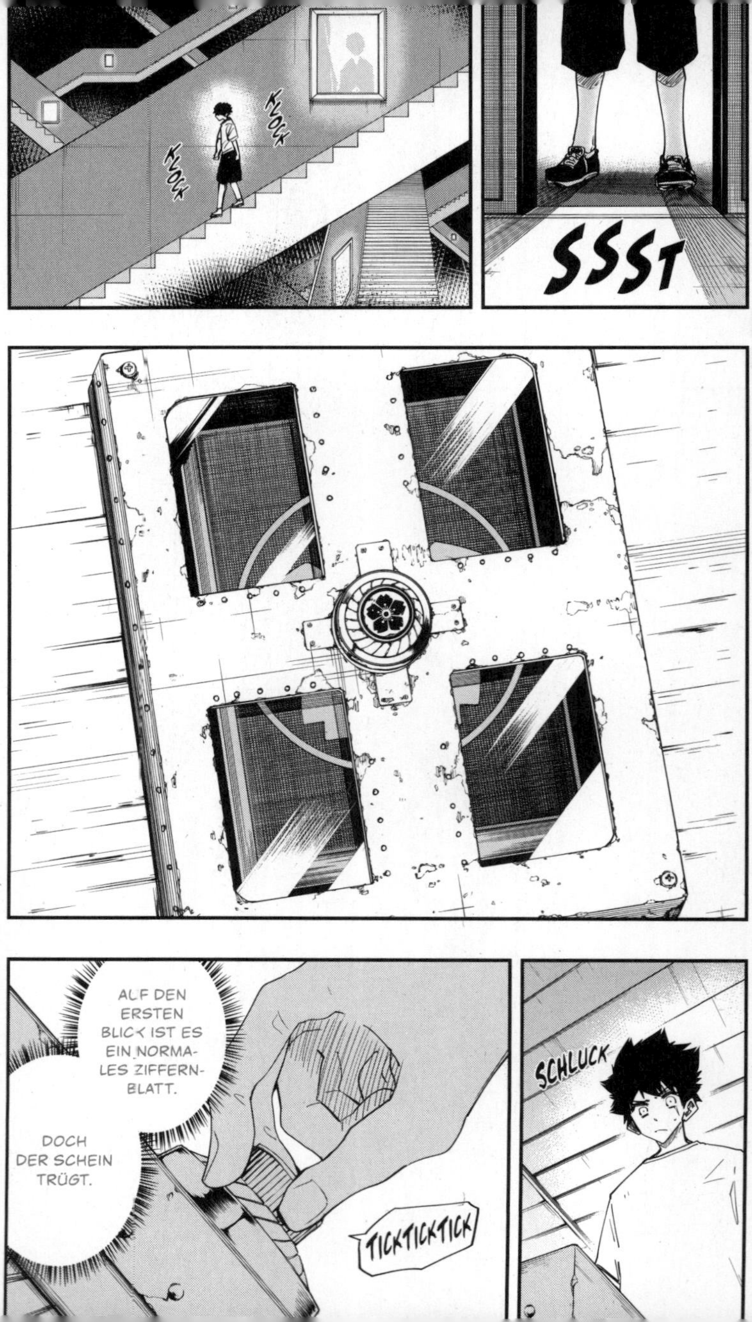
KLOCK
KLOCK
SSST
AUF DEN ERSTEN BLICK IST ES EIN NORMALES ZIFFERNBLATT.
DOCH DER SCHEIN TRÜGT.
TICKTICKTICK
SCHLUCK

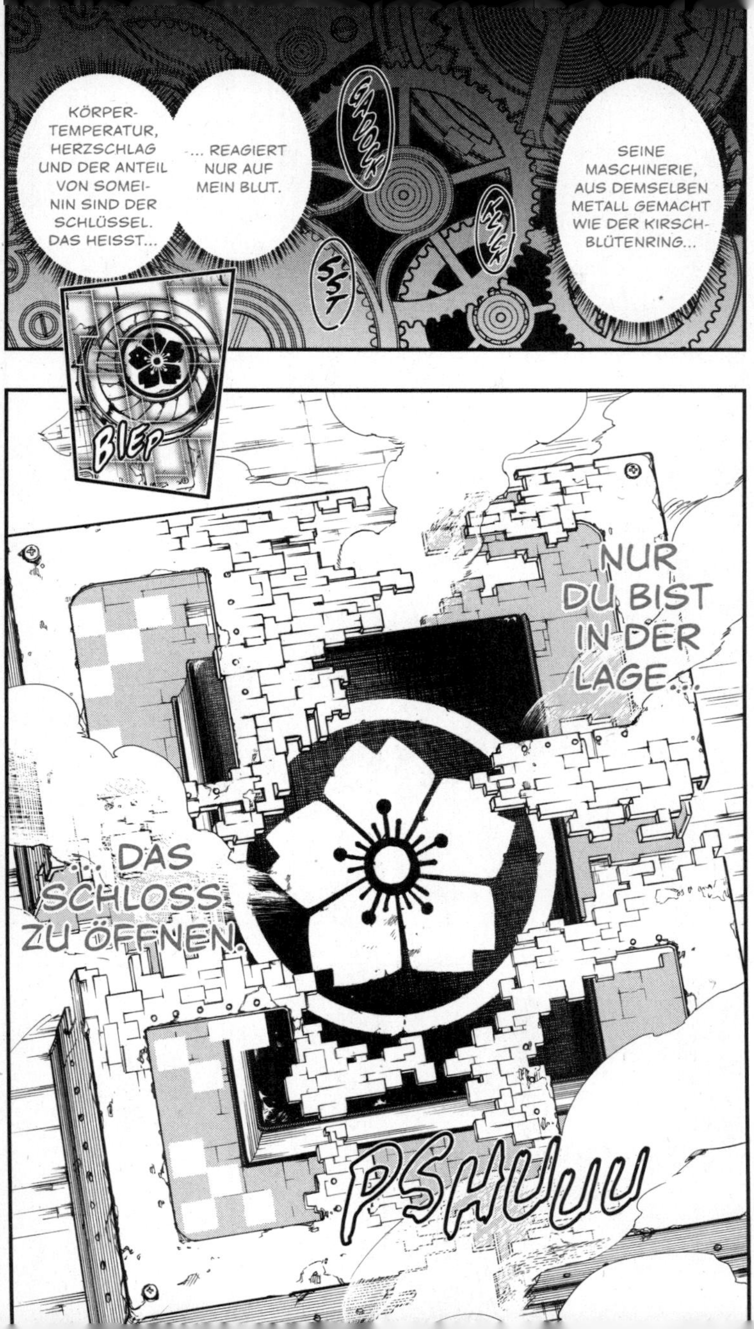
SEINE MASCHINERIE, AUS DEMSELBEN METALL GEMACHT WIE DER KIRSCHBLÜTENRING...
KNICK
GADONK
SSST
... REAGIERT NUR AUF MEIN BLUT.
KÖRPERTEMPERATUR, HERZSCHLAG UND DER ANTEIL VON SOMEININ SIND DER SCHLÜSSEL. DAS HEISST...
BIEP
NUR DU BIST IN DER LAGE ...
... DAS SCHLOSS ZU ÖFFNEN.
PSHUUU

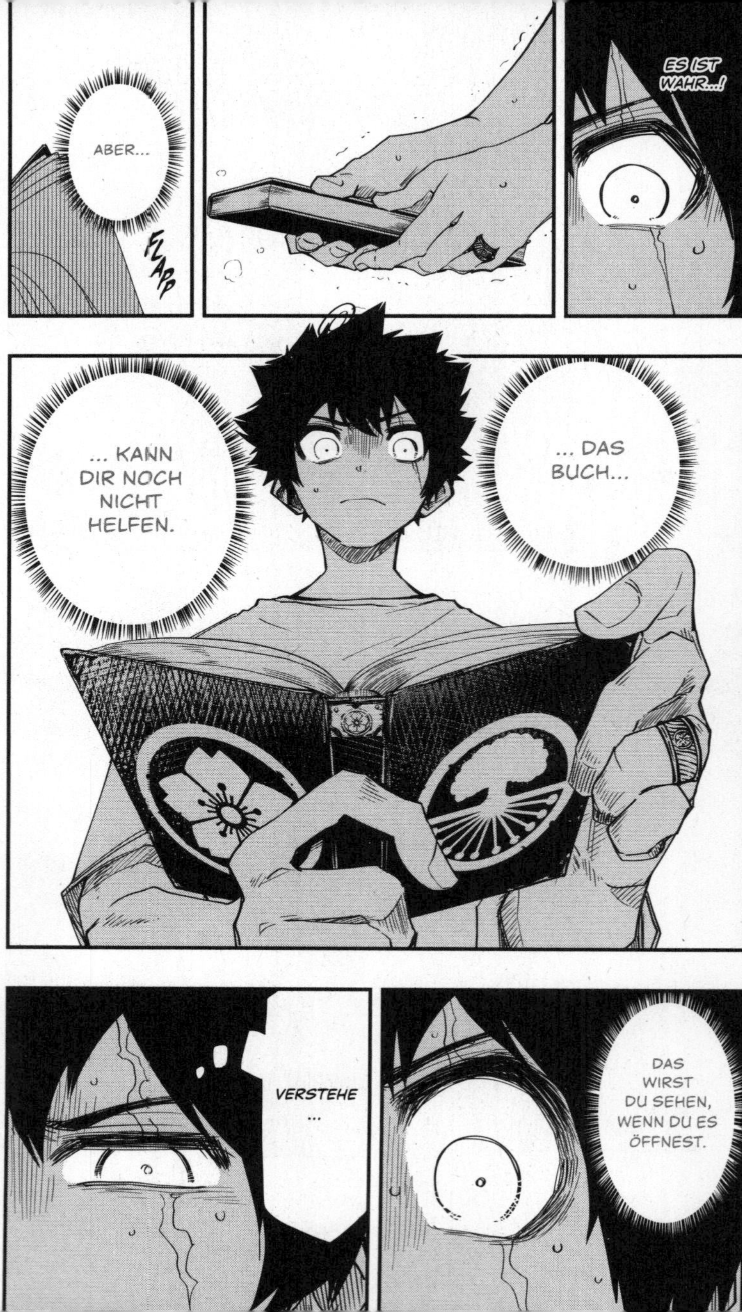
ES IST WAHR...!
ABER...
FLAPP
... DAS BUCH...
... KANN DIR NOCH NICHT HELFEN.
DAS WIRST DU SEHEN, WENN DU ES ÖFFNEST.
VERSTEHE ...

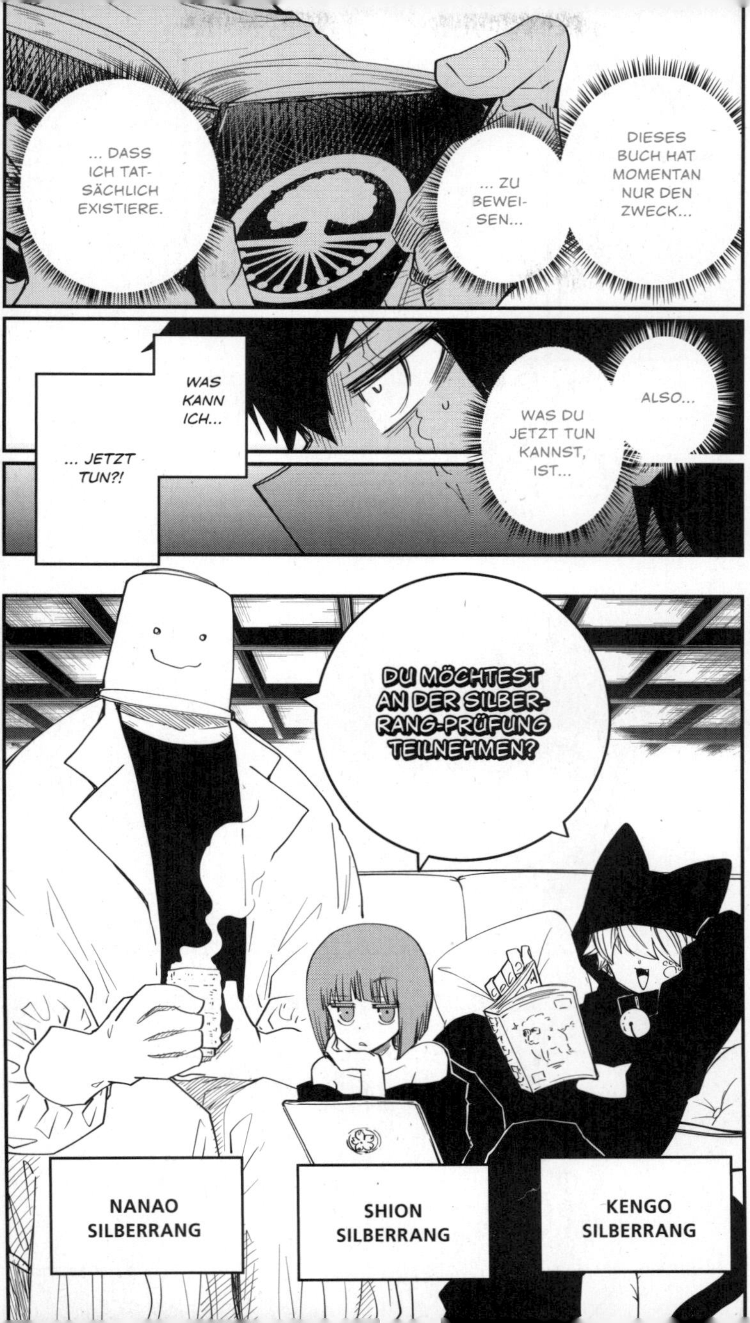
DIESES BUCH HAT MOMENTAN NUR DEN ZWECK...
... ZU BEWEI-SEN...
... DASS ICH TAT-SÄCHLICH EXISTIERE.
ALSO...
WAS DU JETZT TUN KANNST, IST...
WAS KANN ICH...
... JETZT TUN?!
DU MÖCHTEST AN DER SILBER-RANG-PRÜFUNG TEILNEHMEN?
KENGO SILBERRANG
SHION SILBERRANG
NANAO SILBERRANG

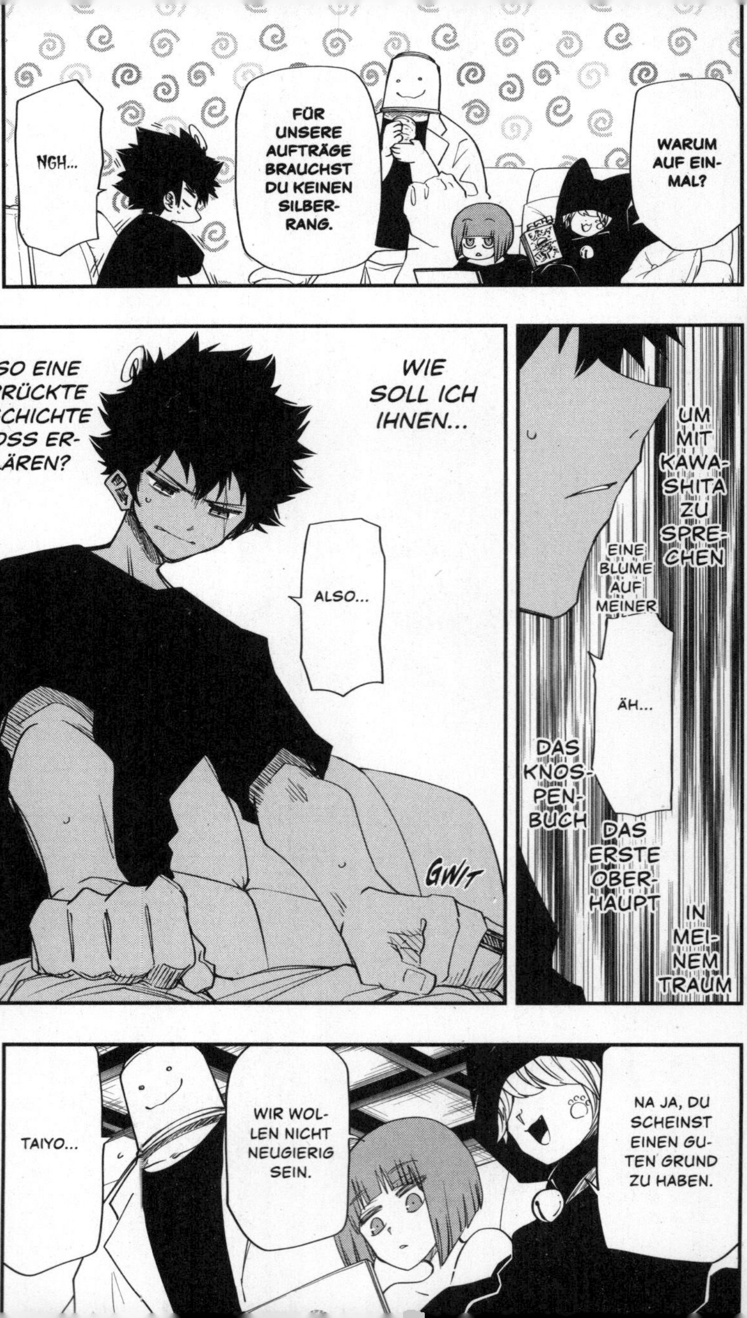
WARUM AUF EIN-MAL?
FÜR UNSERE AUFTRÄGE BRAUCHST DU KEINEN SILBER-RANG.
NGH...
UM MIT KAWA-SHITA ZU SPRE-CHEN
EINE BLUME AUF MEINER
ÄH...
DAS KNOS-PEN-BUCH
DAS ERSTE OBER-HAUPT
IN MEI-NEM TRAUM
WIE SOLL ICH IHNEN...
... SO EINE VERRÜCKTE GESCHICHTE BLOSS ER-KLÄREN?
ALSO...
GWIT
NA JA, DU SCHEINST EINEN GU-TEN GRUND ZU HABEN.
WIR WOL-LEN NICHT NEUGIERIG SEIN.
TAIYO...

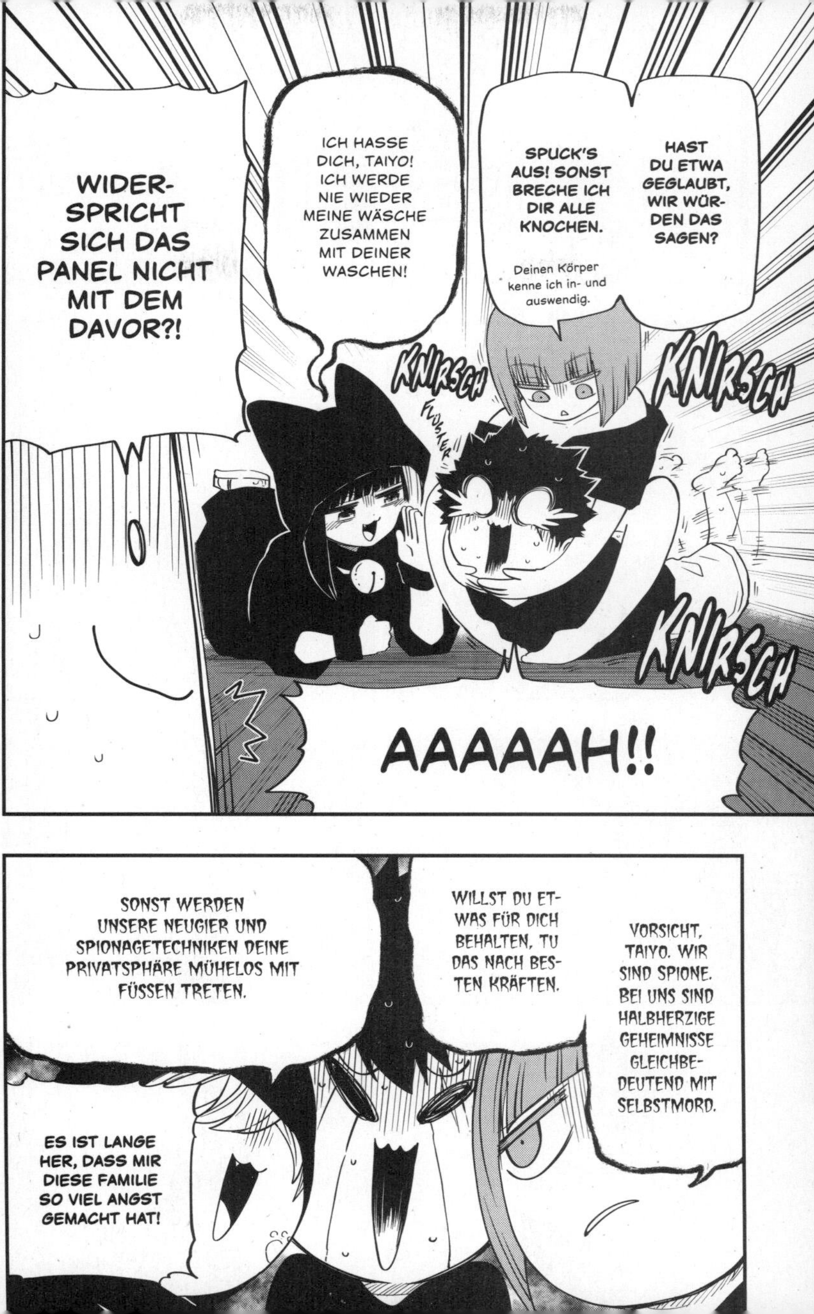

HAST DU ETWA GEGLAUBT, WIR WÜRDEN DAS SAGEN?
SPUCK'S AUS! SONST BRECHE ICH DIR ALLE KNOCHEN.
Deinen Körper kenne ich in- und auswendig.
ICH HASSE DICH, TAIYO! ICH WERDE NIE WIEDER MEINE WÄSCHE ZUSAMMEN MIT DEINER WASCHEN!
WIDER-SPRICHT SICH DAS PANEL NICHT MIT DEM DAVOR?!
KNIRSCH
KNIRSCH
FLÜSTER
KNIRSCH
AAAAAH!!
VORSICHT, TAIYO. WIR SIND SPIONE. BEI UNS SIND HALBHERZIGE GEHEIMNISSE GLEICHBE-DEUTEND MIT SELBSTMORD.
WILLST DU ET-WAS FÜR DICH BEHALTEN, TU DAS NACH BES-TEN KRÄFTEN.
SONST WERDEN UNSERE NEUGIER UND SPIONAGETECHNIKEN DEINE PRIVATSPHÄRE MÜHELOS MIT FÜSSEN TRETEN.
ES IST LANGE HER, DASS MIR DIESE FAMILIE SO VIEL ANGST GEMACHT HAT!

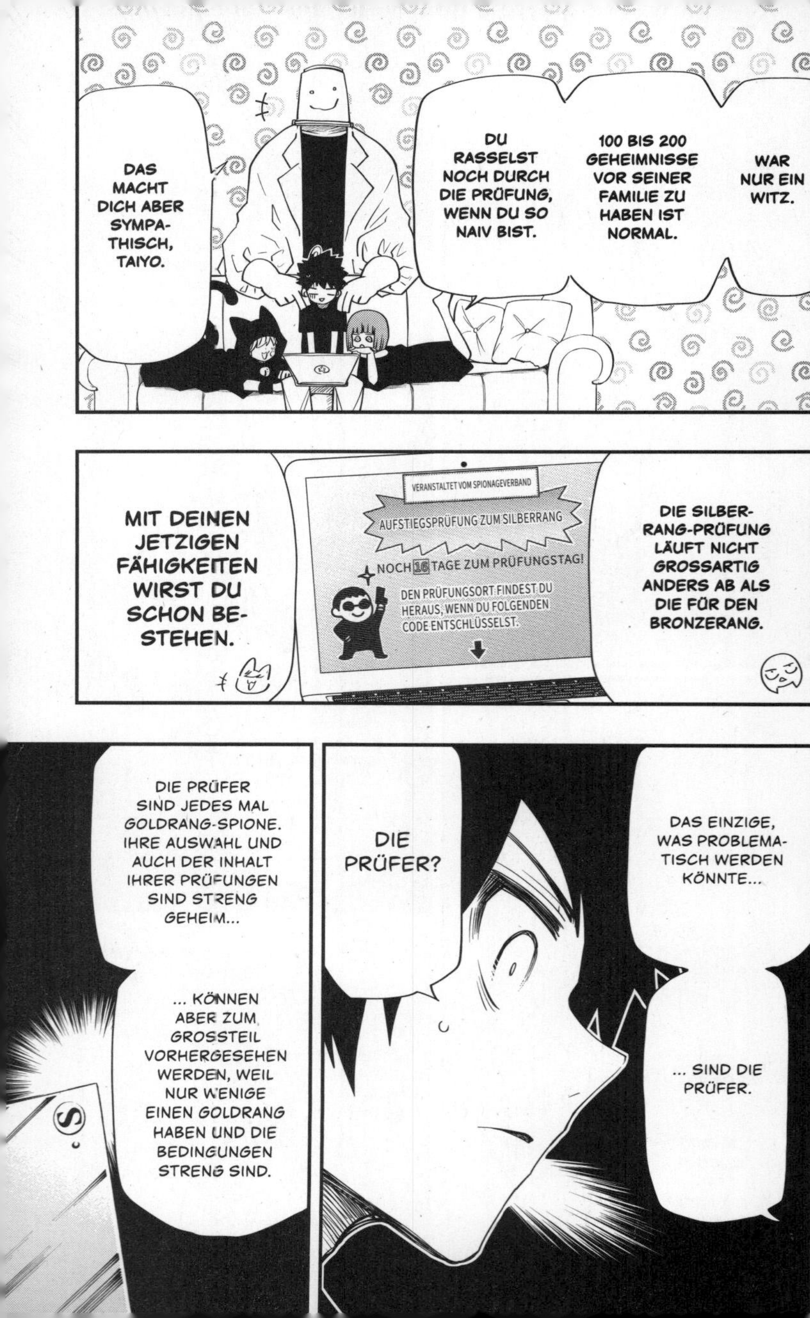
WAR NUR EIN WITZ.
100 BIS 200 GEHEIMNISSE VOR SEINER FAMILIE ZU HABEN IST NORMAL.
DU RASSELST NOCH DURCH DIE PRÜFUNG, WENN DU SO NAIV BIST.
DAS MACHT DICH ABER SYMPATHISCH, TAIYO.
DIE SILBERRANG-PRÜFUNG LÄUFT NICHT GROSSARTIG ANDERS AB ALS DIE FÜR DEN BRONZERANG.
VERANSTALTET VOM SPIONAGEVERBAND
AUFSTIEGSPRÜFUNG ZUM SILBERRANG
NOCH 16 TAGE ZUM PRÜFUNGSTAG!
DEN PRÜFUNGSORT FINDEST DU HERAUS, WENN DU FOLGENDEN CODE ENTSCHLÜSSELST.
MIT DEINEN JETZIGEN FÄHIGKEITEN WIRST DU SCHON BESTEHEN.
DAS EINZIGE, WAS PROBLEMATISCH WERDEN KÖNNTE...
... SIND DIE PRÜFER.
DIE PRÜFER?
DIE PRÜFER SIND JEDES MAL GOLDRANG-SPIONE. IHRE AUSWAHL UND AUCH DER INHALT IHRER PRÜFUNGEN SIND STRENG GEHEIM...
... KÖNNEN ABER ZUM GROSSTEIL VORHERGESEHEN WERDEN, WEIL NUR WENIGE EINEN GOLDRANG HABEN UND DIE BEDINGUNGEN STRENG SIND.

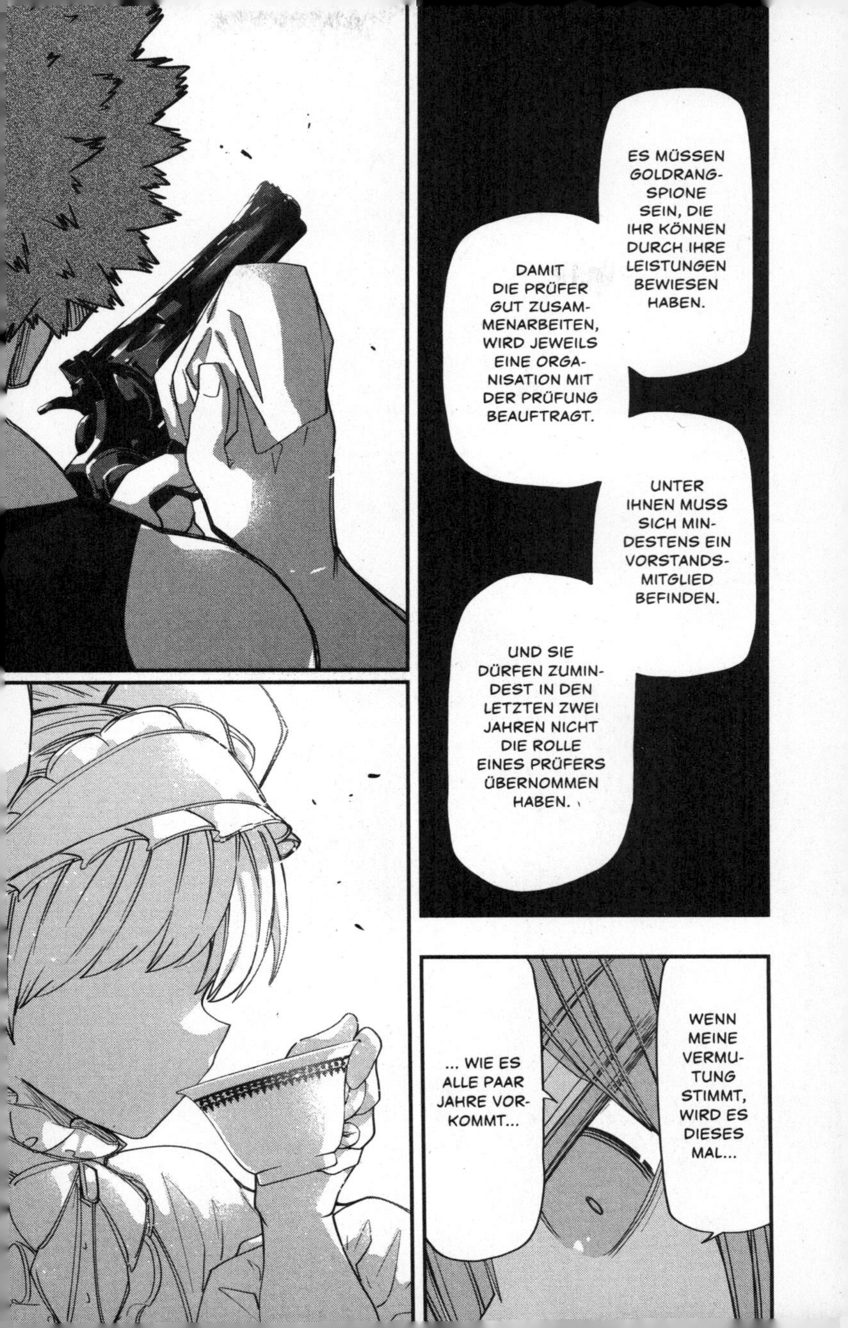
ES MÜSSEN GOLDRANG-SPIONE SEIN, DIE IHR KÖNNEN DURCH IHRE LEISTUNGEN BEWIESEN HABEN.
DAMIT DIE PRÜFER GUT ZUSAM-MENARBEITEN, WIRD JEWEILS EINE ORGA-NISATION MIT DER PRÜFUNG BEAUFTRAGT.
UNTER IHNEN MUSS SICH MIN-DESTENS EIN VORSTANDS-MITGLIED BEFINDEN.
UND SIE DÜRFEN ZUMIN-DEST IN DEN LETZTEN ZWEI JAHREN NICHT DIE ROLLE EINES PRÜFERS ÜBERNOMMEN HABEN.
WENN MEINE VERMU-TUNG STIMMT, WIRD ES DIESES MAL...
... WIE ES ALLE PAAR JAHRE VOR-KOMMT...

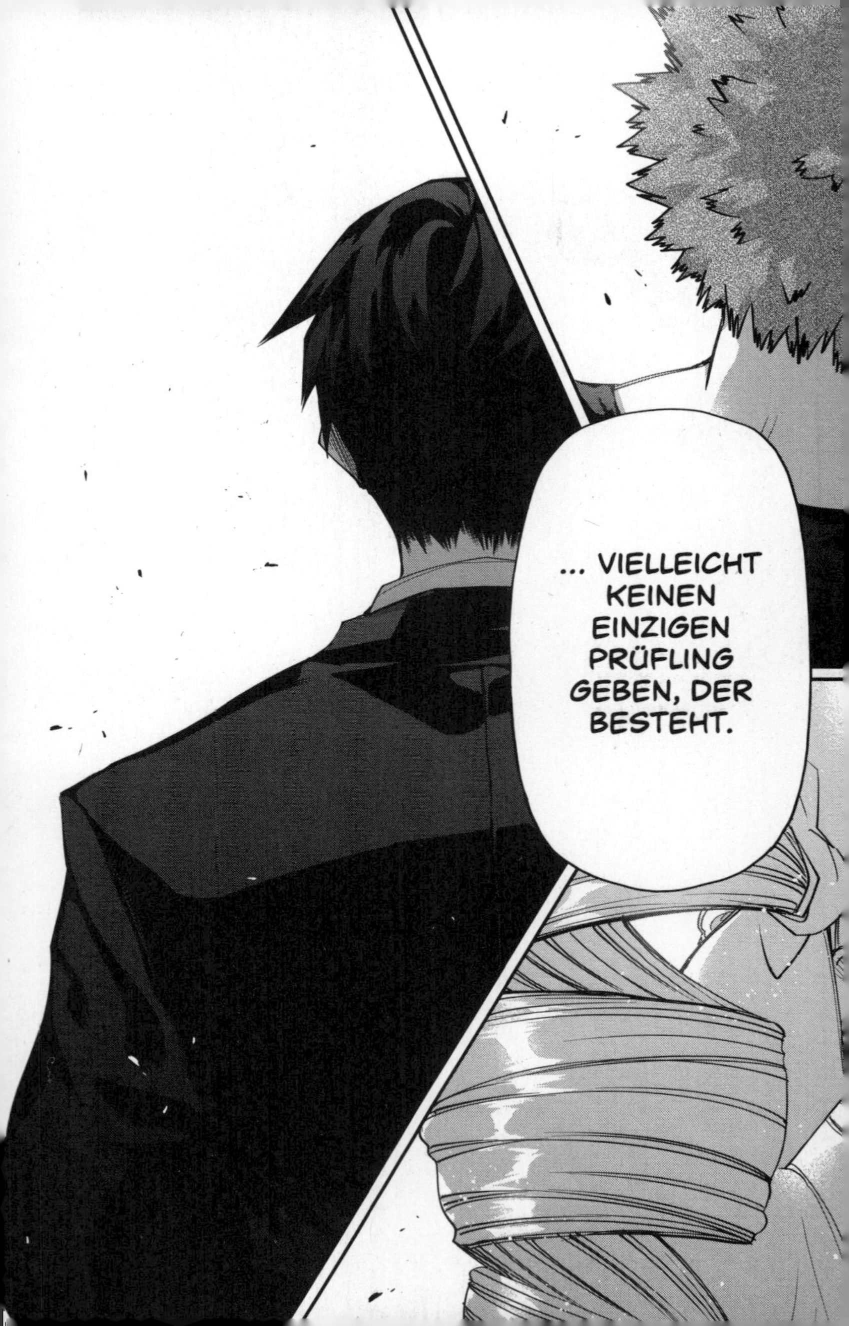
... VIELLEICHT KEINEN EINZIGEN PRÜFLING GEBEN, DER BESTEHT.

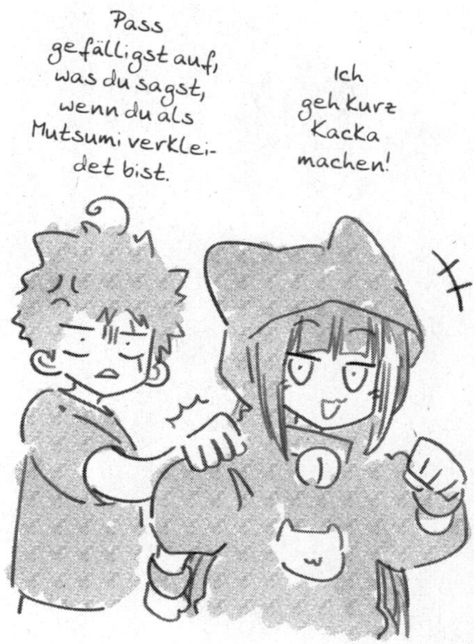
Ich geh kurz Kacka machen!
Pass gefälligst auf, was du sagst, wenn du als Mutsumi verklei-det bist.

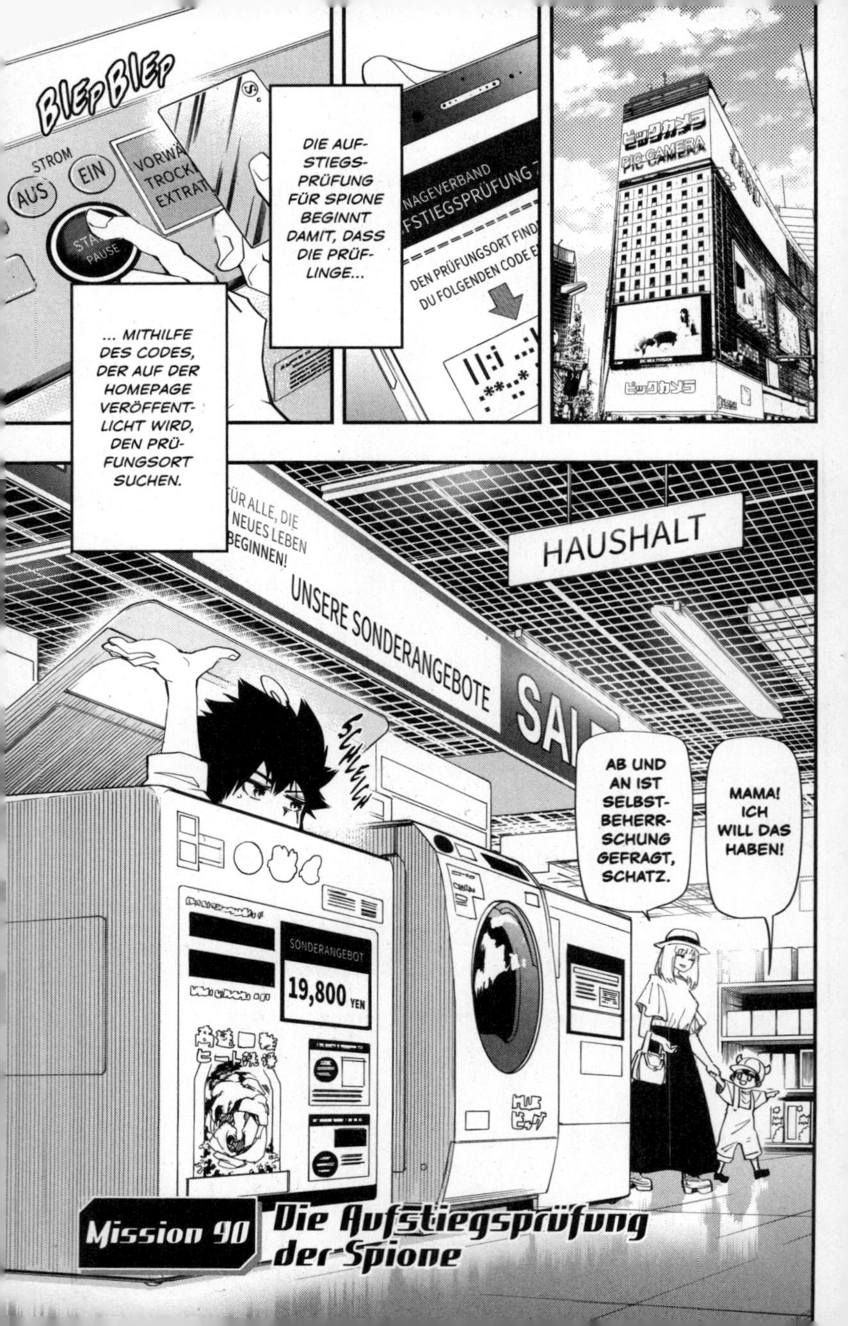

BLEP BLEP
STROM
AUS
EIN
VORWÄ
TROCK
EXTRAT
START
PAUSE
DIE AUFSTIEGSPRÜFUNG FÜR SPIONE BEGINNT DAMIT, DASS DIE PRÜFLINGE...
... MITHILFE DES CODES, DER AUF DER HOMEPAGE VERÖFFENTLICHT WIRD, DEN PRÜFUNGSORT SUCHEN.
NAGEVERBAND
FSTIEGSPRÜFUNG 7
DEN PRÜFUNGSORT FIND
DU FOLGENDEN CODE E
PIC CAMERA
FÜR ALLE, DIE NEUES LEBEN BEGINNEN!
HAUSHALT
UNSERE SONDERANGEBOTE
SAL
SCHLEICH
MAMA! ICH WILL DAS HABEN!
AB UND AN IST SELBSTBEHERRSCHUNG GEFRAGT, SCHATZ.
SONDERANGEBOT
19,800 YEN
Mission 90
Die Aufstiegsprüfung der Spione

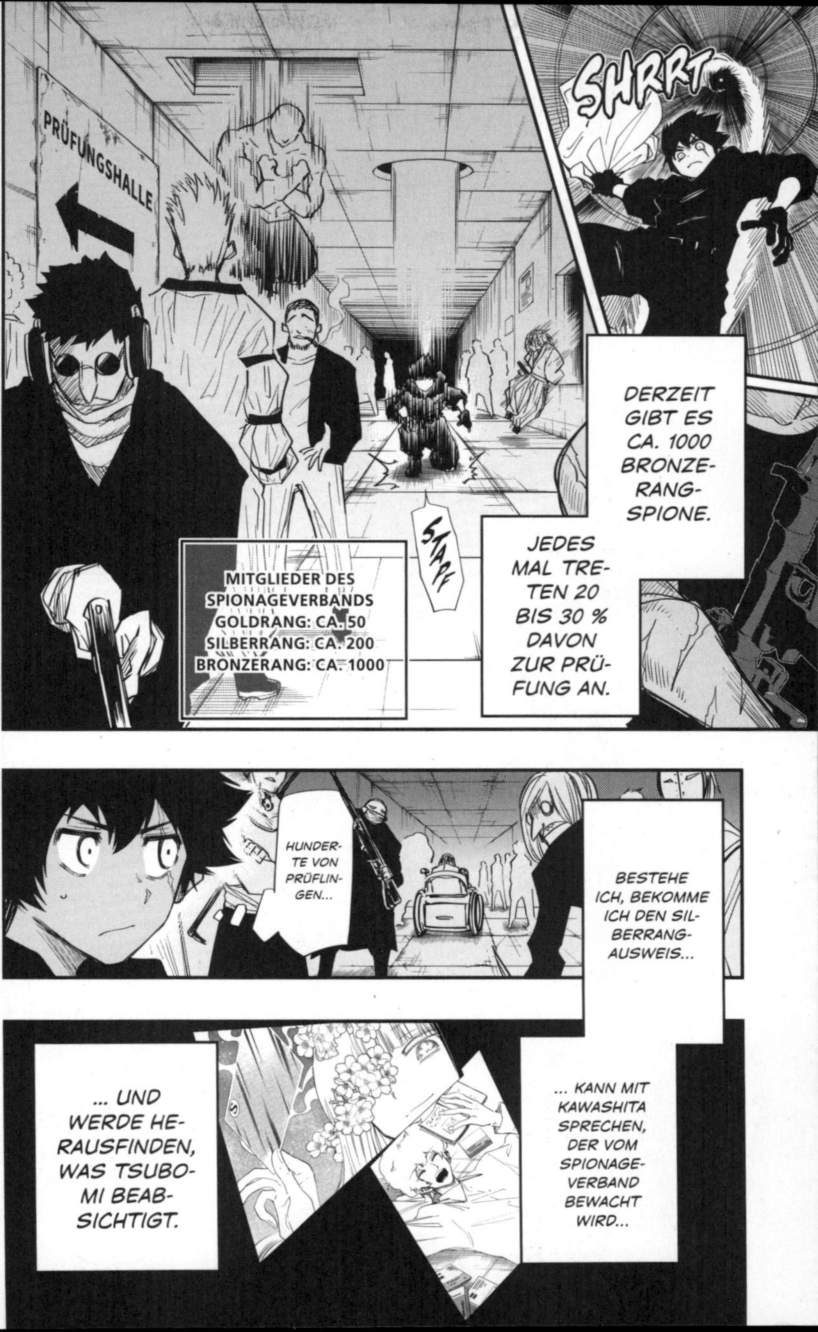
SHRRT
PRÜFUNGSHALLE
DERZEIT GIBT ES CA. 1000 BRONZE-RANG-SPIONE.
JEDES MAL TRE-TEN 20 BIS 30 % DAVON ZUR PRÜ-FUNG AN.
STAPF
MITGLIEDER DES SPIONAGEVERBANDS
GOLDRANG: CA. 50
SILBERRANG: CA. 200
BRONZERANG: CA. 1000
BESTEHE ICH, BEKOMME ICH DEN SIL-BERRANG-AUSWEIS...
HUNDER-TE VON PRÜFLIN-GEN...
... KANN MIT KAWASHITA SPRECHEN, DER VOM SPIONAGE-VERBAND BEWACHT WIRD...
... UND WERDE HE-RAUSFINDEN, WAS TSUBO-MI BEAB-SICHTIGT.

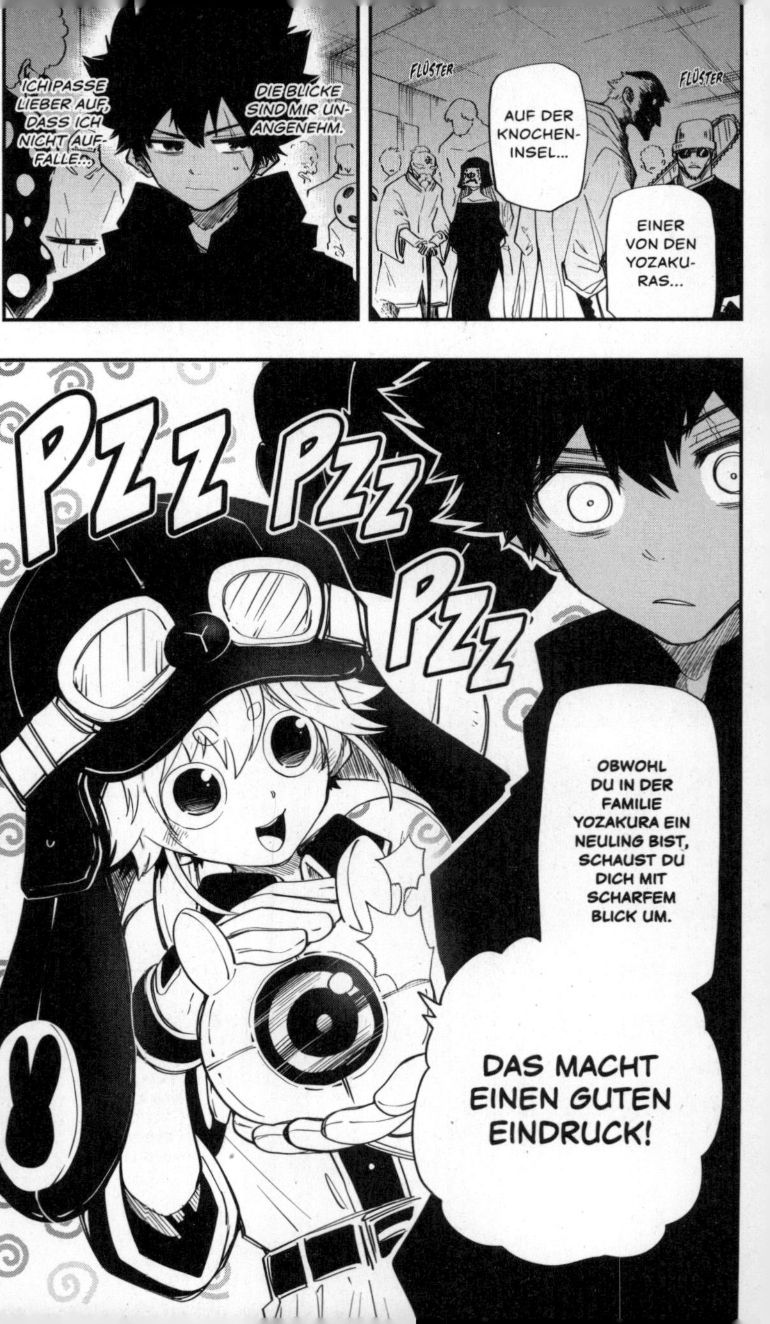
FLÜSTER
AUF DER KNOCHEN-INSEL...
FLÜSTER
EINER VON DEN YOZAKU-RAS...
DIE BLICKE SIND MIR UN-ANGENEHM.
ICH PASSE LIEBER AUF, DASS ICH NICHT AUF-FALLE...
PZZ PZZ PZZ
OBWOHL DU IN DER FAMILIE YOZAKURA EIN NEULING BIST, SCHAUST DU DICH MIT SCHARFEM BLICK UM.
DAS MACHT EINEN GUTEN EINDRUCK!

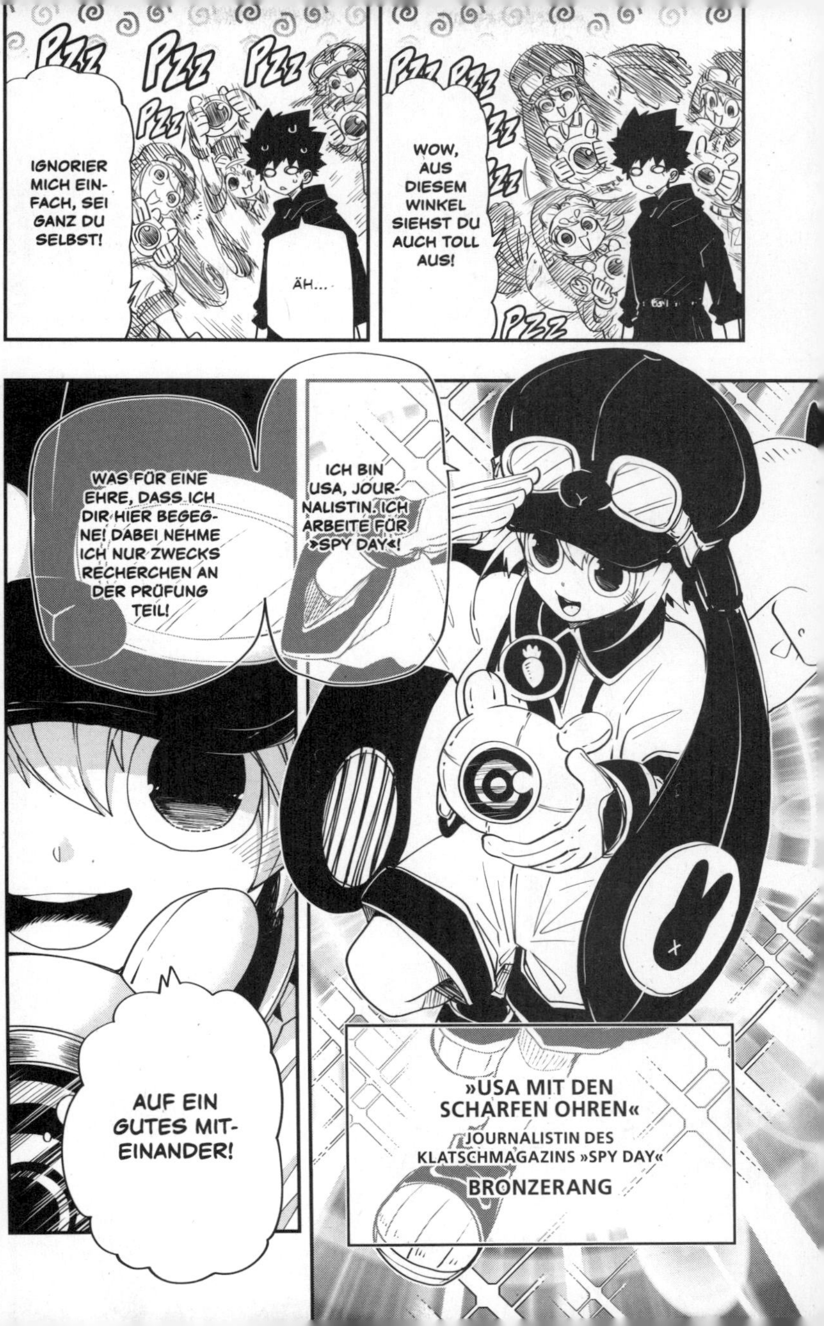
PZZ
WOW, AUS DIESEM WINKEL SIEHST DU AUCH TOLL AUS!
PZZ
IGNORIER MICH EIN-FACH, SEI GANZ DU SELBST!
ÄH...
ICH BIN USA, JOUR-NALISTIN. ICH ARBEITE FÜR »SPY DAY«!
WAS FÜR EINE EHRE, DASS ICH DIR HIER BEGEG-NE! DABEI NEHME ICH NUR ZWECKS RECHERCHEN AN DER PRÜFUNG TEIL!
»USA MIT DEN SCHARFEN OHREN«
JOURNALISTIN DES KLATSCHMAGAZINS »SPY DAY«
BRONZERANG
AUF EIN GUTES MIT-EINANDER!

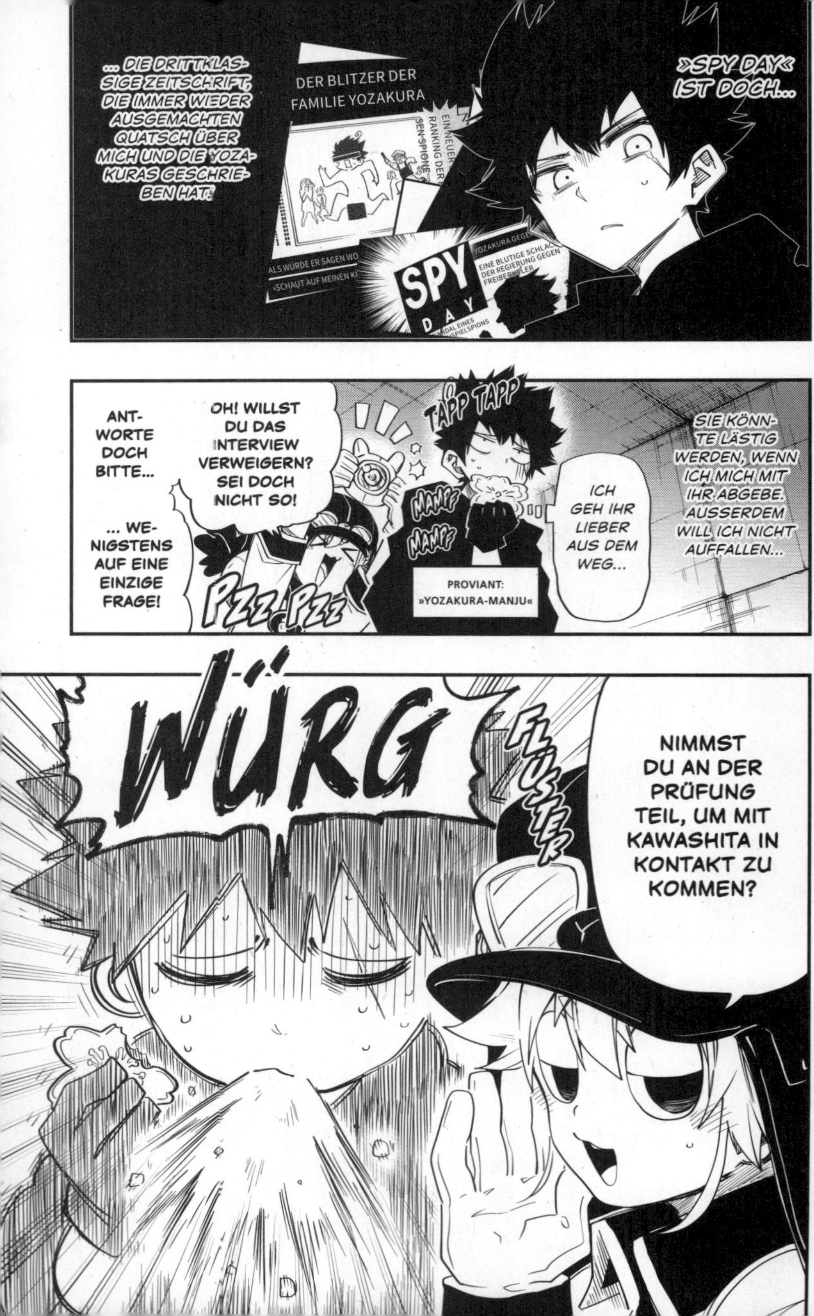
»SPY DAY« IST DOCH...
... DIE DRITTKLASSIGE ZEITSCHRIFT, DIE IMMER WIEDER AUSGEMACHTEN QUATSCH ÜBER MICH UND DIE YOZAKURAS GESCHRIEBEN HAT!
DER BLITZER DER FAMILIE YOZAKURA
SPY DAY
EINE BLUTIGE SCHLAC DER REGIERUNG GEGEN
SIE KÖNNTE LÄSTIG WERDEN, WENN ICH MICH MIT IHR ABGEBE. AUSSERDEM WILL ICH NICHT AUFFALLEN...
ICH GEH IHR LIEBER AUS DEM WEG...
TAPP TAPP
MAMPF MAMPF
PROVIANT: »YOZAKURA-MANJU«
OH! WILLST DU DAS INTERVIEW VERWEIGERN? SEI DOCH NICHT SO!
PZZ PZZ
ANTWORTE DOCH BITTE...
... WENIGSTENS AUF EINE EINZIGE FRAGE!
NIMMST DU AN DER PRÜFUNG TEIL, UM MIT KAWASHITA IN KONTAKT ZU KOMMEN?
FLÜSTER
WÜRG

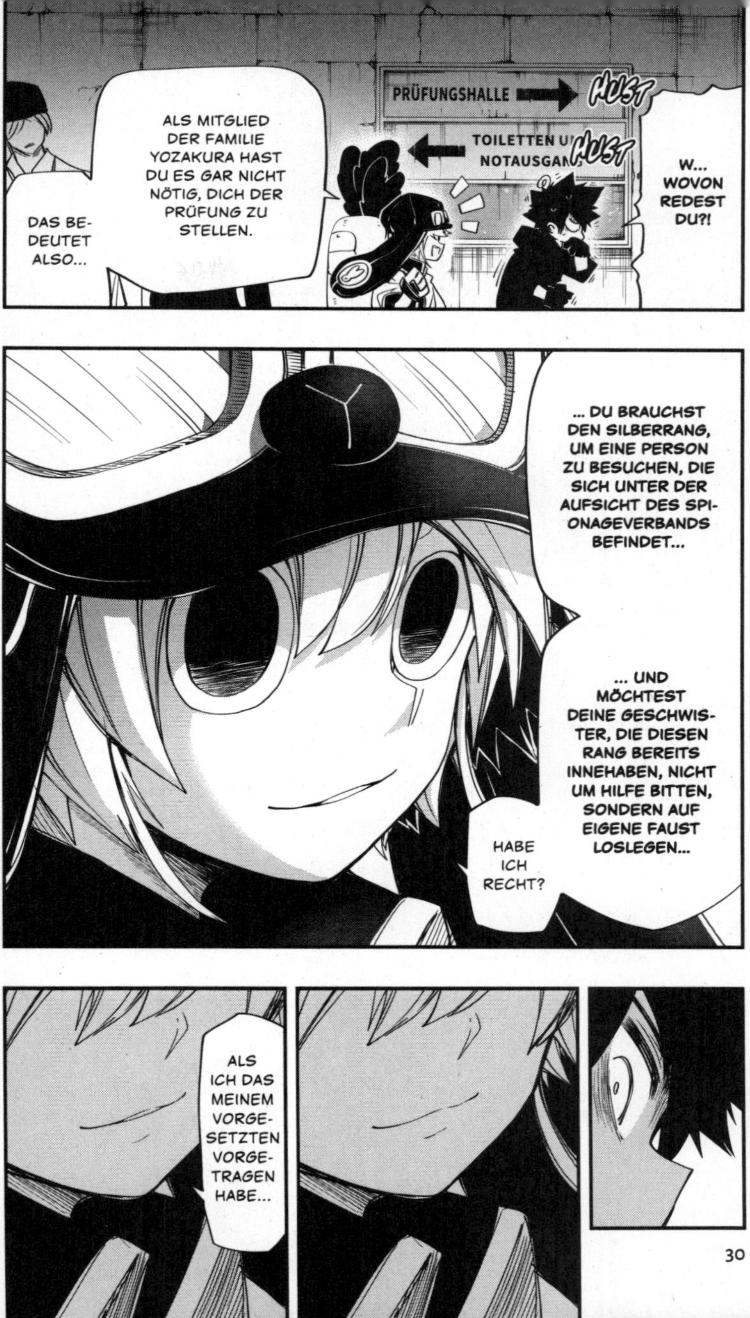
PRÜFUNGSHALLE
HUST
HUST
W... WOVON REDEST DU?!
ALS MITGLIED DER FAMILIE YOZAKURA HAST DU ES GAR NICHT NÖTIG, DICH DER PRÜFUNG ZU STELLEN.
DAS BEDEUTET ALSO...
... DU BRAUCHST DEN SILBERRANG, UM EINE PERSON ZU BESUCHEN, DIE SICH UNTER DER AUFSICHT DES SPIONAGEVERBANDS BEFINDET...
... UND MÖCHTEST DEINE GESCHWISTER, DIE DIESEN RANG BEREITS INNEHABEN, NICHT UM HILFE BITTEN, SONDERN AUF EIGENE FAUST LOSLEGEN...
HABE ICH RECHT?
ALS ICH DAS MEINEM VORGESETZTEN VORGETRAGEN HABE...

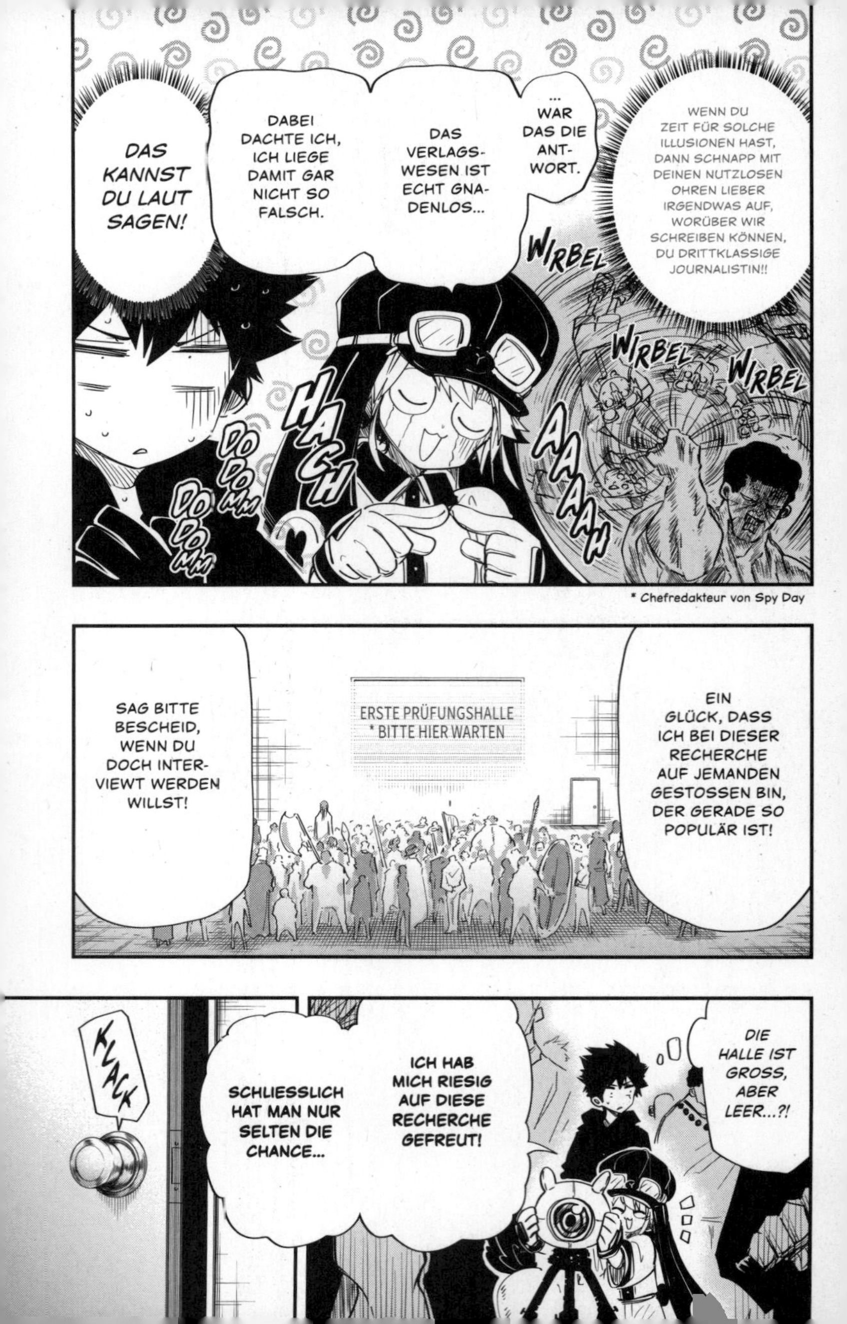

* Chefredakteur von Spy Day

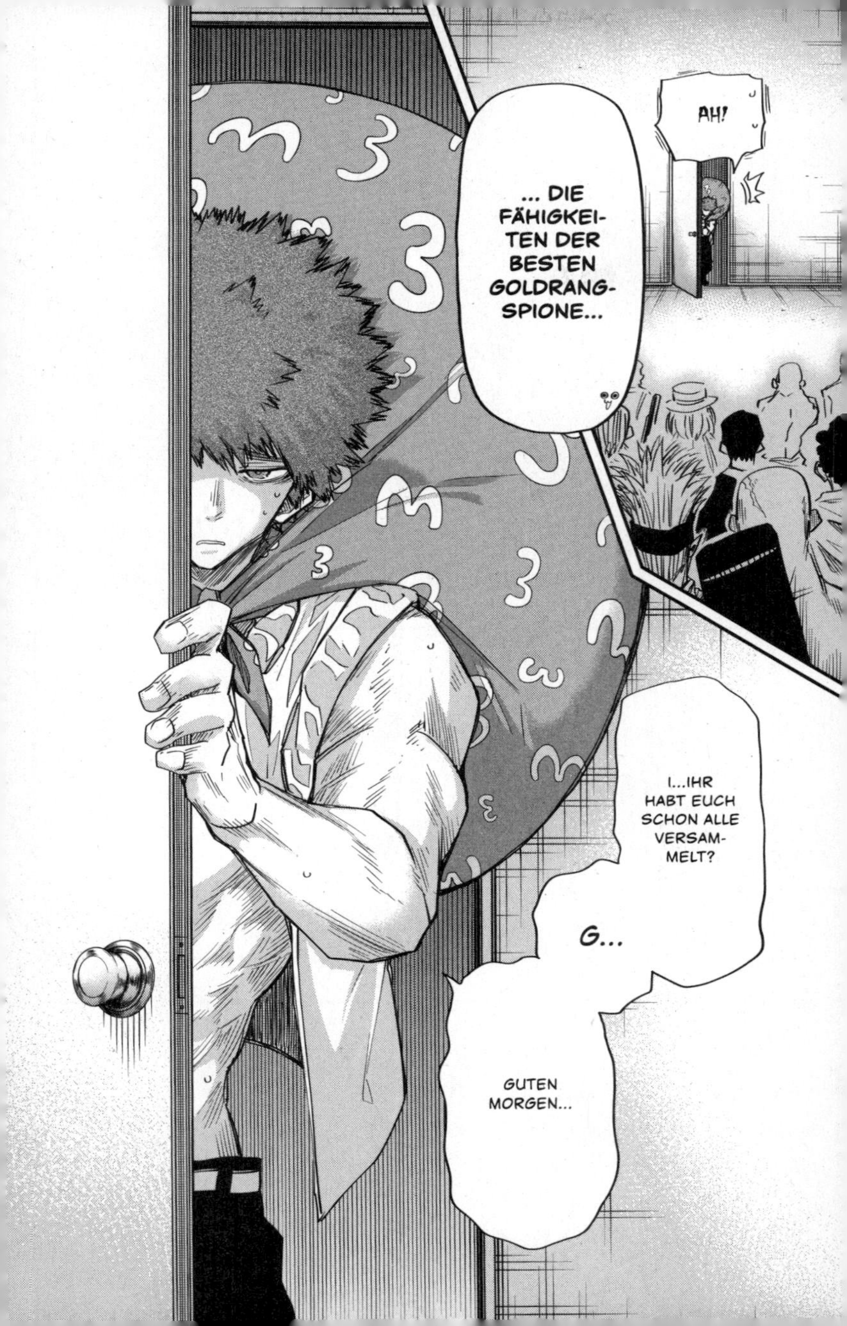
AH!
... DIE FÄHIGKEITEN DER BESTEN GOLDRANGSPIONE...
I...IHR HABT EUCH SCHON ALLE VERSAMMELT?
G...
GUTEN MORGEN...

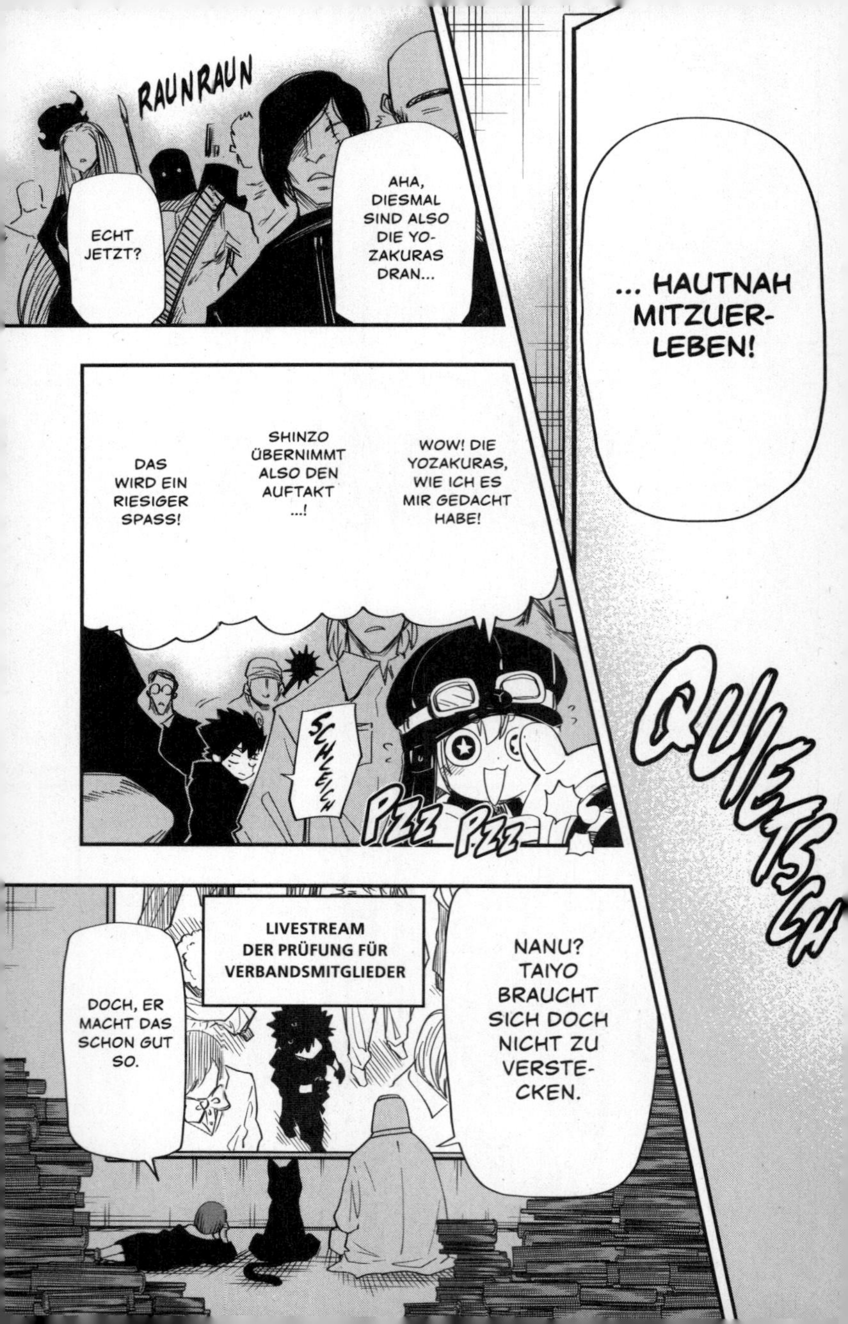

... HAUTNAH MITZUER-LEBEN!
AHA, DIESMAL SIND ALSO DIE YO-ZAKURAS DRAN...
ECHT JETZT?
RAUNRAUN
WOW! DIE YOZAKURAS, WIE ICH ES MIR GEDACHT HABE!
SHINZO ÜBERNIMMT ALSO DEN AUFTAKT ...!
DAS WIRD EIN RIESIGER SPASS!
QUETSCH
SCHLEICH
PZZ PZZ
NANU? TAIYO BRAUCHT SICH DOCH NICHT ZU VERSTE-CKEN.
LIVESTREAM DER PRÜFUNG FÜR VERBANDSMITGLIEDER
DOCH, ER MACHT DAS SCHON GUT SO.

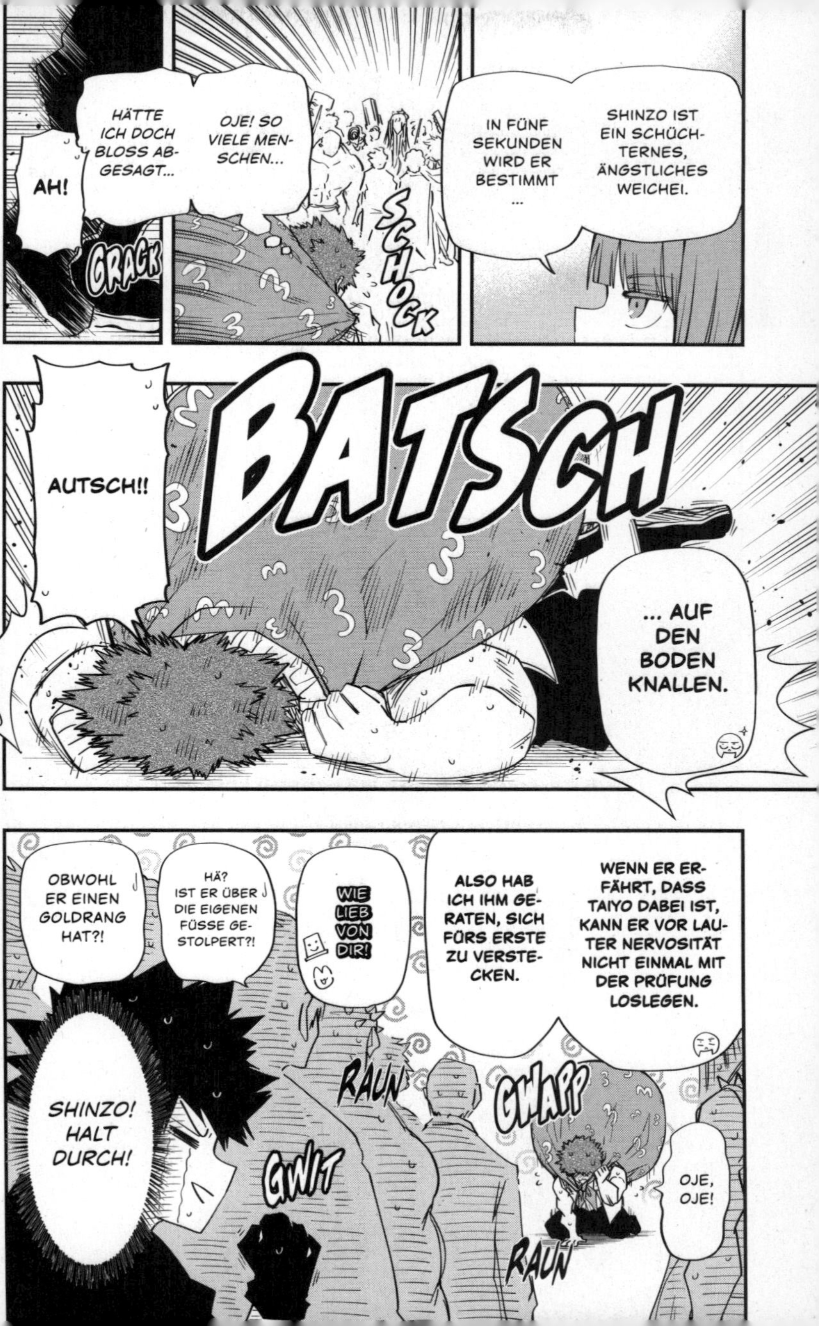
SHINZO IST EIN SCHÜCHTERNES, ÄNGSTLICHES WEICHEI.
IN FÜNF SEKUNDEN WIRD ER BESTIMMT ...
OJE! SO VIELE MENSCHEN...
HÄTTE ICH DOCH BLOSS ABGESAGT...
SCHOCK
AH!
GRACK
... AUF DEN BODEN KNALLEN.
BATSCH
AUTSCH!!
WENN ER ERFÄHRT, DASS TAIYO DABEI IST, KANN ER VOR LAUTER NERVOSITÄT NICHT EINMAL MIT DER PRÜFUNG LOSLEGEN.
ALSO HAB ICH IHM GERATEN, SICH FÜRS ERSTE ZU VERSTECKEN.
WIE LIEB VON DIR!
HÄ? IST ER ÜBER DIE EIGENEN FÜSSE GESTOLPERT?!
OBWOHL ER EINEN GOLDRANG HAT?!
OJE, OJE!
GWAPP
RAUN
SHINZO! HALT DURCH!
GWIT
RAUN

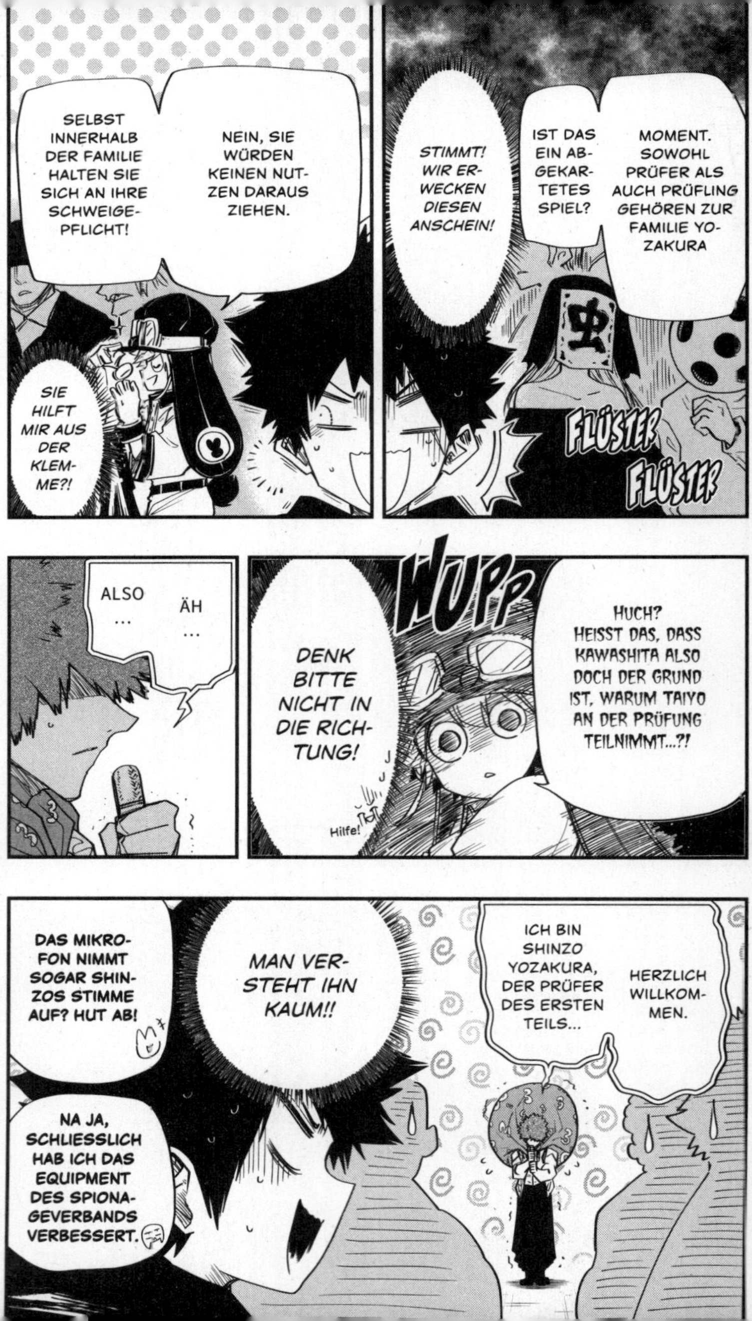
MOMENT. SOWOHL PRÜFER ALS AUCH PRÜFLING GEHÖREN ZUR FAMILIE YOZAKURA
IST DAS EIN ABGEKARTETES SPIEL?
STIMMT! WIR ERWECKEN DIESEN ANSCHEIN!
FLÜSTER
FLÜSTER
NEIN, SIE WÜRDEN KEINEN NUTZEN DARAUS ZIEHEN.
SELBST INNERHALB DER FAMILIE HALTEN SIE SICH AN IHRE SCHWEIGEPFLICHT!
SIE HILFT MIR AUS DER KLEMME?!
HUCH? HEISST DAS, DASS KAWASHITA ALSO DOCH DER GRUND IST, WARUM TAIYO AN DER PRÜFUNG TEILNIMMT...?!
WUPP
DENK BITTE NICHT IN DIE RICHTUNG!
Hilfe!
ÄH ...
ALSO ...
HERZLICH WILLKOMMEN.
ICH BIN SHINZO YOZAKURA, DER PRÜFER DES ERSTEN TEILS...
MAN VERSTEHT IHN KAUM!!
DAS MIKROFON NIMMT SOGAR SHINZOS STIMME AUF? HUT AB!
NA JA, SCHLIESSLICH HAB ICH DAS EQUIPMENT DES SPIONAGEVERBANDS VERBESSERT.

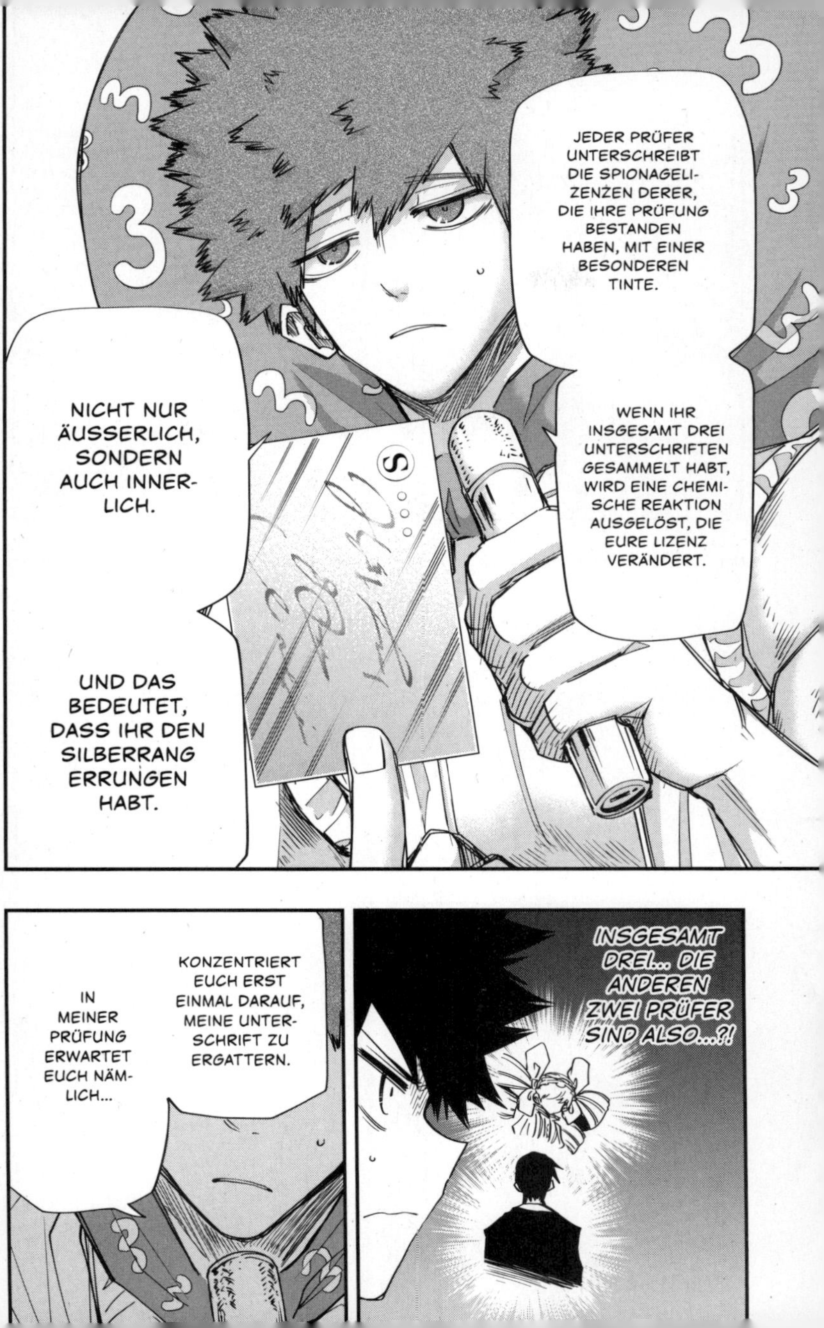
JEDER PRÜFER UNTERSCHREIBT DIE SPIONAGELIZENZEN DERER, DIE IHRE PRÜFUNG BESTANDEN HABEN, MIT EINER BESONDEREN TINTE.
WENN IHR INSGESAMT DREI UNTERSCHRIFTEN GESAMMELT HABT, WIRD EINE CHEMISCHE REAKTION AUSGELÖST, DIE EURE LIZENZ VERÄNDERT.
NICHT NUR ÄUSSERLICH, SONDERN AUCH INNERLICH.
UND DAS BEDEUTET, DASS IHR DEN SILBERRANG ERRUNGEN HABT.
INSGESAMT DREI... DIE ANDEREN ZWEI PRÜFER SIND ALSO...?!
KONZENTRIERT EUCH ERST EINMAL DARAUF, MEINE UNTERSCHRIFT ZU ERGATTERN.
IN MEINER PRÜFUNG ERWARTET EUCH NÄMLICH...

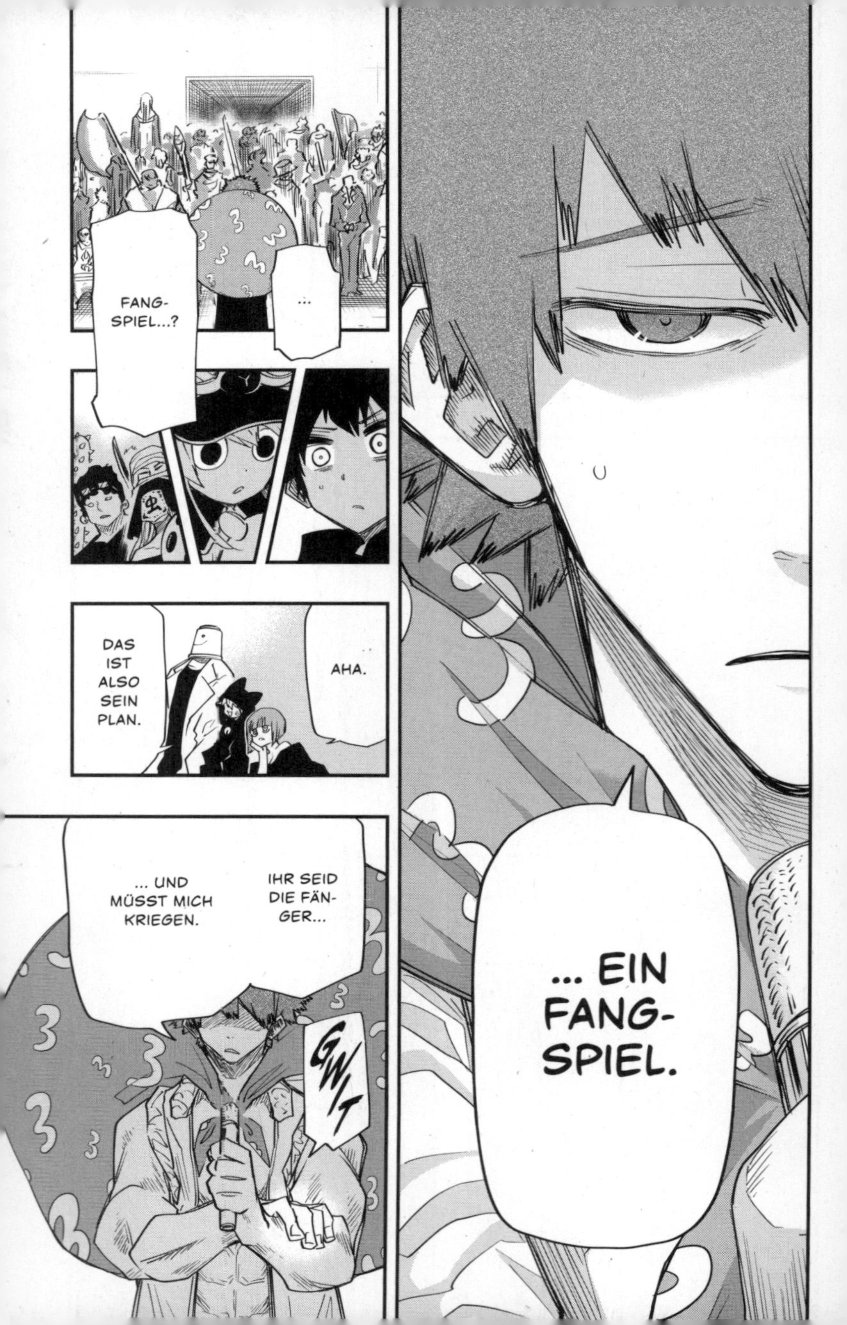
... EIN FANG-SPIEL.
...
FANG-SPIEL...?
AHA.
DAS IST ALSO SEIN PLAN.
IHR SEID DIE FÄN-GER...
... UND MÜSST MICH KRIEGEN.

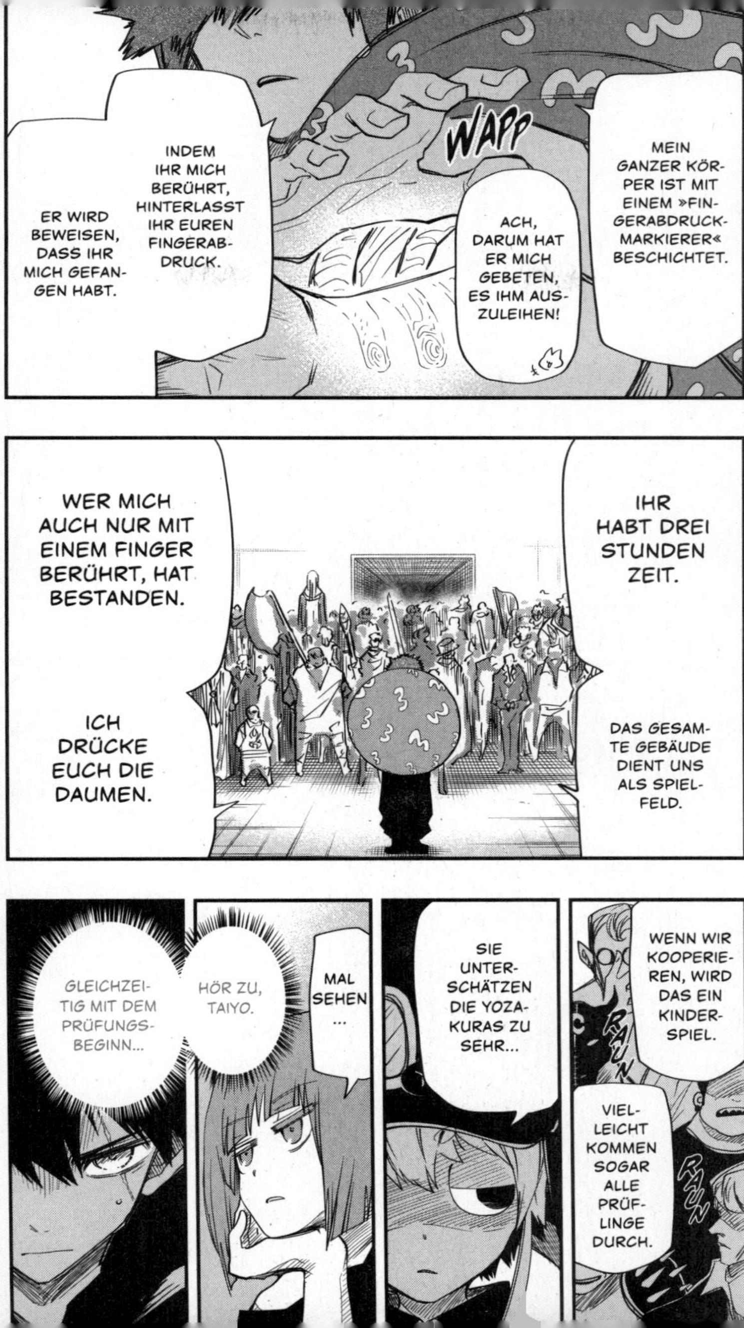

MEIN GANZER KÖRPER IST MIT EINEM »FINGERABDRUCKMARKIERER« BESCHICHTET.
WAPP
ACH, DARUM HAT ER MICH GEBETEN, ES IHM AUSZULEIHEN!
INDEM IHR MICH BERÜHRT, HINTERLASST IHR EUREN FINGERABDRUCK.
ER WIRD BEWEISEN, DASS IHR MICH GEFANGEN HABT.
IHR HABT DREI STUNDEN ZEIT.
DAS GESAMTE GEBÄUDE DIENT UNS ALS SPIELFELD.
WER MICH AUCH NUR MIT EINEM FINGER BERÜHRT, HAT BESTANDEN.
ICH DRÜCKE EUCH DIE DAUMEN.
WENN WIR KOOPERIEREN, WIRD DAS EIN KINDERSPIEL.
RAUN
VIELLEICHT KOMMEN SOGAR ALLE PRÜFLINGE DURCH.
RAUN
SIE UNTERSCHÄTZEN DIE YOZAKURAS ZU SEHR…
MAL SEHEN …
HÖR ZU, TAIYO.
GLEICHZEITIG MIT DEM PRÜFUNGSBEGINN…

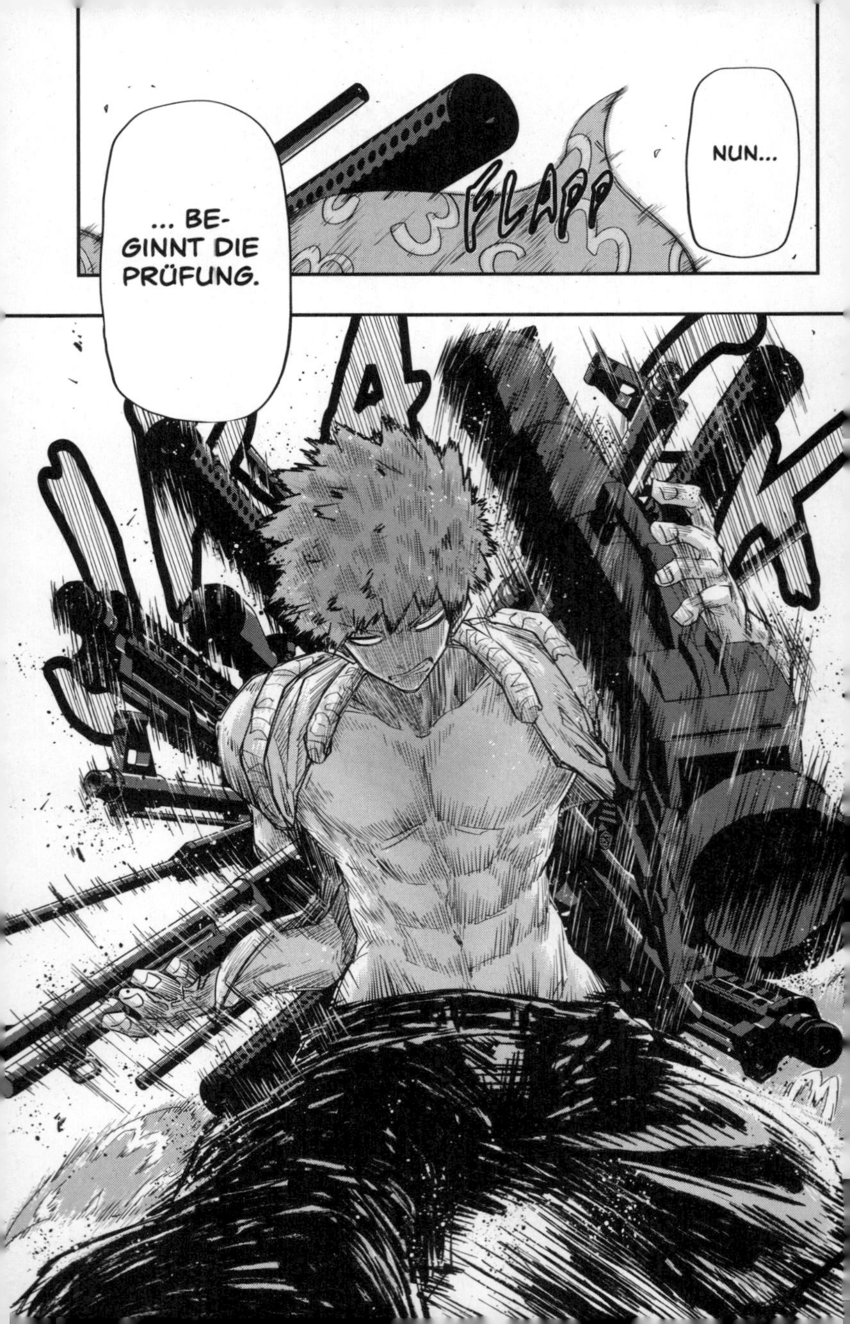
NUN...
FLAPP
... BE-
GINNT DIE
PRÜFUNG.

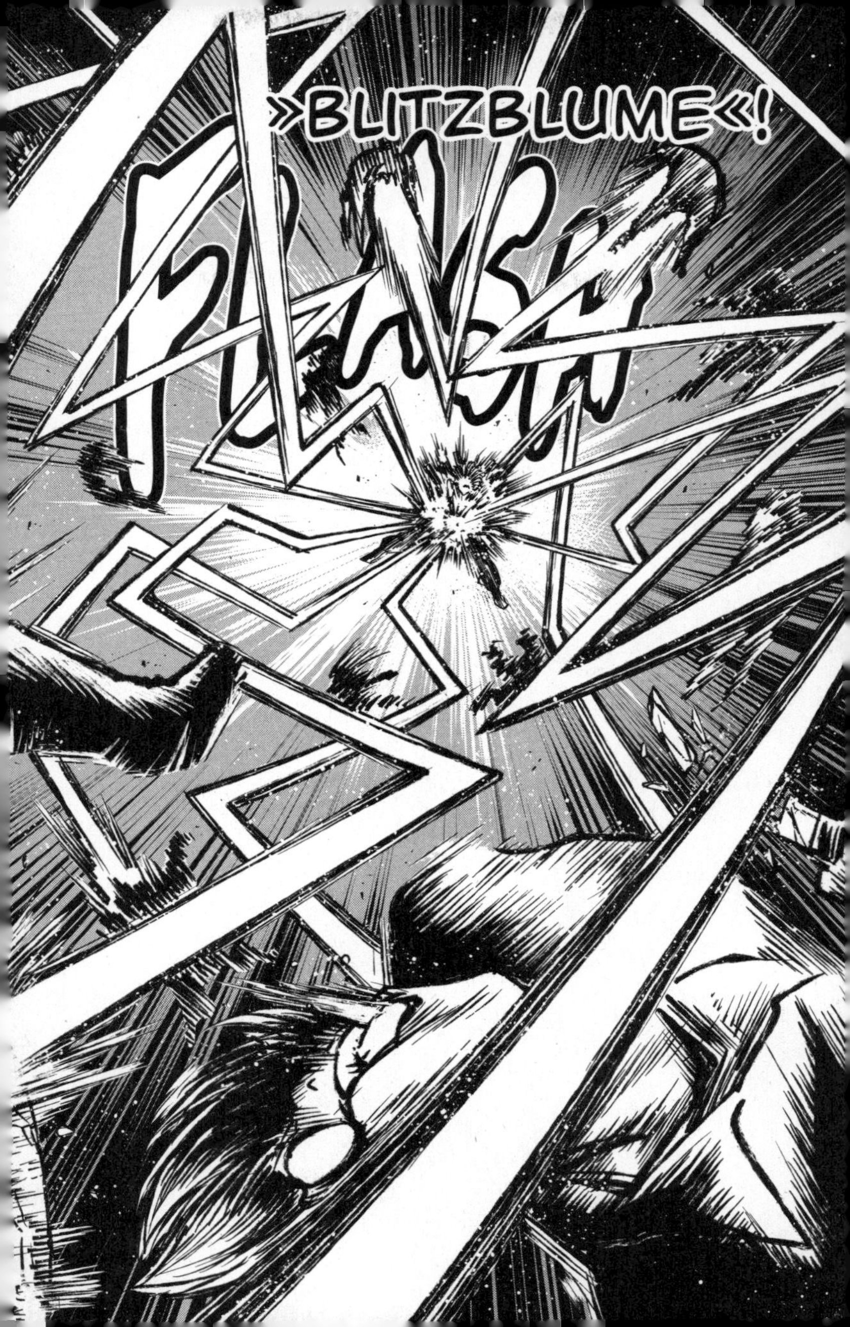
»BLITZBLUME«!
Flash

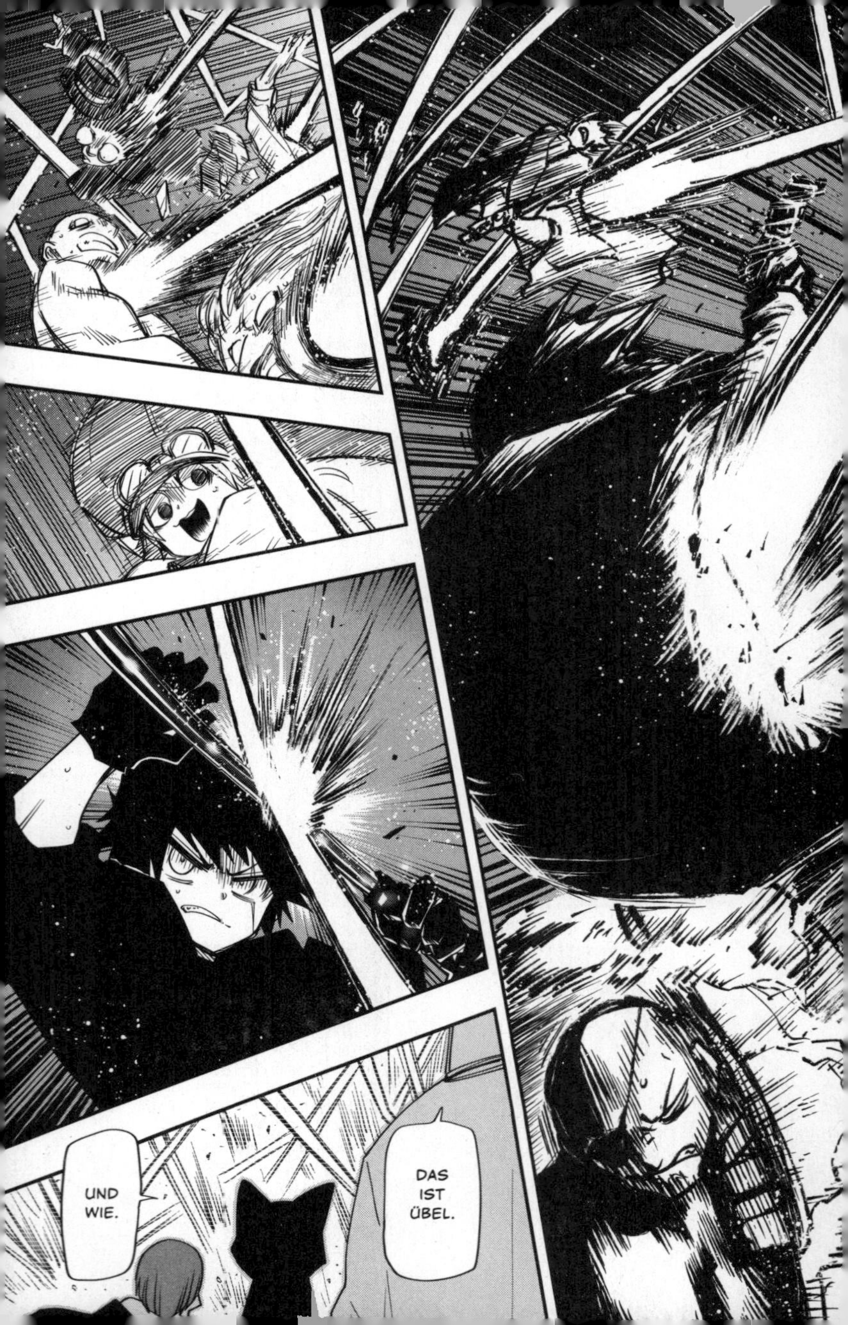
DAS IST ÜBEL.
UND WIE.

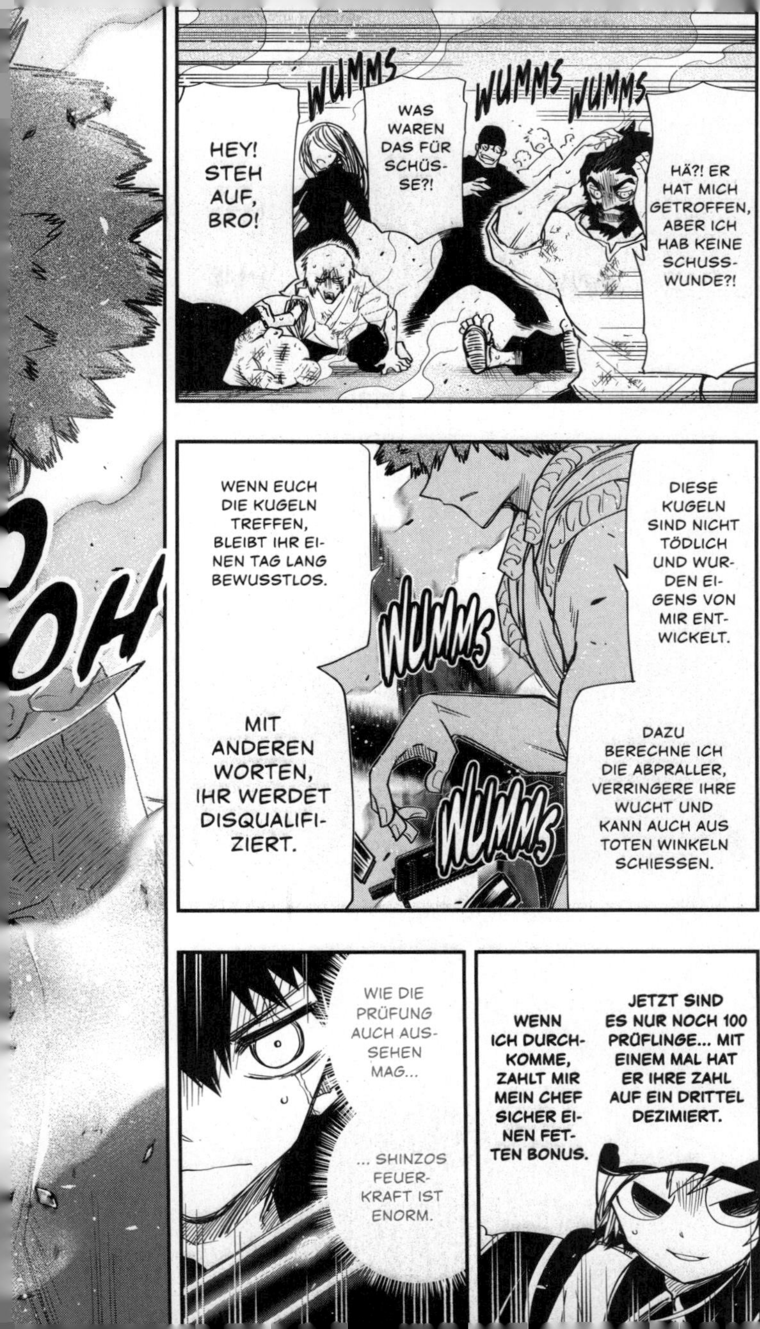
WUMMS
WUMMS
WUMMS
HÄ?! ER HAT MICH GETROFFEN, ABER ICH HAB KEINE SCHUSS-WUNDE?!
WAS WAREN DAS FÜR SCHÜS-SE?!
HEY! STEH AUF, BRO!
DIESE KUGELN SIND NICHT TÖDLICH UND WUR-DEN EI-GENS VON MIR ENT-WICKELT.
WENN EUCH DIE KUGELN TREFFEN, BLEIBT IHR EI-NEN TAG LANG BEWUSSTLOS.
WUMMS
DAZU BERECHNE ICH DIE ABPRALLER, VERRINGERE IHRE WUCHT UND KANN AUCH AUS TOTEN WINKELN SCHIESSEN.
MIT ANDEREN WORTEN, IHR WERDET DISQUALIFI-ZIERT.
WUMMS
JETZT SIND ES NUR NOCH 100 PRÜFLINGE... MIT EINEM MAL HAT ER IHRE ZAHL AUF EIN DRITTEL DEZIMIERT.
WENN ICH DURCH-KOMME, ZAHLT MIR MEIN CHEF SICHER EI-NEN FET-TEN BONUS.
WIE DIE PRÜFUNG AUCH AUS-SEHEN MAG...
... SHINZOS FEUER-KRAFT IST ENORM.

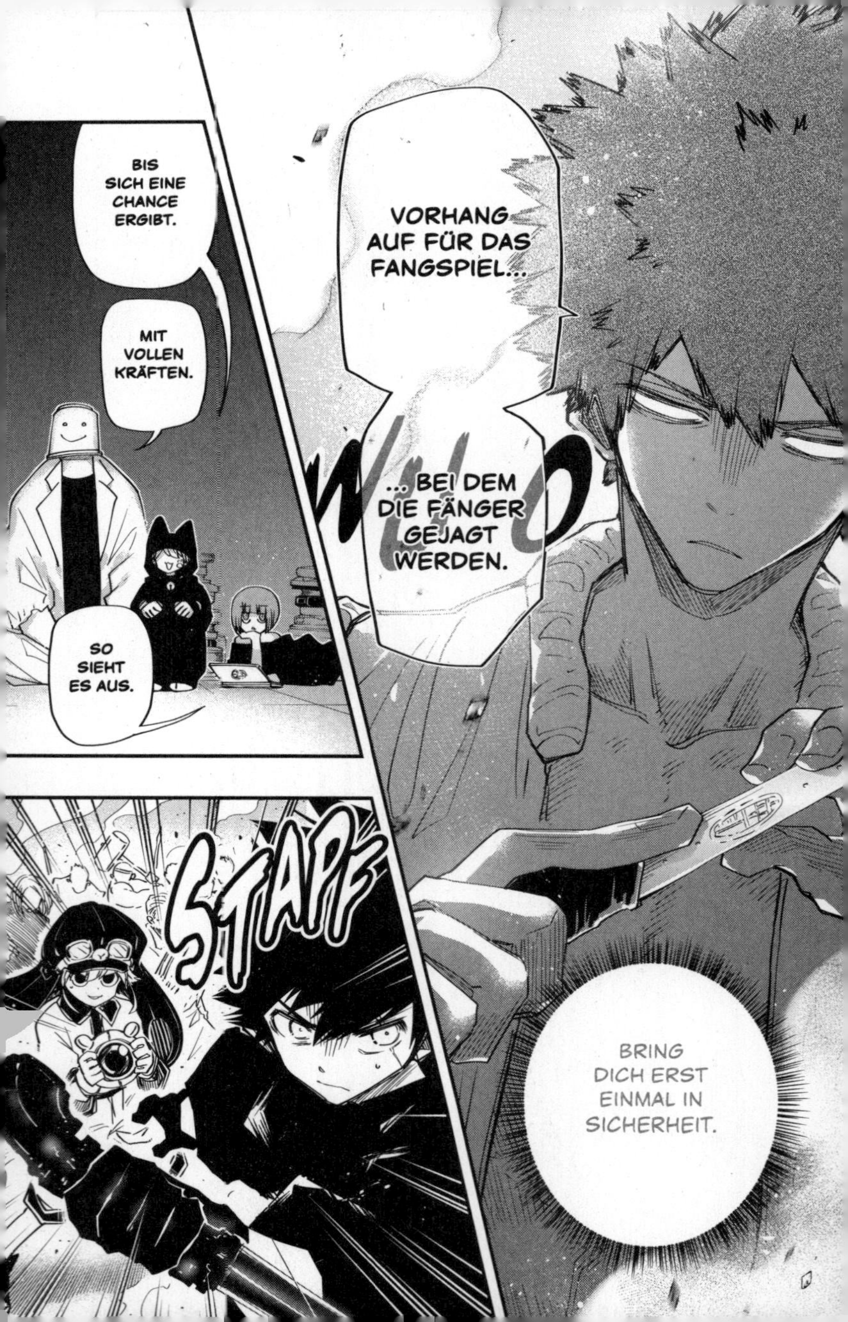
VORHANG AUF FÜR DAS FANGSPIEL...
... BEI DEM DIE FÄNGER GEJAGT WERDEN.
BIS SICH EINE CHANCE ERGIBT.
MIT VOLLEN KRÄFTEN.
SO SIEHT ES AUS.
STAPF
BRING DICH ERST EINMAL IN SICHERHEIT.

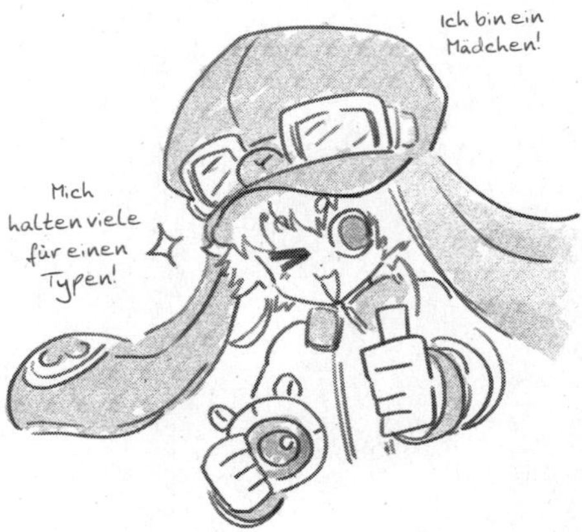
Ich bin ein
Mädchen!
Mich
halten viele
für einen
Typen!

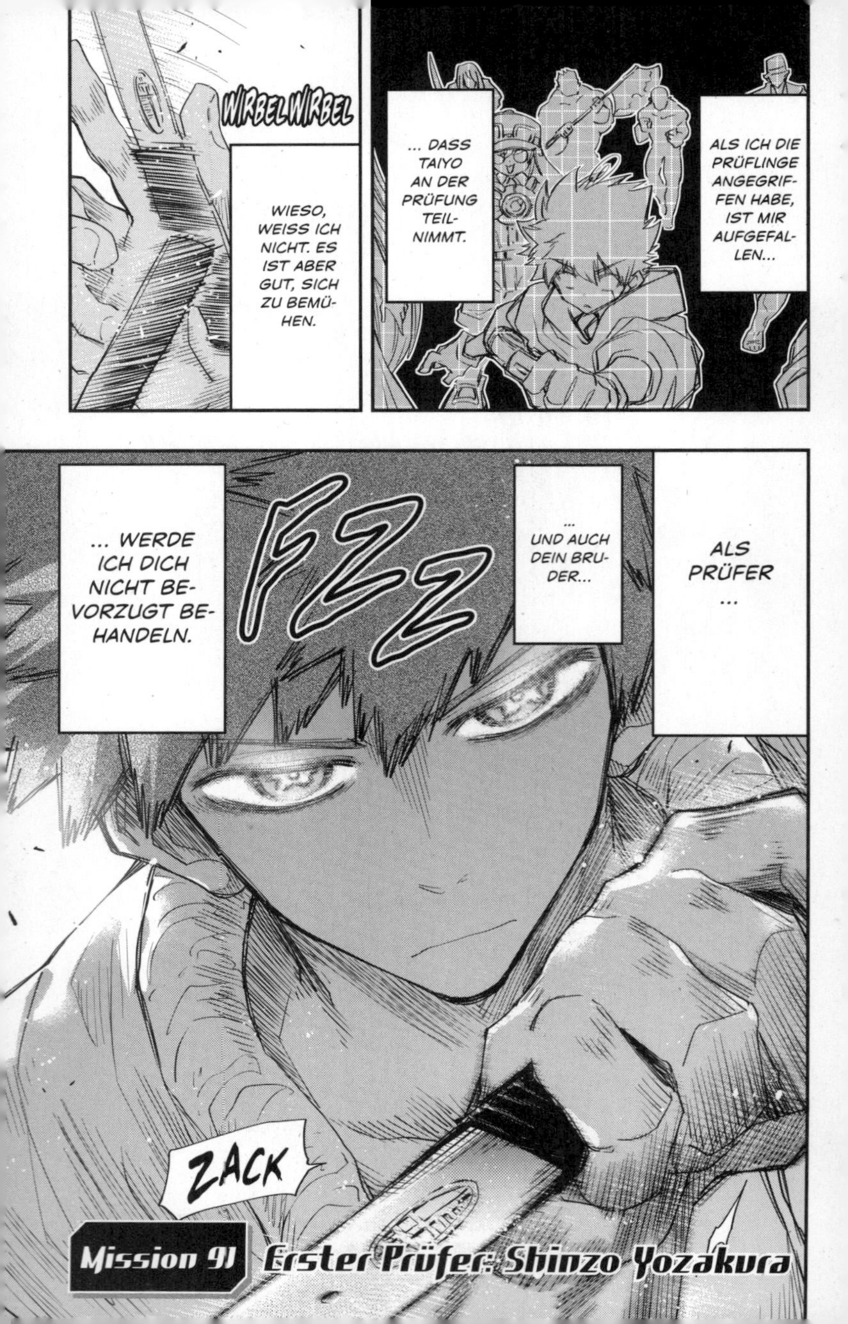
ALS ICH DIE PRÜFLINGE ANGEGRIFFEN HABE, IST MIR AUFGEFALLEN...
... DASS TAIYO AN DER PRÜFUNG TEILNIMMT.
WIRBEL WIRBEL
WIESO, WEISS ICH NICHT. ES IST ABER GUT, SICH ZU BEMÜHEN.
ALS PRÜFER ...
... UND AUCH DEIN BRUDER...
FZZ
... WERDE ICH DICH NICHT BEVORZUGT BEHANDELN.
ZACK
Mission 91 Erster Prüfer: Shinzo Yozakura

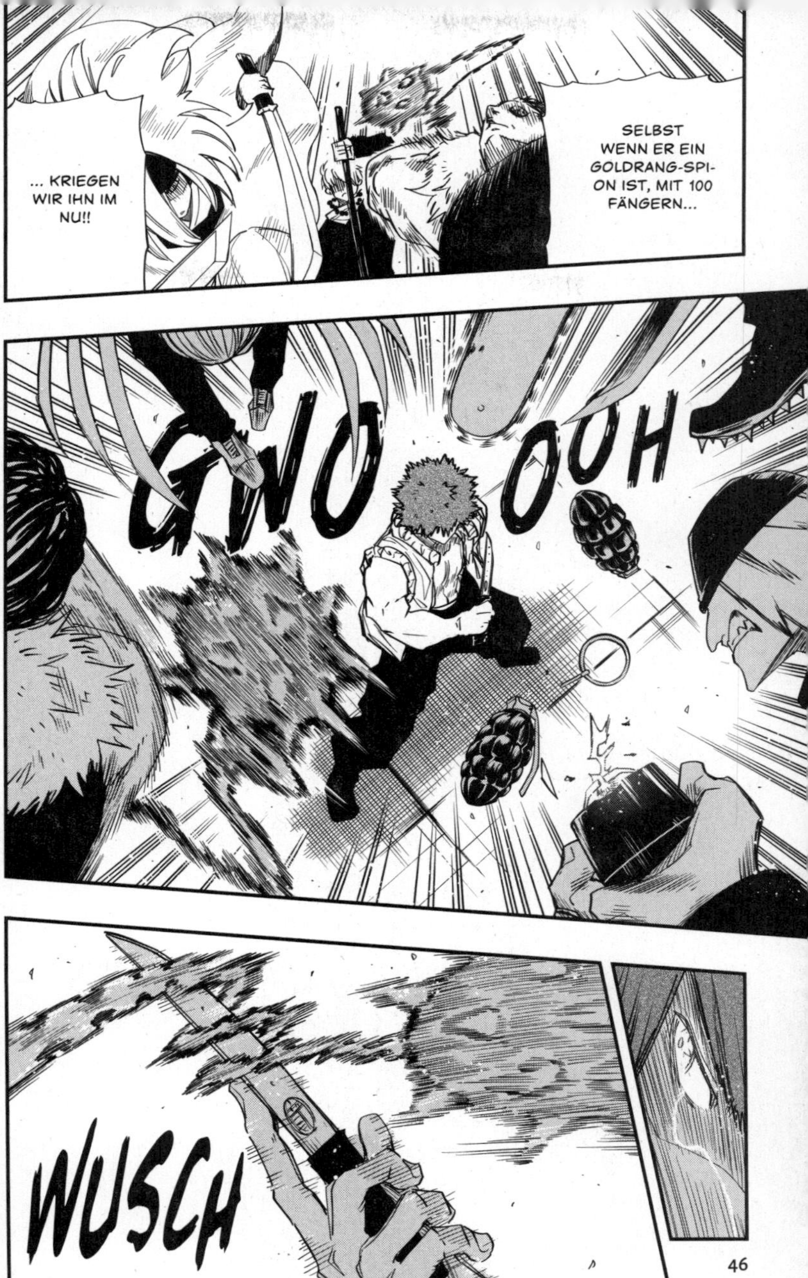
SELBST WENN ER EIN GOLDRANG-SPION IST, MIT 100 FÄNGERN...
... KRIEGEN WIR IHN IM NU!!
GWO OOH
WUSCH

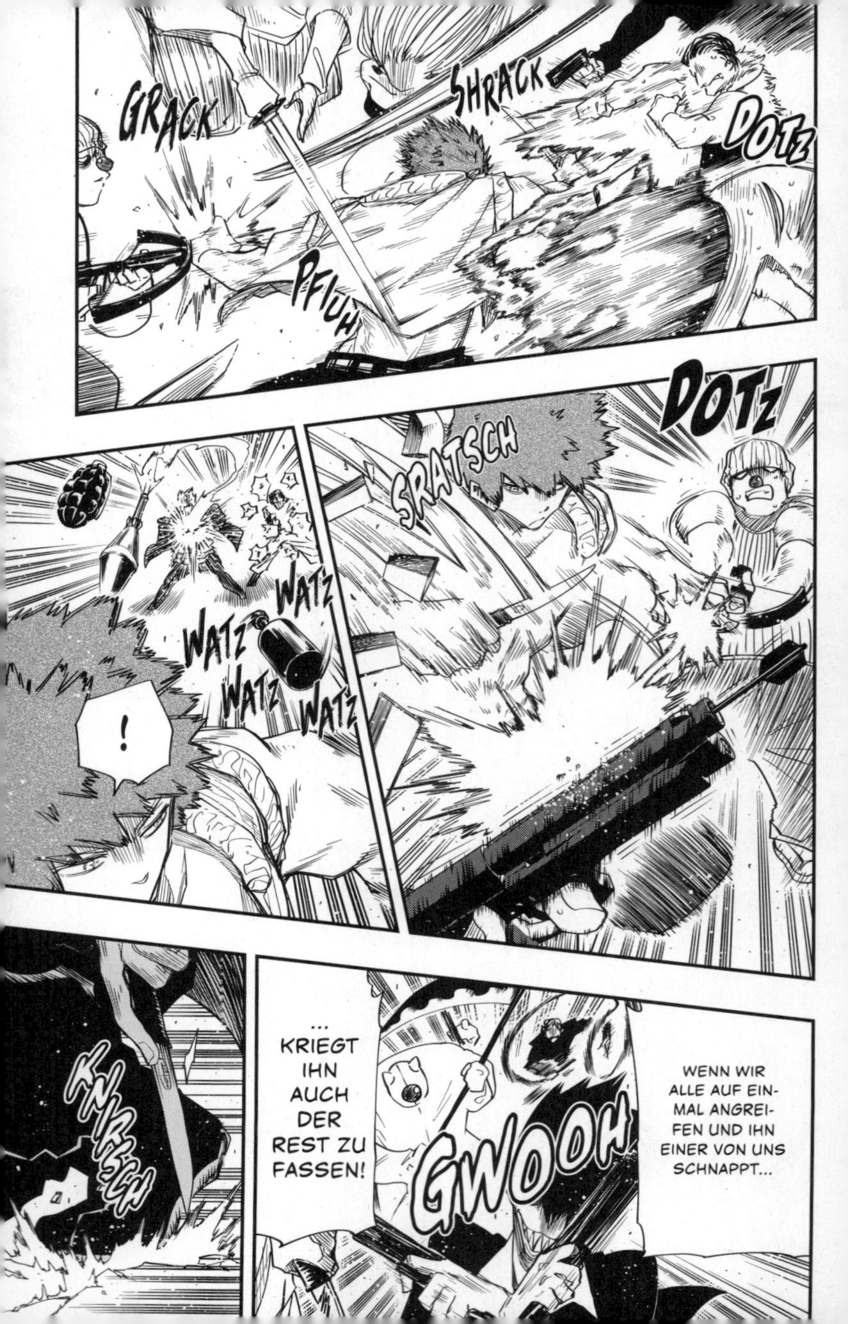
GRACK
SHRACK
DOTZ
PFIUH
DOTZ
SRATSCH
WATZ
WATZ
WATZ
WATZ
!
KNIRSCH
WENN WIR ALLE AUF EINMAL ANGREIFEN UND IHN EINER VON UNS SCHNAPPT...
... KRIEGT IHN AUCH DER REST ZU FASSEN!
GWOOH

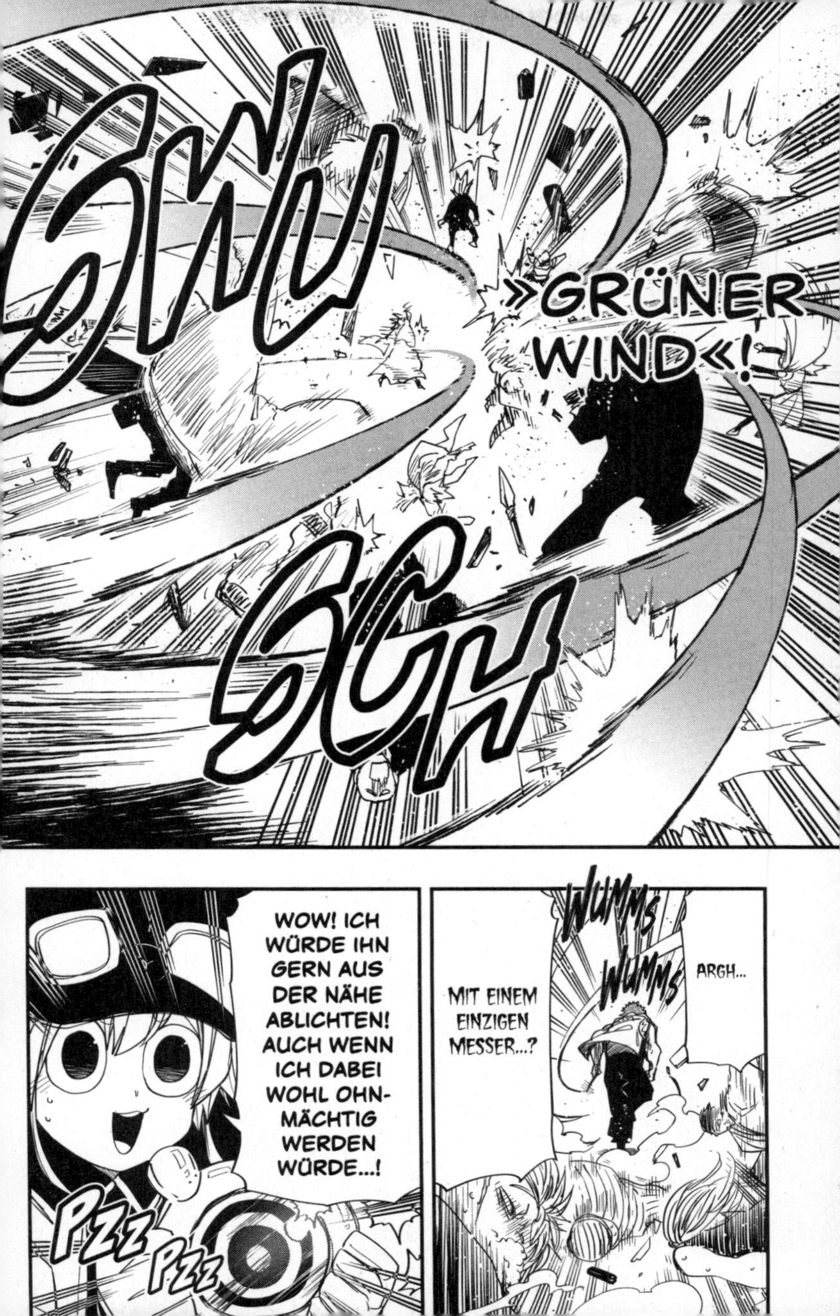
»GRÜNER WIND«!
WUMMS
WUMMS
ARGH...
MIT EINEM EINZIGEN MESSER...?
WOW! ICH WÜRDE IHN GERN AUS DER NÄHE ABLICHTEN! AUCH WENN ICH DABEI WOHL OHN-MÄCHTIG WERDEN WÜRDE...!
PZZ
PZZ

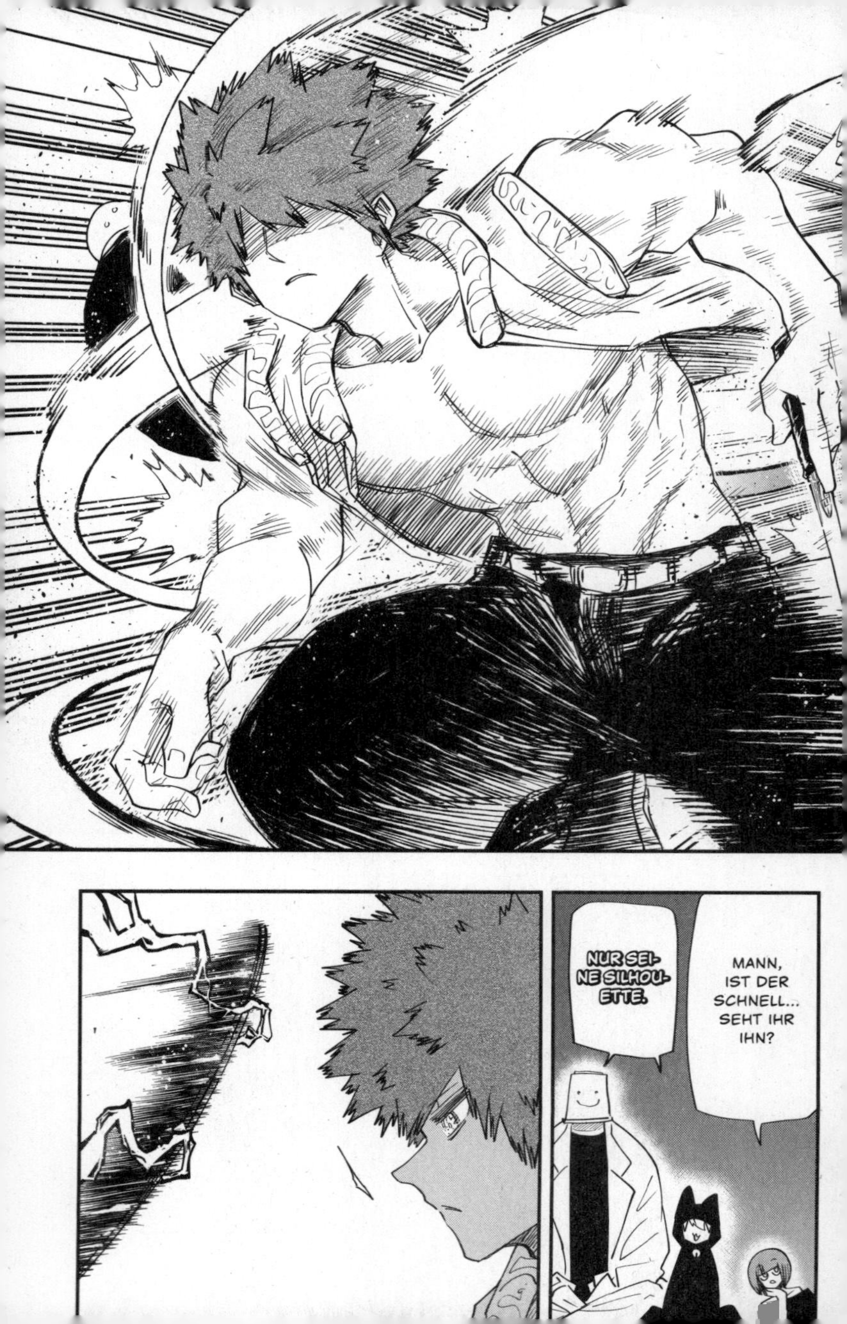
MANN, IST DER SCHNELL... SEHT IHR IHN?
NUR SEI-NE SILHOU-ETTE.

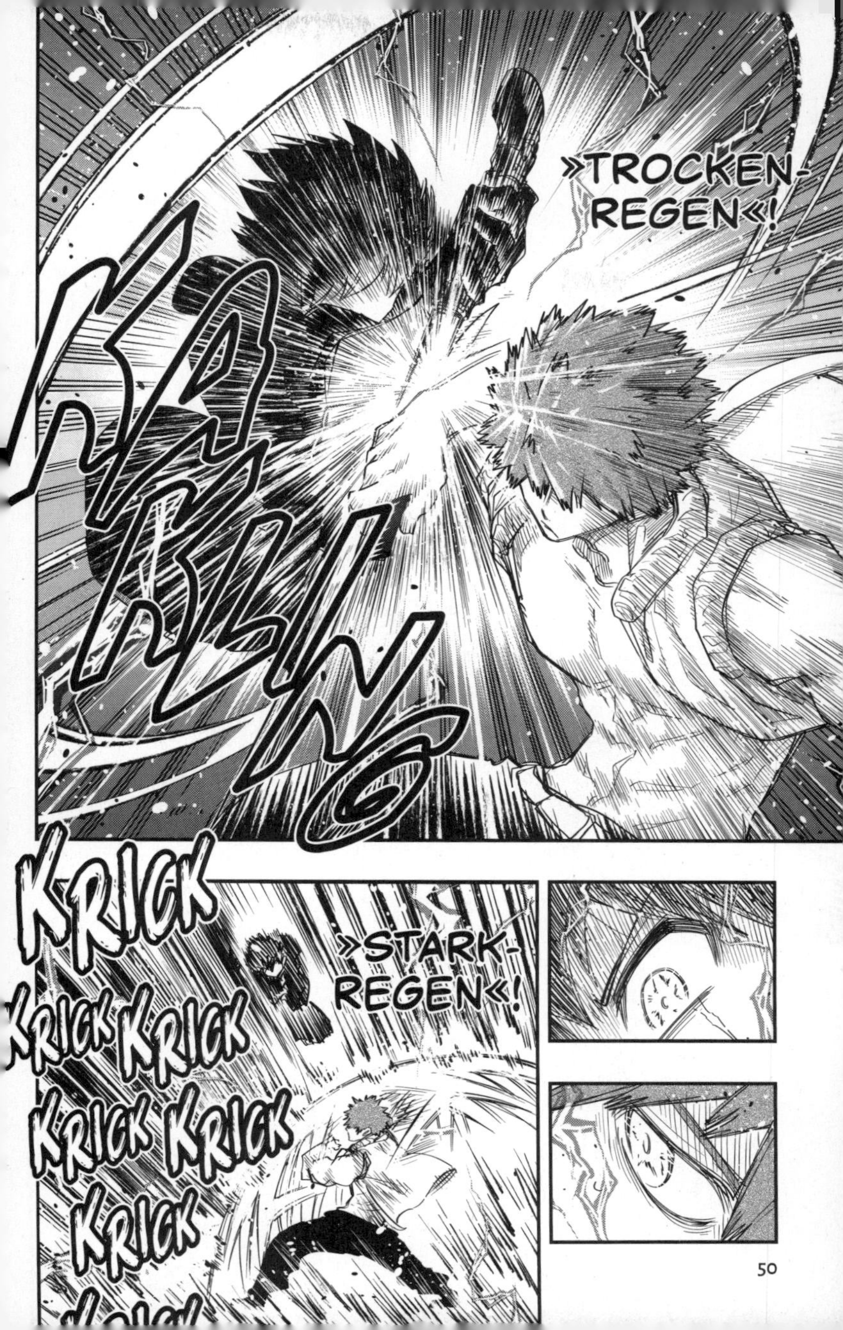
»TROCKEN-
REGEN«!
KRICK
KRICK KRICK
KRICK KRICK
KRICK
»STARK-
REGEN«!

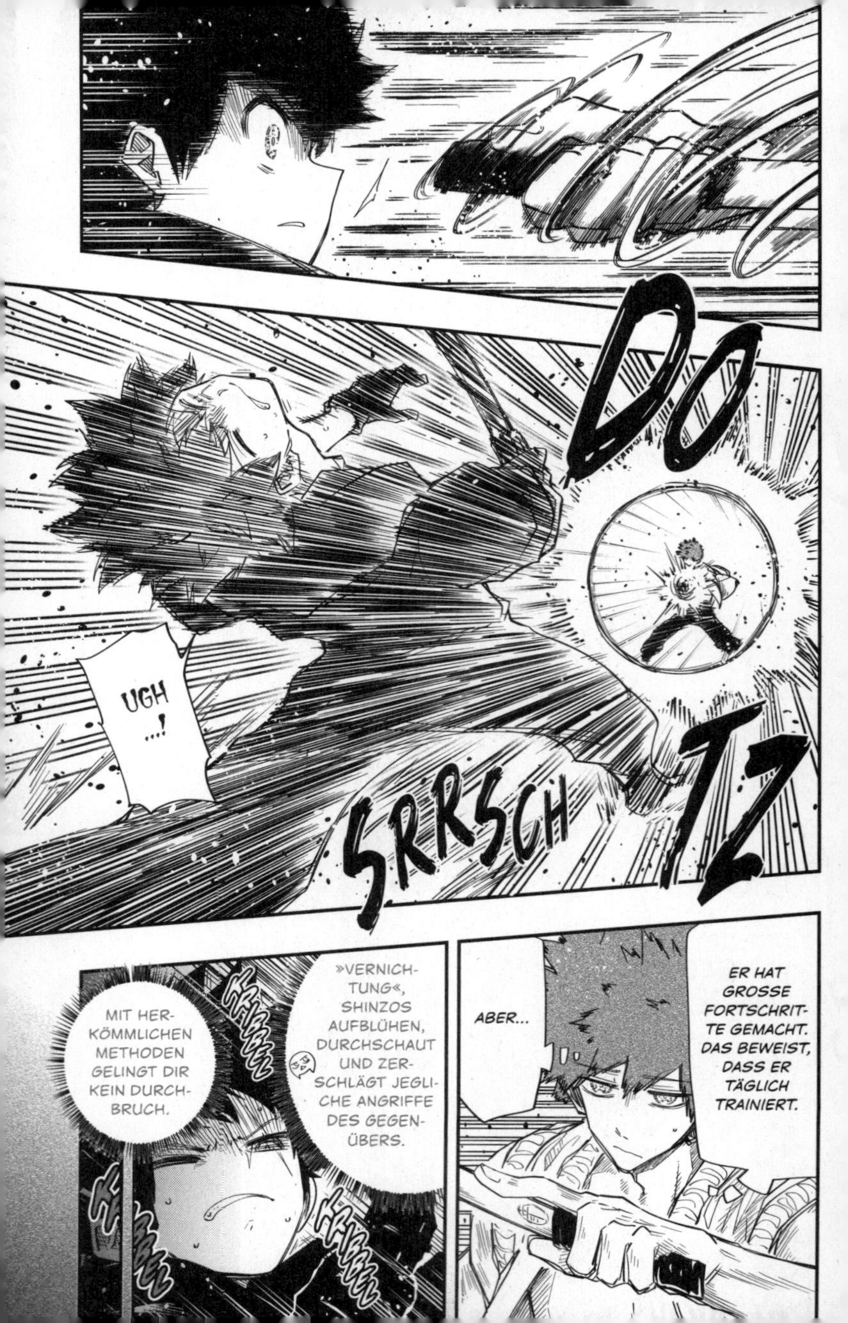
DOTZ
SRRSCH
UGH ...!
ER HAT GROSSE FORTSCHRITTE GEMACHT. DAS BEWEIST, DASS ER TÄGLICH TRAINIERT.
ABER...
»VERNICHTUNG«, SHINZOS AUFBLÜHEN, DURCHSCHAUT UND ZERSCHLÄGT JEGLICHE ANGRIFFE DES GEGENÜBERS.
MIT HERKÖMMLICHEN METHODEN GELINGT DIR KEIN DURCHBRUCH.

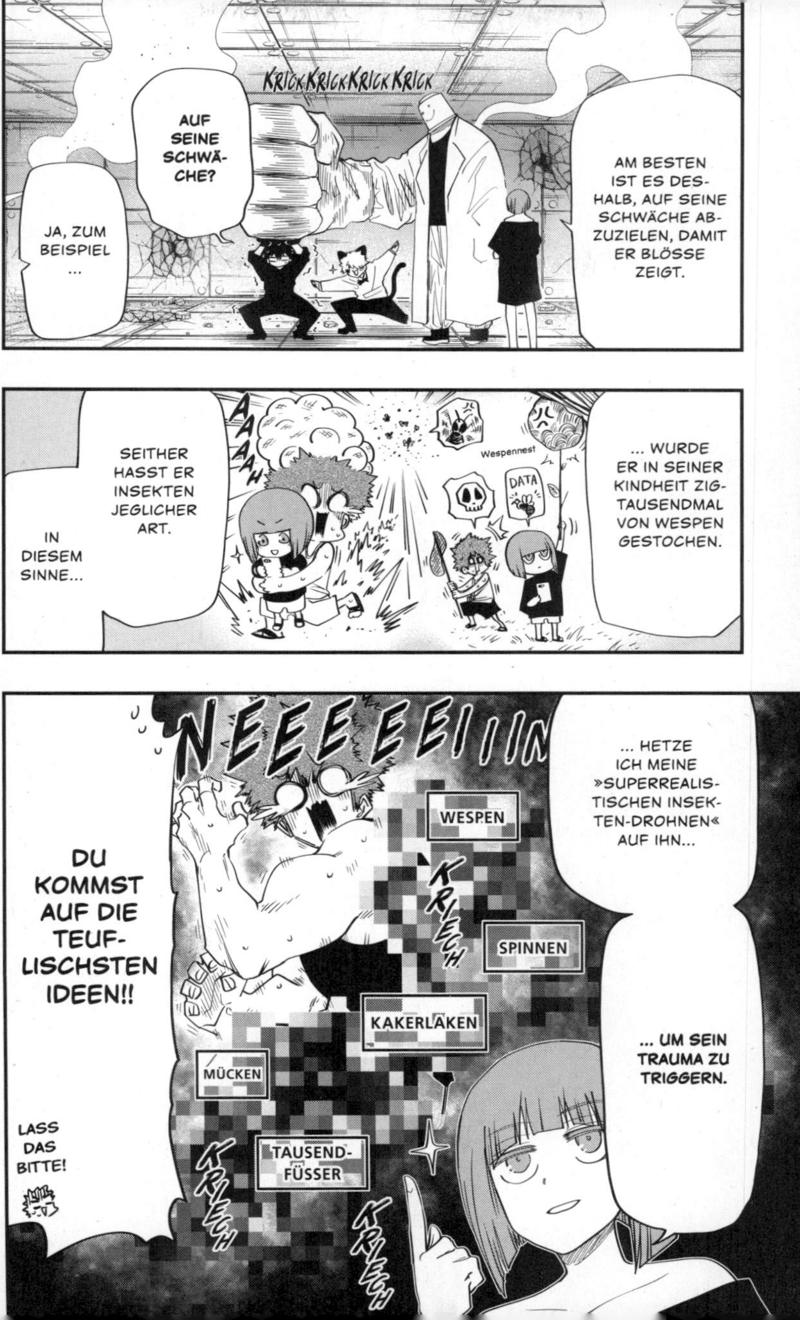
KRICK KRICK KRICK KRICK
AM BESTEN IST ES DESHALB, AUF SEINE SCHWÄCHE ABZUZIELEN, DAMIT ER BLÖSSE ZEIGT.
AUF SEINE SCHWÄCHE?
JA, ZUM BEISPIEL …
... WURDE ER IN SEINER KINDHEIT ZIGTAUSENDMAL VON WESPEN GESTOCHEN.
Wespennest
DATA
AAAAH
SEITHER HASST ER INSEKTEN JEGLICHER ART.
IN DIESEM SINNE…
... HETZE ICH MEINE »SUPERREALISTISCHEN INSEKTEN-DROHNEN« AUF IHN...
NEEEEEIIIN
WESPEN
SPINNEN
KAKERLAKEN
MÜCKEN
TAUSENDFÜSSER
KRIECH
KRIECH
KRIECH
... UM SEIN TRAUMA ZU TRIGGERN.
DU KOMMST AUF DIE TEUFLISCHSTEN IDEEN!!
LASS DAS BITTE!

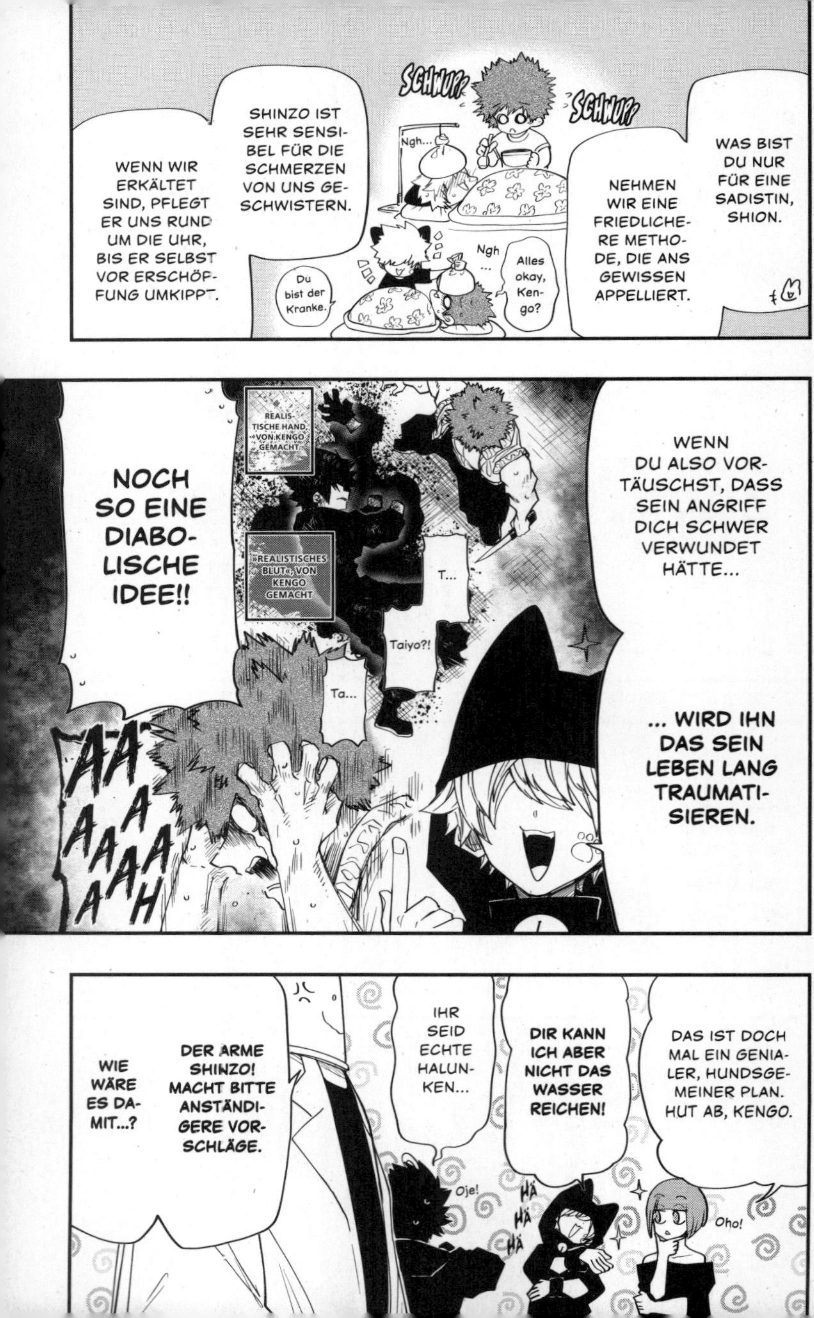
WAS BIST DU NUR FÜR EINE SADISTIN, SHION.
NEHMEN WIR EINE FRIEDLICHERE METHODE, DIE ANS GEWISSEN APPELLIERT.
SCHWUPP
SCHWUPP
SHINZO IST SEHR SENSIBEL FÜR DIE SCHMERZEN VON UNS GESCHWISTERN.
WENN WIR ERKÄLTET SIND, PFLEGT ER UNS RUND UM DIE UHR, BIS ER SELBST VOR ERSCHÖPFUNG UMKIPPT.
Ngh...
Alles okay, Kengo?
Ngh ...
Du bist der Kranke.
WENN DU ALSO VORTÄUSCHST, DASS SEIN ANGRIFF DICH SCHWER VERWUNDET HÄTTE...
... WIRD IHN DAS SEIN LEBEN LANG TRAUMATISIEREN.
REALISTISCHE HAND, VON KENGO GEMACHT.
»REALISTISCHES BLUT« VON KENGO GEMACHT
T...
Taiyo?!
Ta...
NOCH SO EINE DIABOLISCHE IDEE!!
AAAAAAAAAH
DAS IST DOCH MAL EIN GENIALER, HUNDSGEMEINER PLAN. HUT AB, KENGO.
Oho!
DIR KANN ICH ABER NICHT DAS WASSER REICHEN!
HÄ HÄ HÄ
IHR SEID ECHTE HALUNKEN...
Oje!
DER ARME SHINZO! MACHT BITTE ANSTÄNDIGERE VORSCHLÄGE.
WIE WÄRE ES DAMIT...?

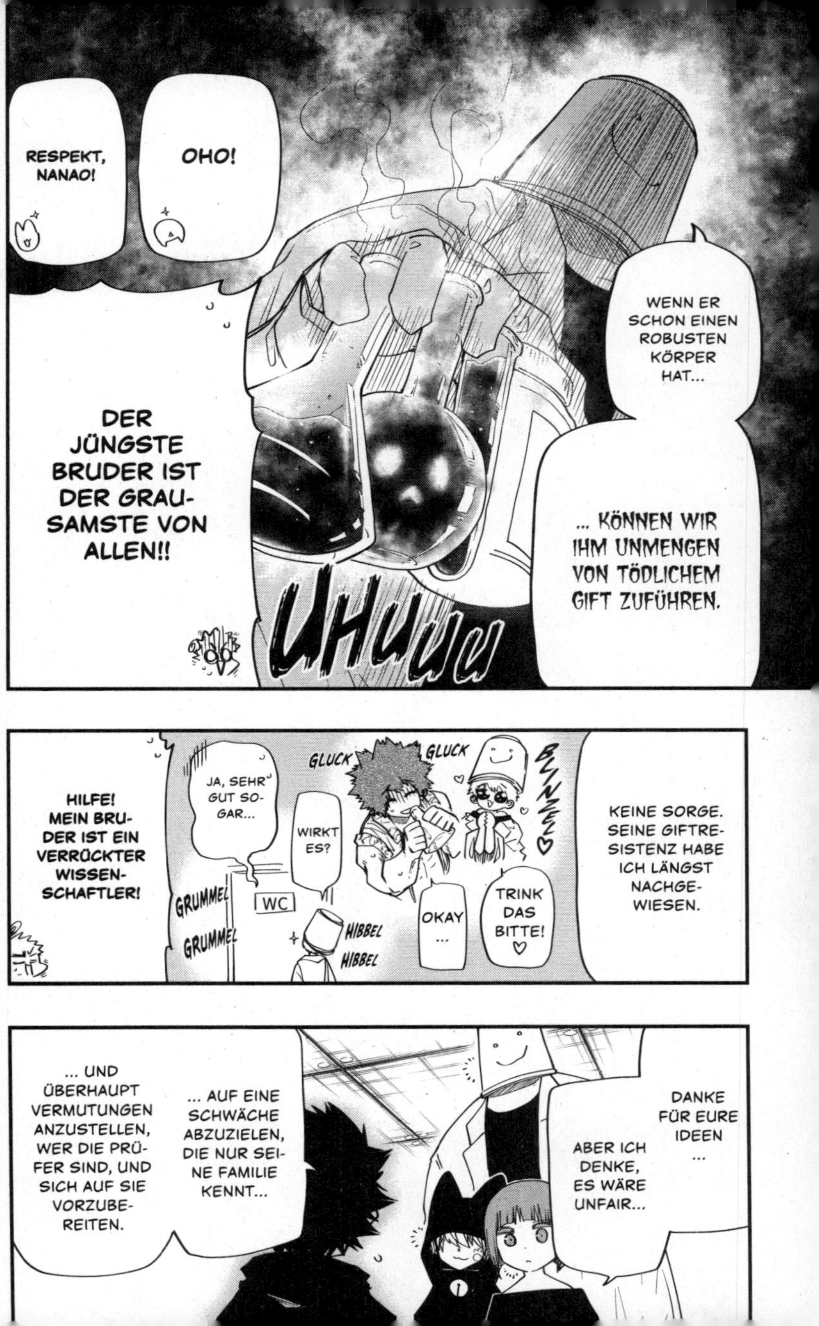

WENN ER SCHON EINEN ROBUSTEN KÖRPER HAT...
... KÖNNEN WIR IHM UNMENGEN VON TÖDLICHEM GIFT ZUFÜHREN.
OHO!
RESPEKT, NANAO!
DER JÜNGSTE BRUDER IST DER GRAUSAMSTE VON ALLEN!!
UHUUU
KEINE SORGE. SEINE GIFTRESISTENZ HABE ICH LÄNGST NACHGEWIESEN.
BLINZEL
TRINK DAS BITTE!
OKAY ...
GLUCK
GLUCK
WIRKT ES?
JA, SEHR GUT SOGAR...
HIBBEL
HIBBEL
WC
GRUMMEL
GRUMMEL
HILFE! MEIN BRUDER IST EIN VERRÜCKTER WISSENSCHAFTLER!
DANKE FÜR EURE IDEEN ...
ABER ICH DENKE, ES WÄRE UNFAIR...
... AUF EINE SCHWÄCHE ABZUZIELEN, DIE NUR SEINE FAMILIE KENNT...
... UND ÜBERHAUPT VERMUTUNGEN ANZUSTELLEN, WER DIE PRÜFER SIND, UND SICH AUF SIE VORZUBEREITEN.

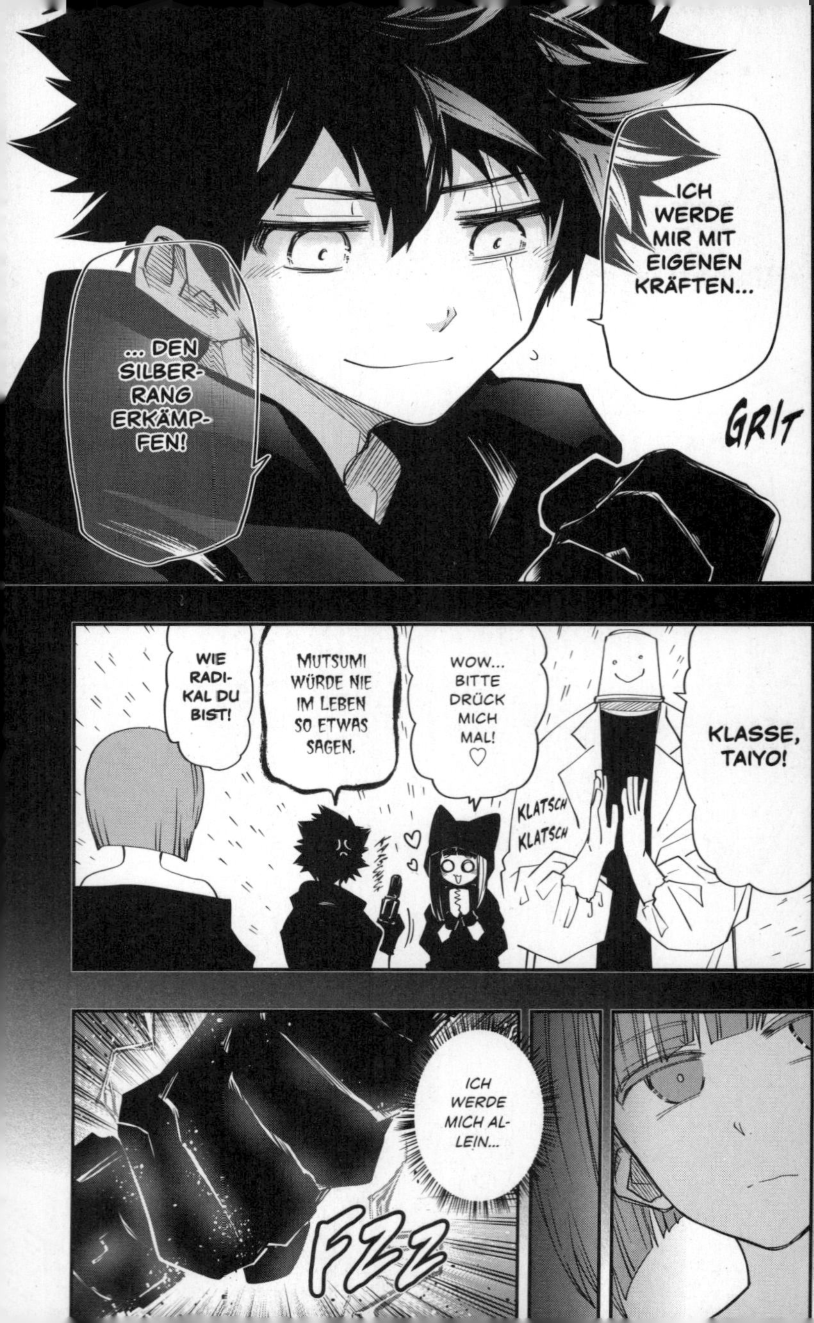
ICH WERDE MIR MIT EIGENEN KRÄFTEN...
... DEN SILBERRANG ERKÄMPFEN!
GRIT
KLASSE, TAIYO!
WOW... BITTE DRÜCK MICH MAL! ♡
MUTSUMI WÜRDE NIE IM LEBEN SO ETWAS SAGEN.
WIE RADIKAL DU BIST!
KLATSCH KLATSCH
ICH WERDE MICH ALLEIN...
FZZ

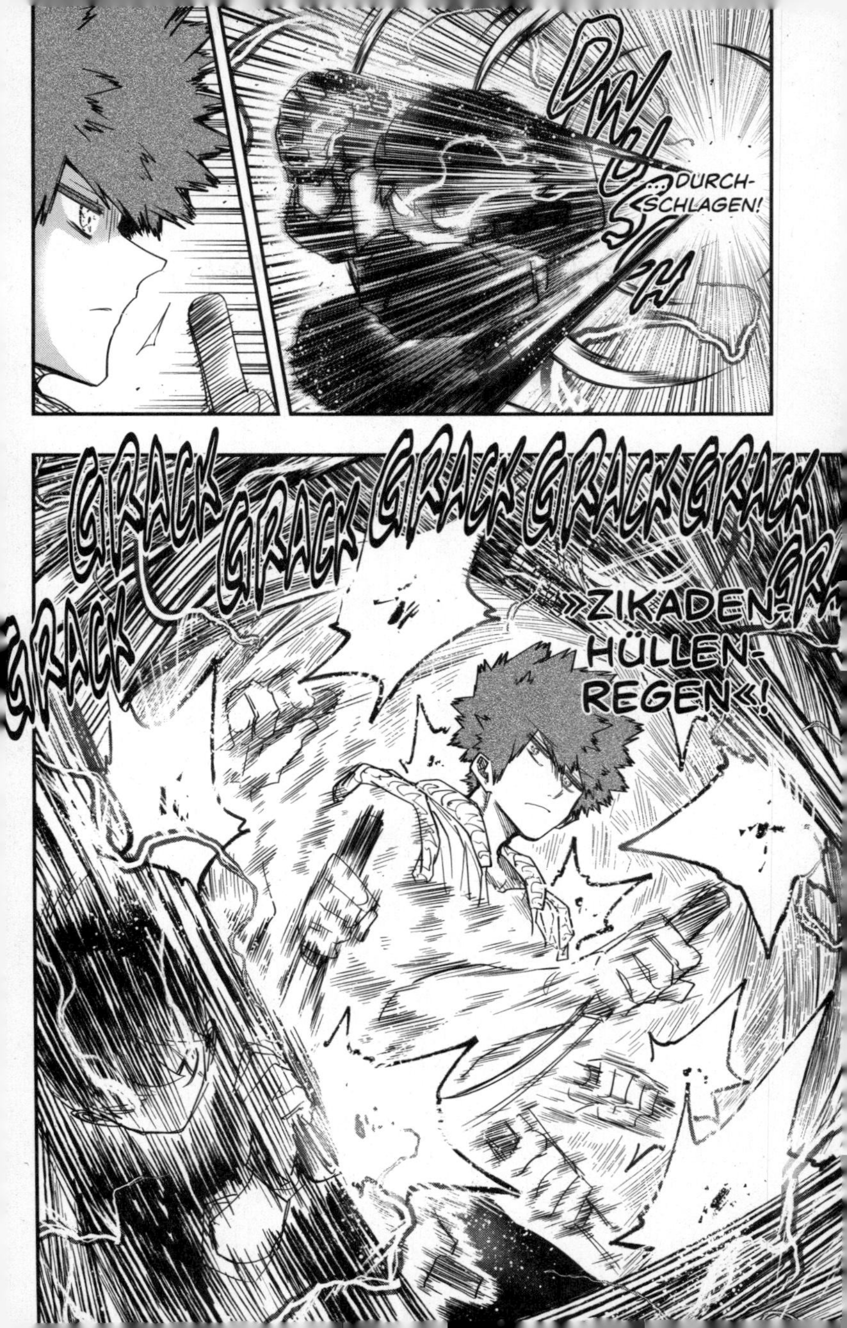

DWUSCH
…DURCH-
SCHLAGEN!
CRACK CRACK CRACK CRACK CRACK CRACK CRACK CR
»ZIKADEN-
HÜLLEN-
REGEN«!

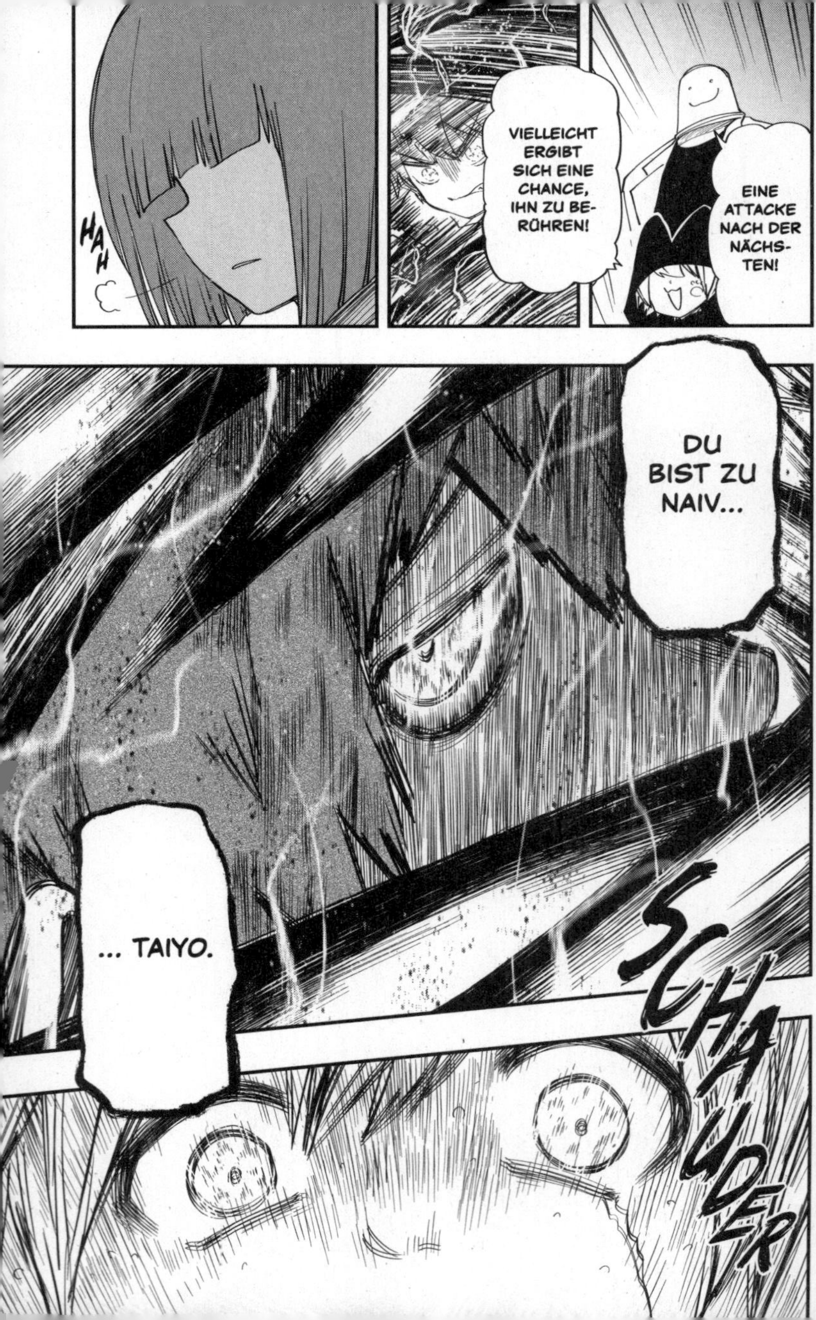
EINE ATTACKE NACH DER NÄCHS-TEN!
VIELLEICHT ERGIBT SICH EINE CHANCE, IHN ZU BE-RÜHREN!
HAH
DU BIST ZU NAIV...
... TAIYO.
SCHAUDER

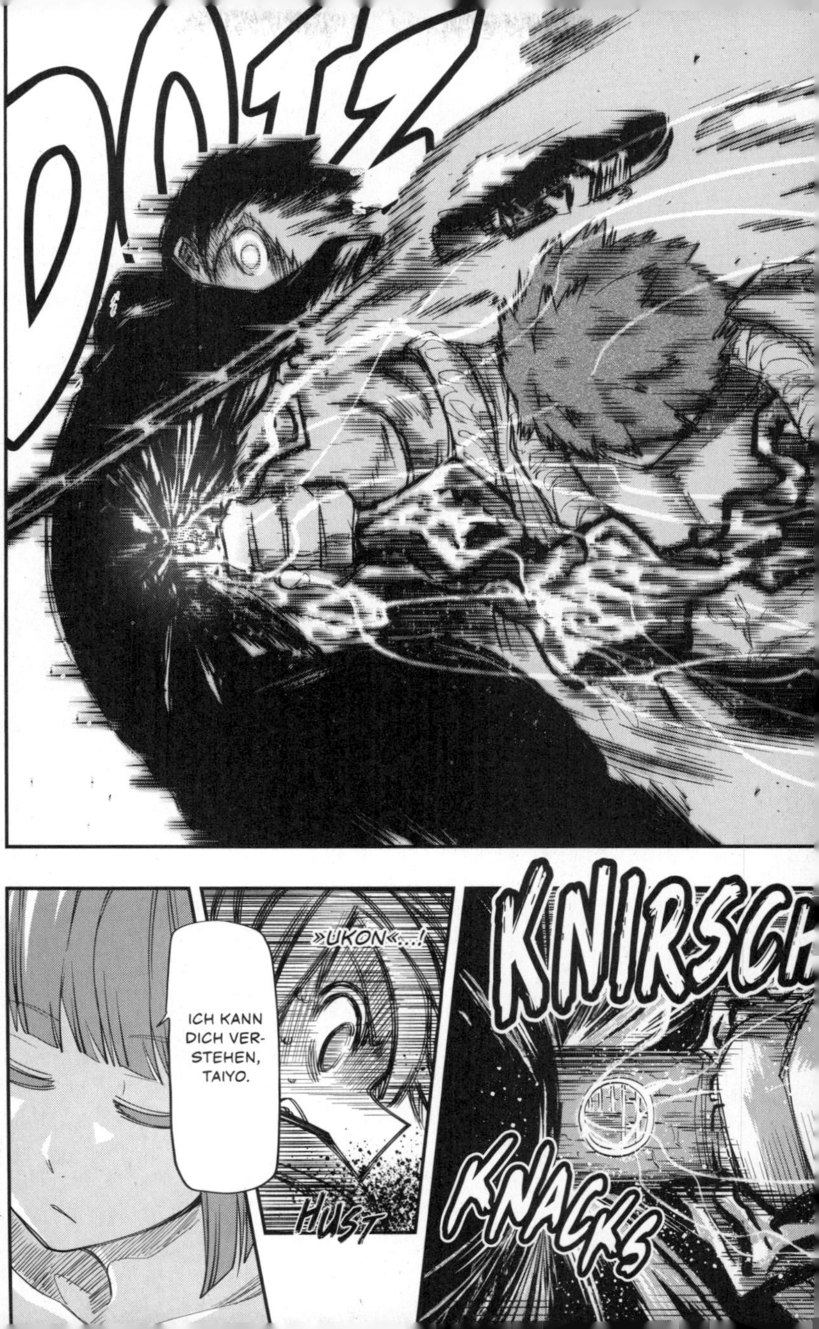
KNIRSCH
KNACKS
»UKON«...!
HUST
ICH KANN DICH VER-STEHEN, TAIYO.

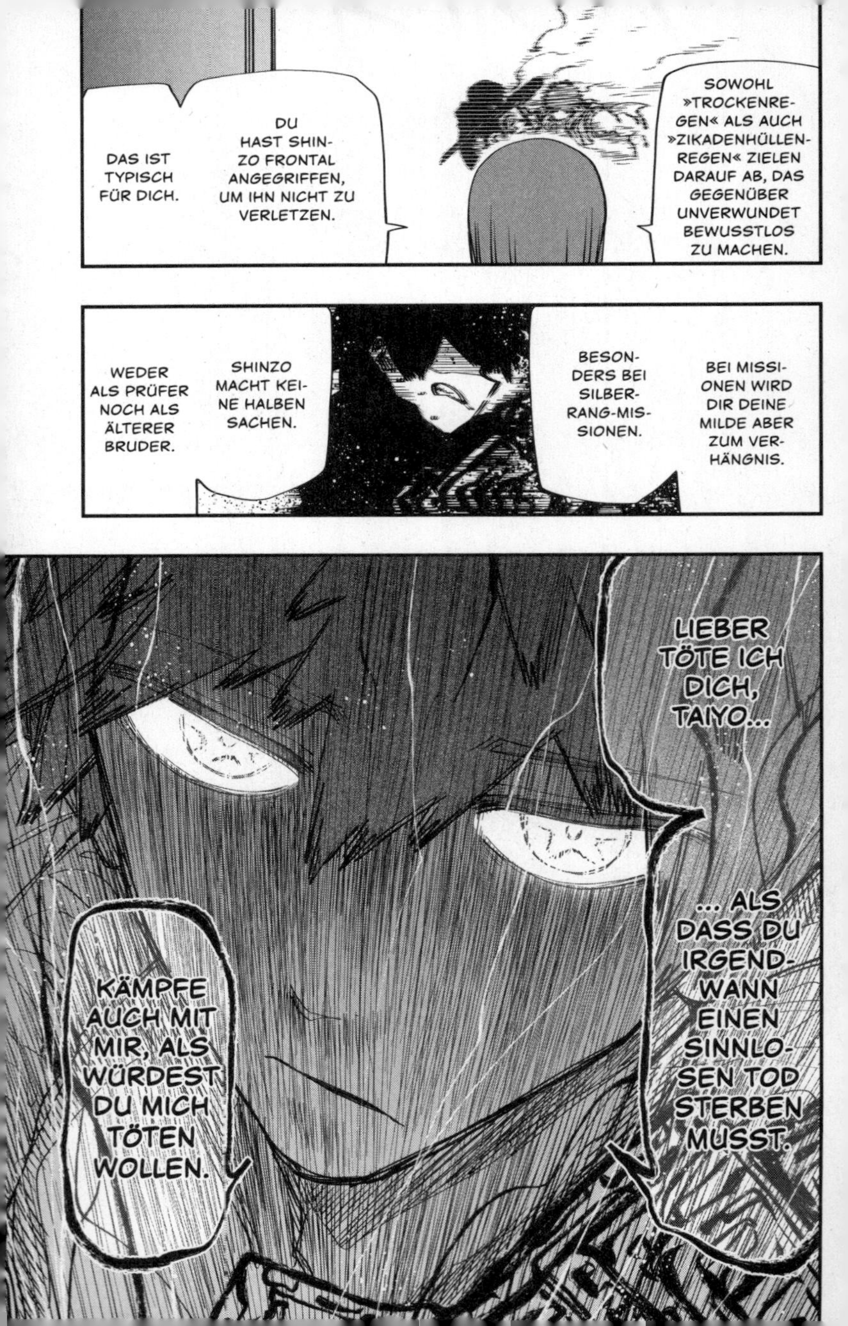
SOWOHL »TROCKENREGEN« ALS AUCH »ZIKADENHÜLLENREGEN« ZIELEN DARAUF AB, DAS GEGENÜBER UNVERWUNDET BEWUSSTLOS ZU MACHEN.
DU HAST SHINZO FRONTAL ANGEGRIFFEN, UM IHN NICHT ZU VERLETZEN.
DAS IST TYPISCH FÜR DICH.
BEI MISSIONEN WIRD DIR DEINE MILDE ABER ZUM VERHÄNGNIS.
BESONDERS BEI SILBERRANG-MISSIONEN.
SHINZO MACHT KEINE HALBEN SACHEN.
WEDER ALS PRÜFER NOCH ALS ÄLTERER BRUDER.
LIEBER TÖTE ICH DICH, TAIYO...
... ALS DASS DU IRGENDWANN EINEN SINNLOSEN TOD STERBEN MUSST.
KÄMPFE AUCH MIT MIR, ALS WÜRDEST DU MICH TÖTEN WOLLEN.

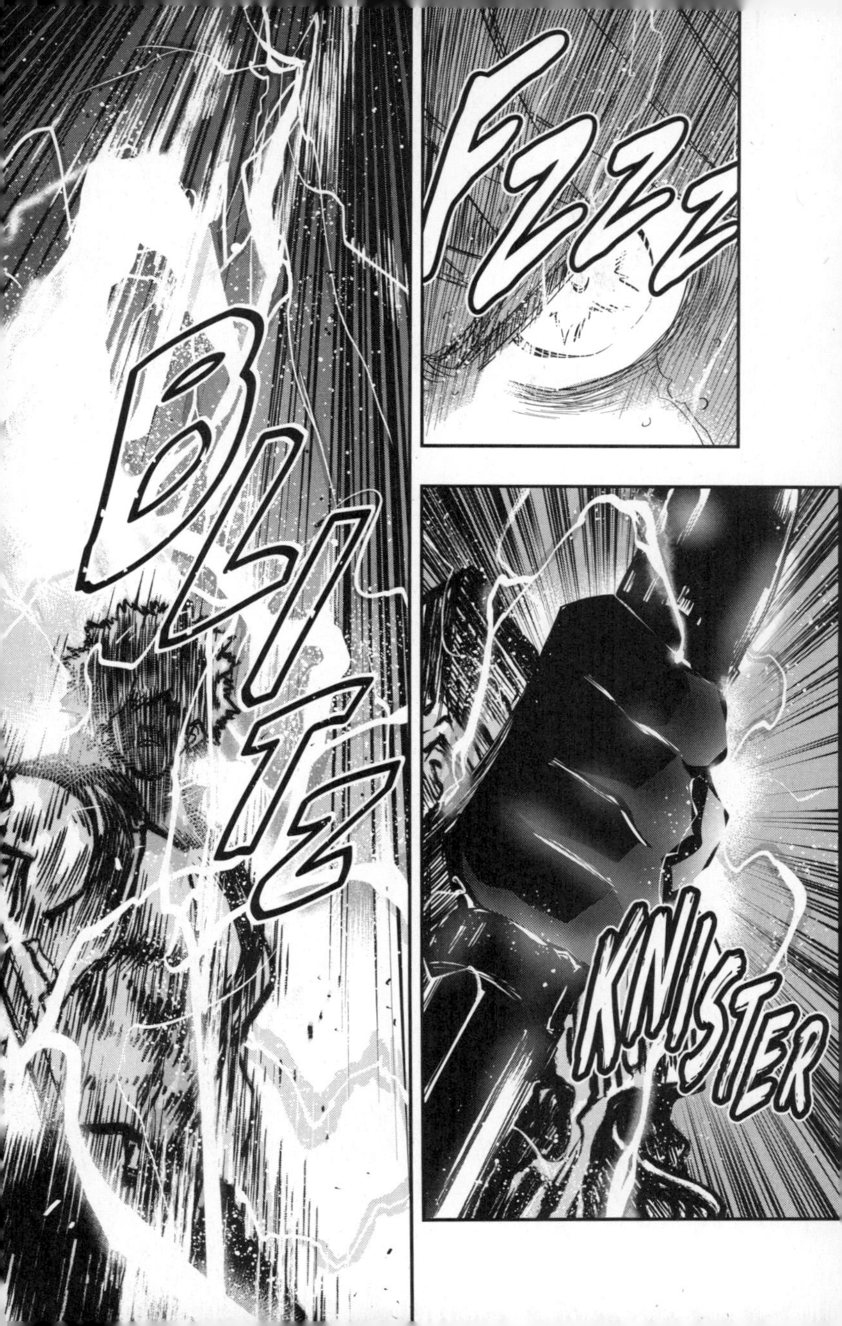
FZZZ
KNISTER
BLITZ

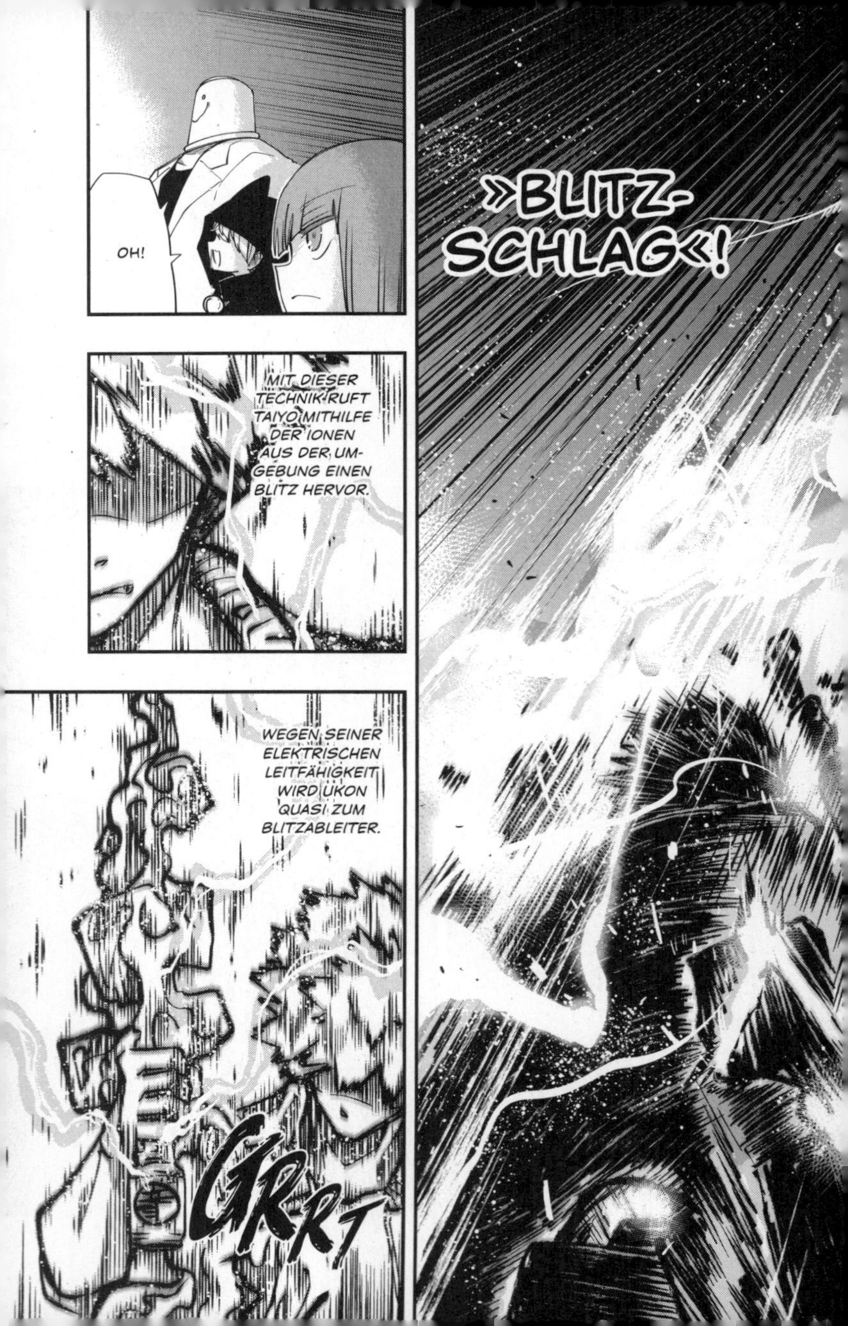
»BLITZ-
SCHLAG«!
OH!
MIT DIESER TECHNIK RUFT TAIYO MITHILFE DER IONEN AUS DER UMGEBUNG EINEN BLITZ HERVOR.
WEGEN SEINER ELEKTRISCHEN LEITFÄHIGKEIT WIRD UKON QUASI ZUM BLITZABLEITER.
GRRRT

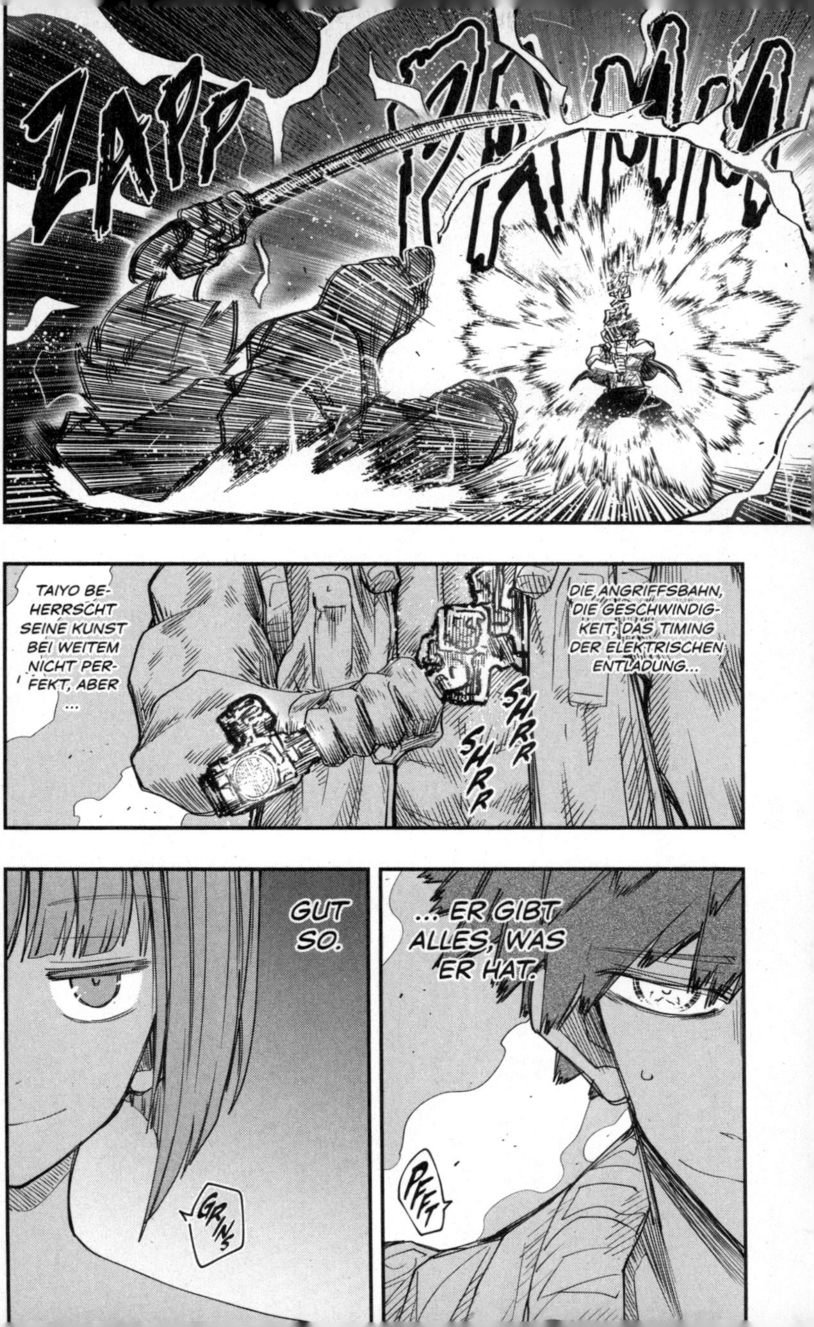
ZAPP
PATAMM
DIE ANGRIFFSBAHN, DIE GESCHWINDIG-KEIT, DAS TIMING DER ELEKTRISCHEN ENTLADUNG...
TAIYO BE-HERRSCHT SEINE KUNST BEI WEITEM NICHT PER-FEKT, ABER ...
SHRR
SHRR
... ER GIBT ALLES, WAS ER HAT.
PFFT
GUT SO.
GRINS

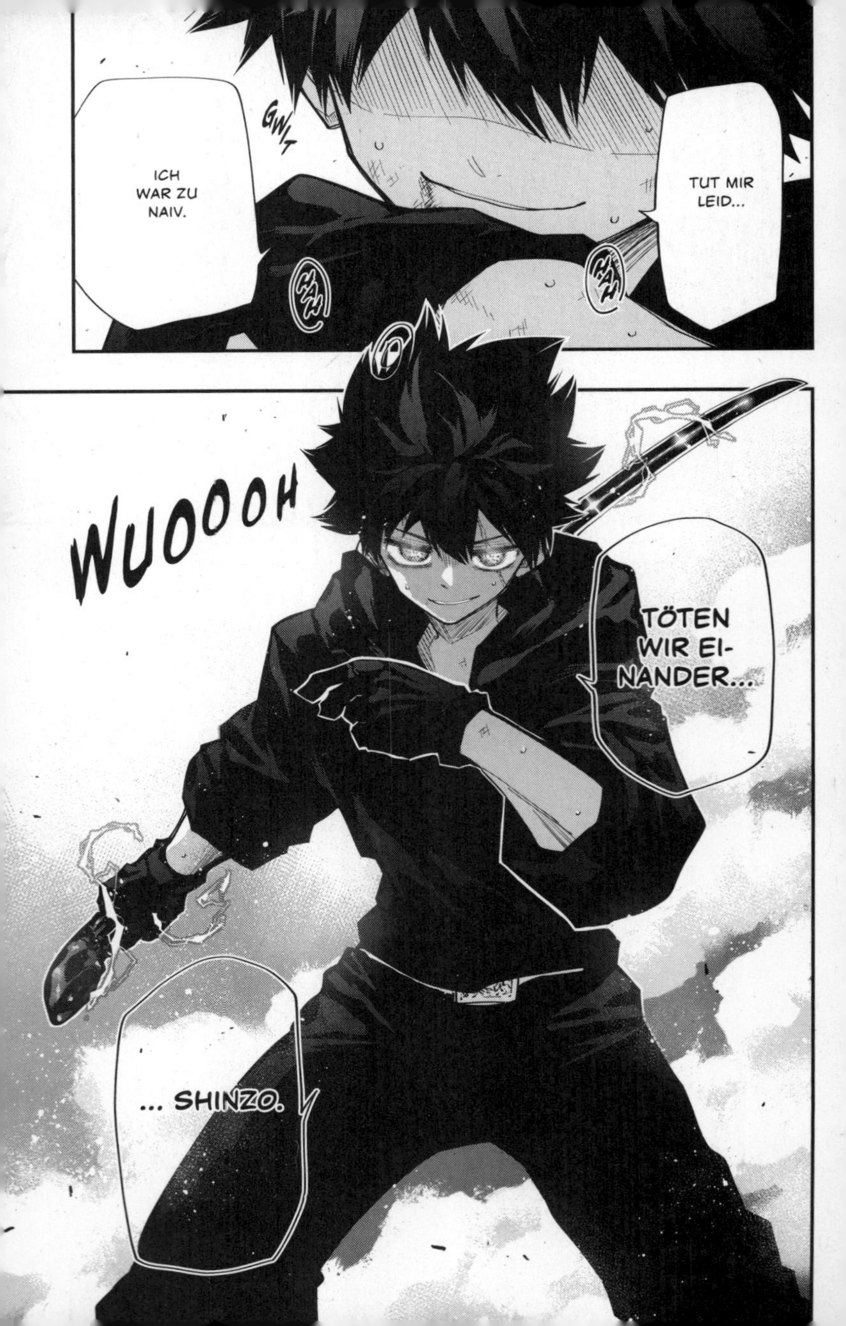
TUT MIR LEID...
ICH WAR ZU NAIV.
WUOOOH
TÖTEN WIR EI-NANDER...
... SHINZO.

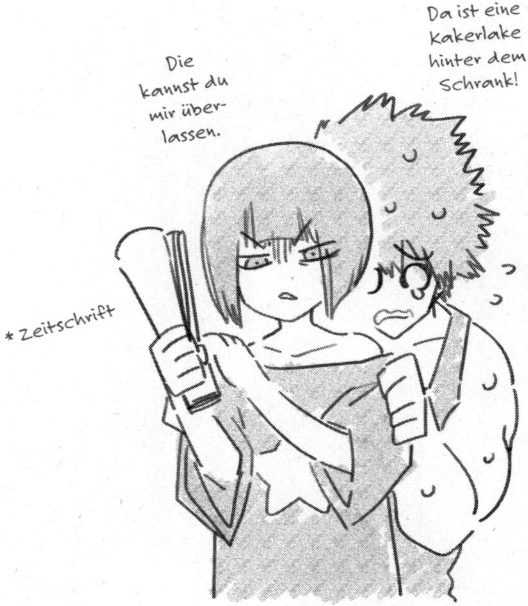
Da ist eine Kakerlake hinter dem Schrank!
Die kannst du mir über-lassen.
* Zeitschrift

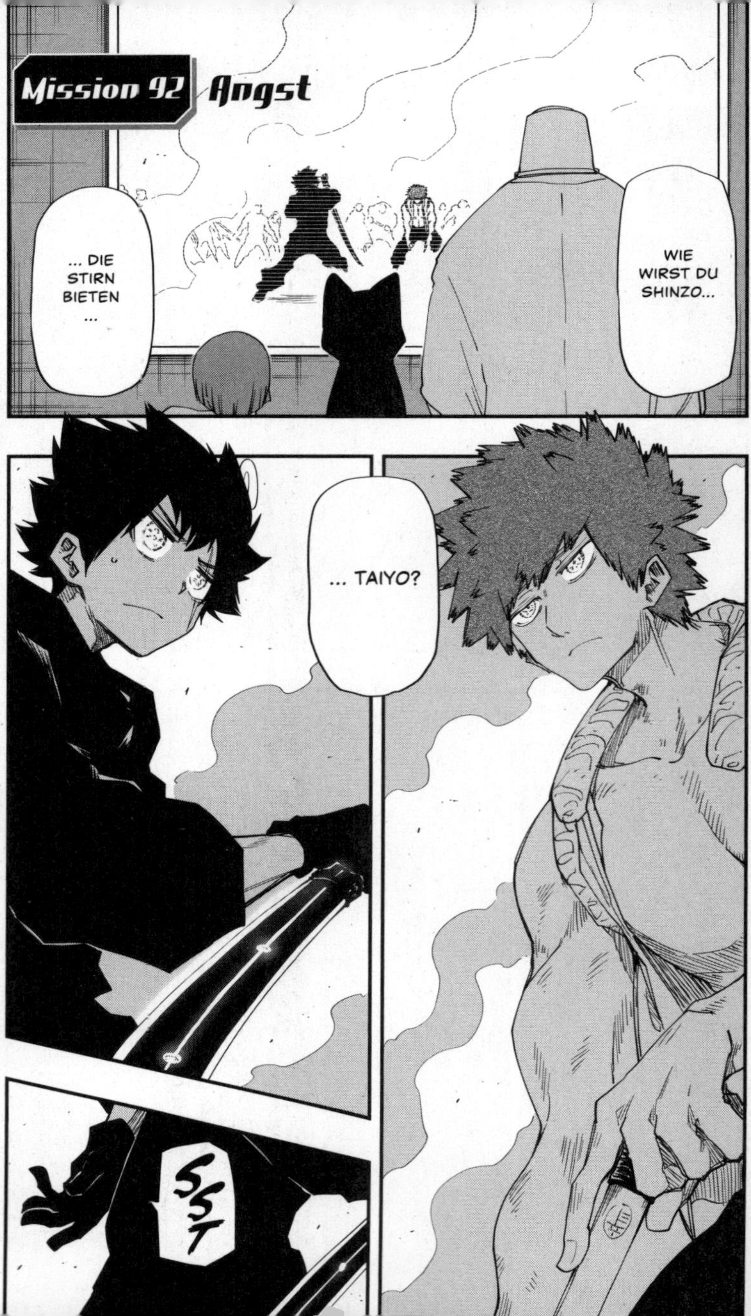
Mission 92 Angst
WIE WIRST DU SHINZO...
... DIE STIRN BIETEN ...
... TAIYO?
SST

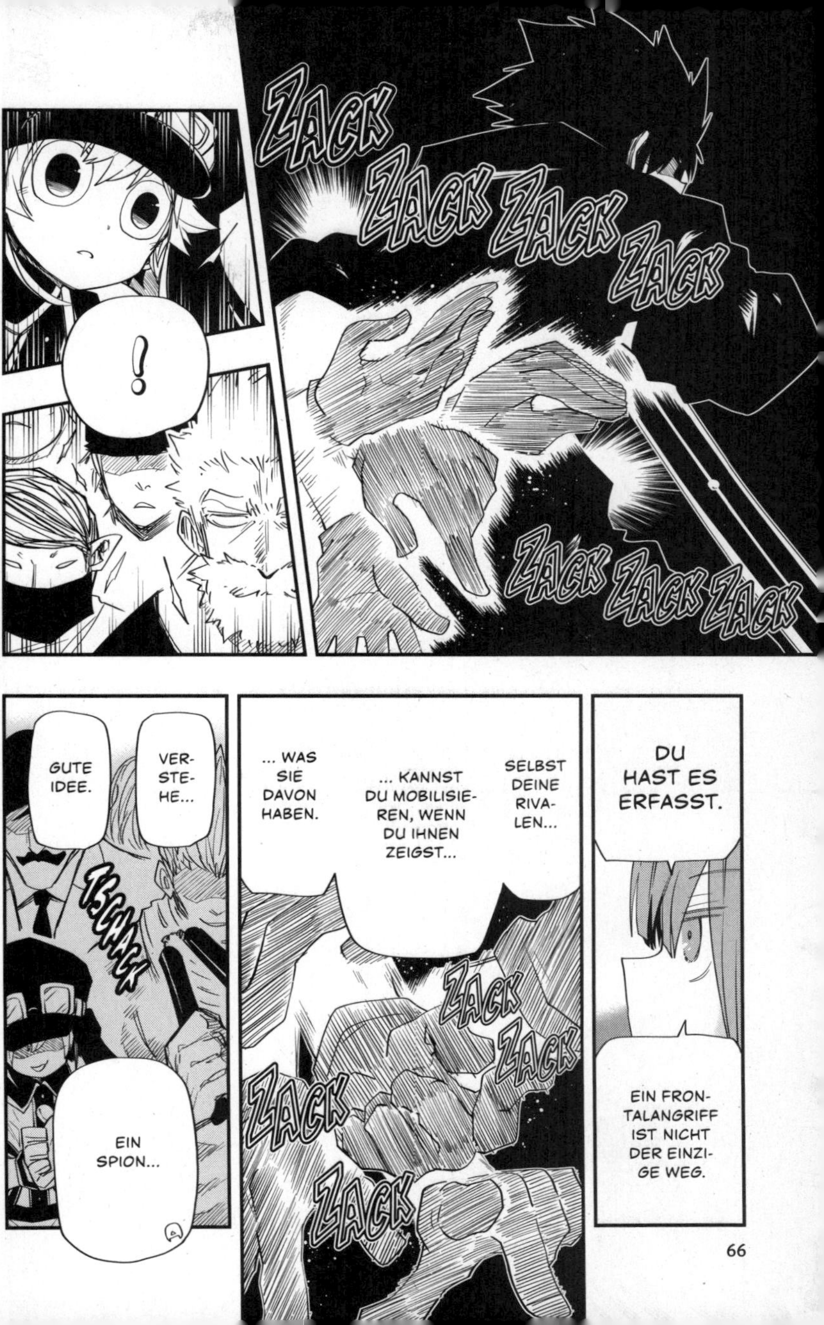
ZACK ZACK ZACK ZACK
ZACK ZACK ZACK
!
DU HAST ES ERFASST.
EIN FRONTALANGRIFF IST NICHT DER EINZIGE WEG.
SELBST DEINE RIVALEN...
... KANNST DU MOBILISIEREN, WENN DU IHNEN ZEIGST...
... WAS SIE DAVON HABEN.
ZACK ZACK ZACK ZACK
VERSTEHE...
GUTE IDEE.
TSCHACK
EIN SPION...

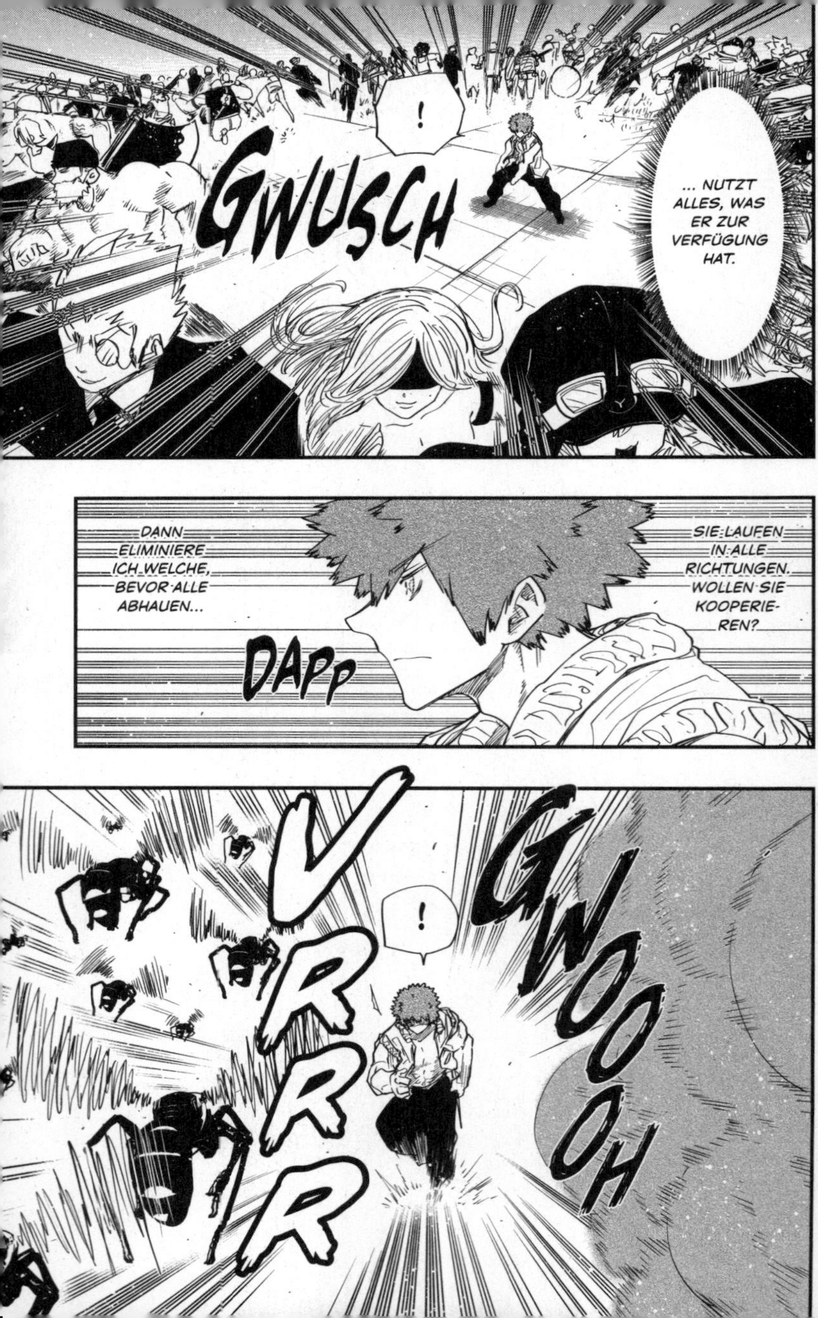
... NUTZT ALLES, WAS ER ZUR VERFÜGUNG HAT.
!
GWUSCH
SIE LAUFEN IN ALLE RICHTUNGEN. WOLLEN SIE KOOPERIEREN?
DANN ELIMINIERE ICH WELCHE, BEVOR ALLE ABHAUEN...
DAPP
GWOOOH
!
VRRRR

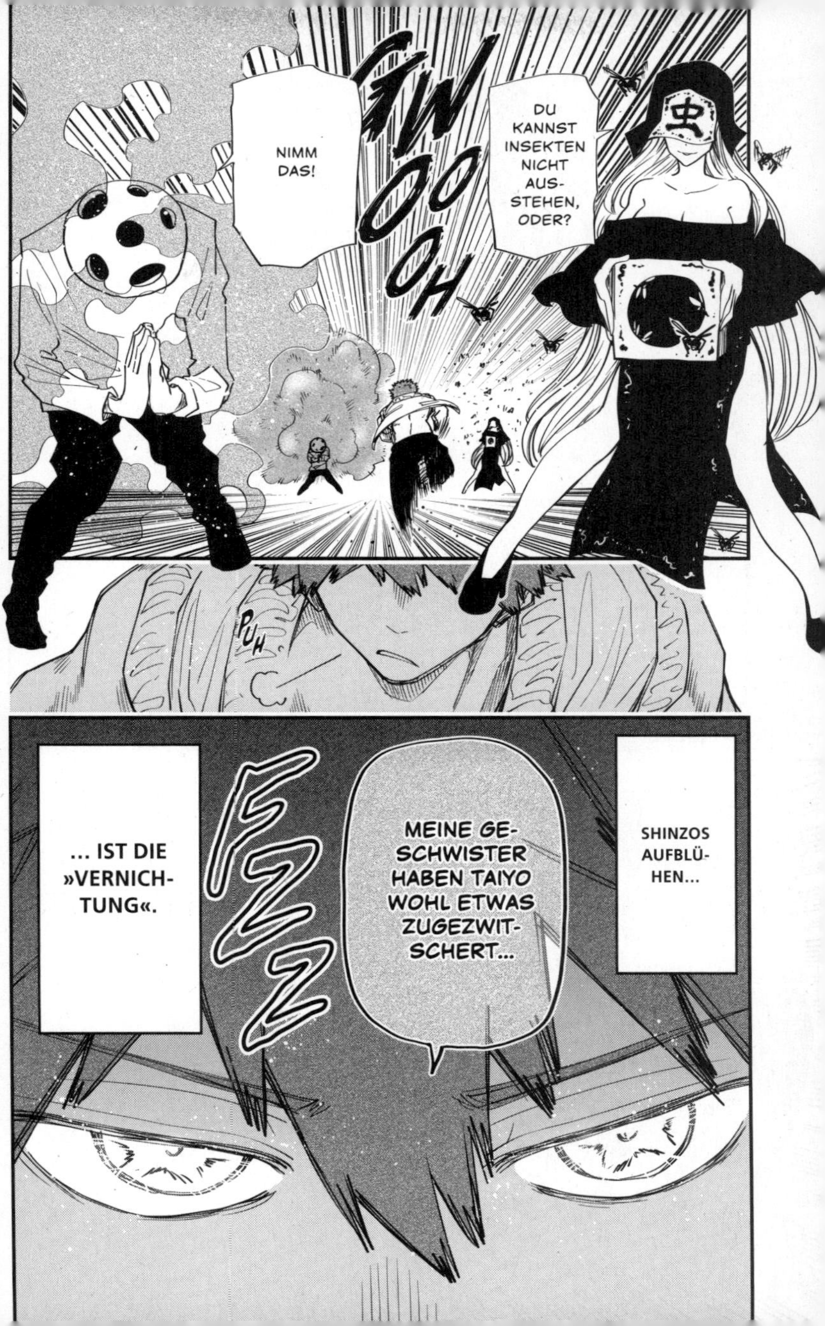
DU KANNST INSEKTEN NICHT AUS-STEHEN, ODER?
GWOOOOH
NIMM DAS!
PUH
SHINZOS AUFBLÜ-HEN...
MEINE GE-SCHWISTER HABEN TAIYO WOHL ETWAS ZUGEZWIT-SCHERT...
FZZZ
... IST DIE »VERNICH-TUNG«.

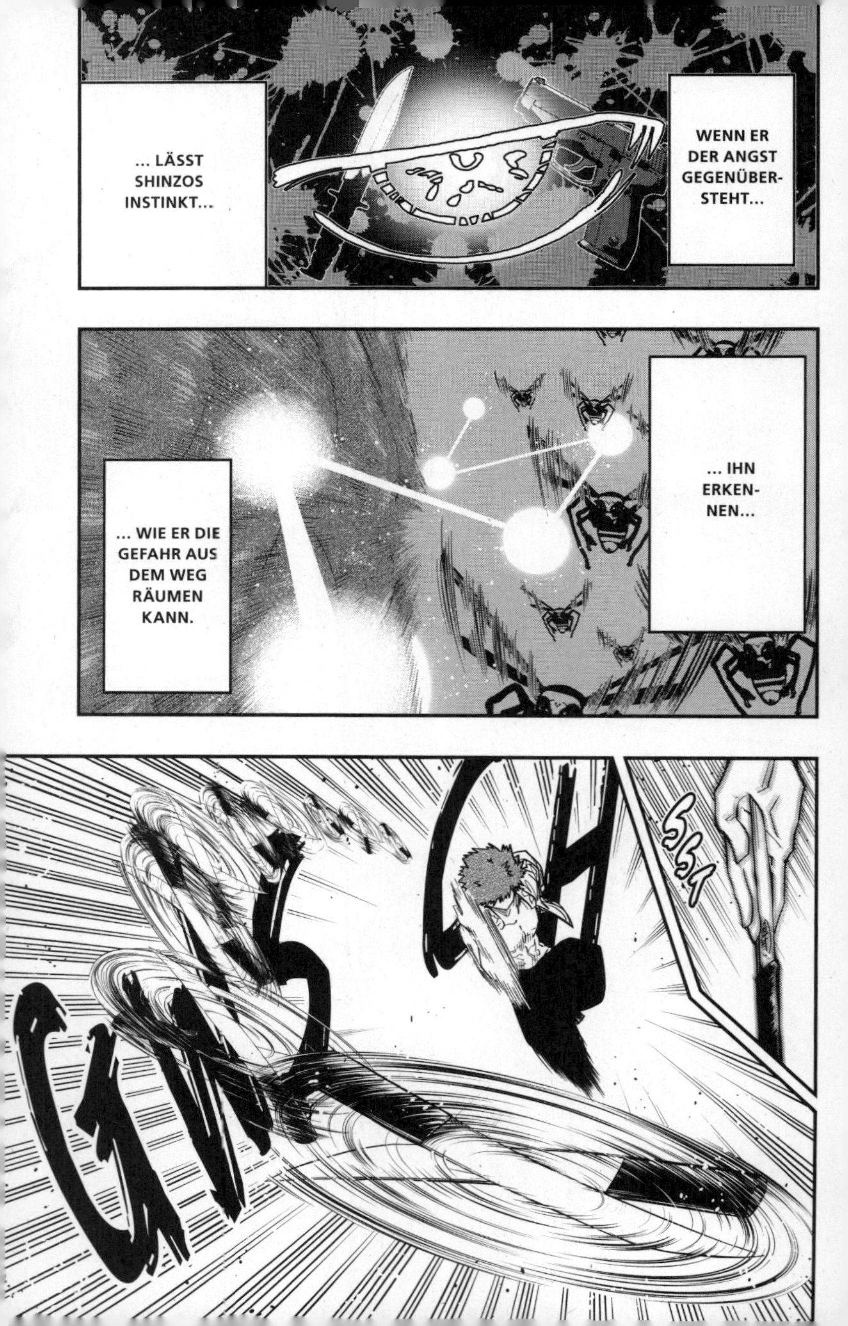
WENN ER DER ANGST GEGENÜBERSTEHT...
... LÄSST SHINZOS INSTINKT...
... IHN ERKENNEN...
... WIE ER DIE GEFAHR AUS DEM WEG RÄUMEN KANN.

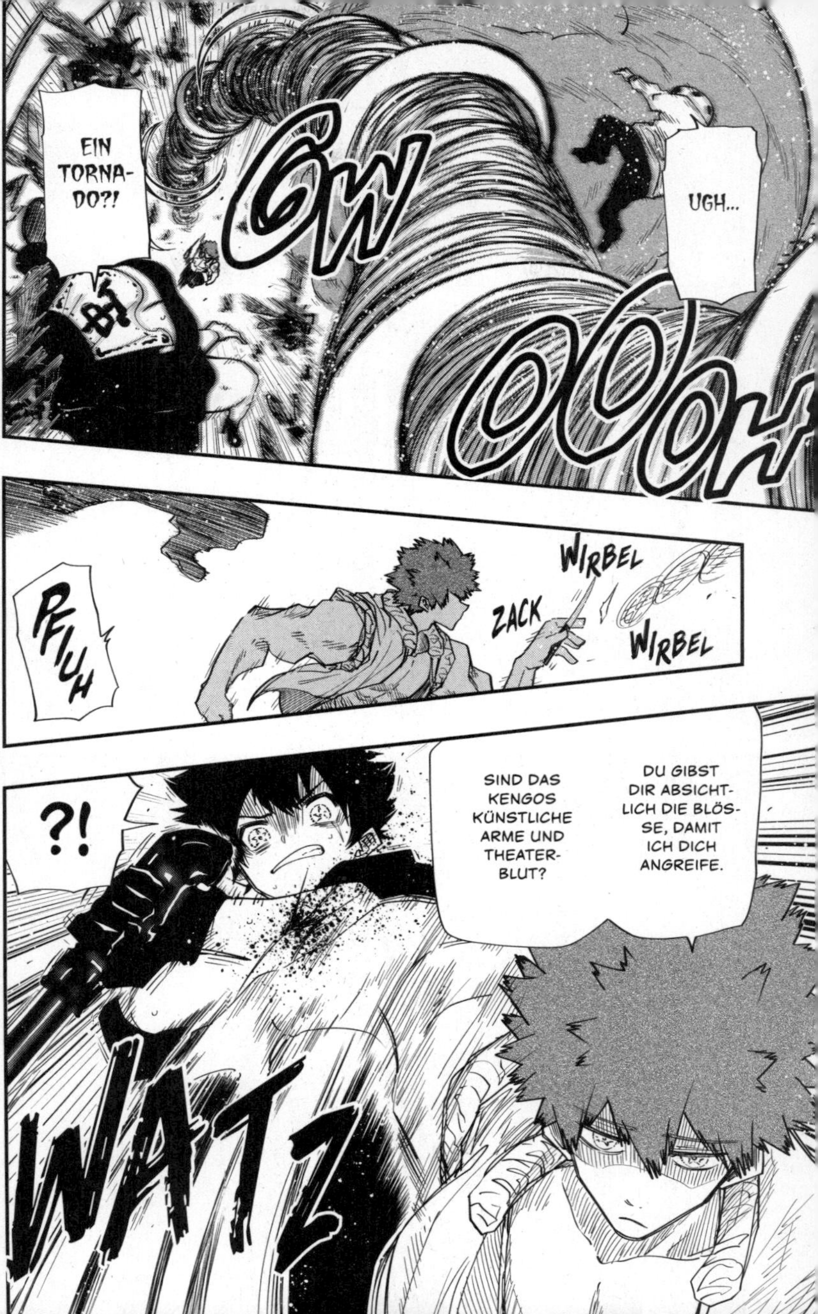
UGH...
EIN TORNADO?!
GW
OOOOH
WIRBEL
WIRBEL
ZACK
PFIUH
DU GIBST DIR ABSICHTLICH DIE BLÖSSE, DAMIT ICH DICH ANGREIFE.
SIND DAS KENGOS KÜNSTLICHE ARME UND THEATERBLUT?
?!
WATZ

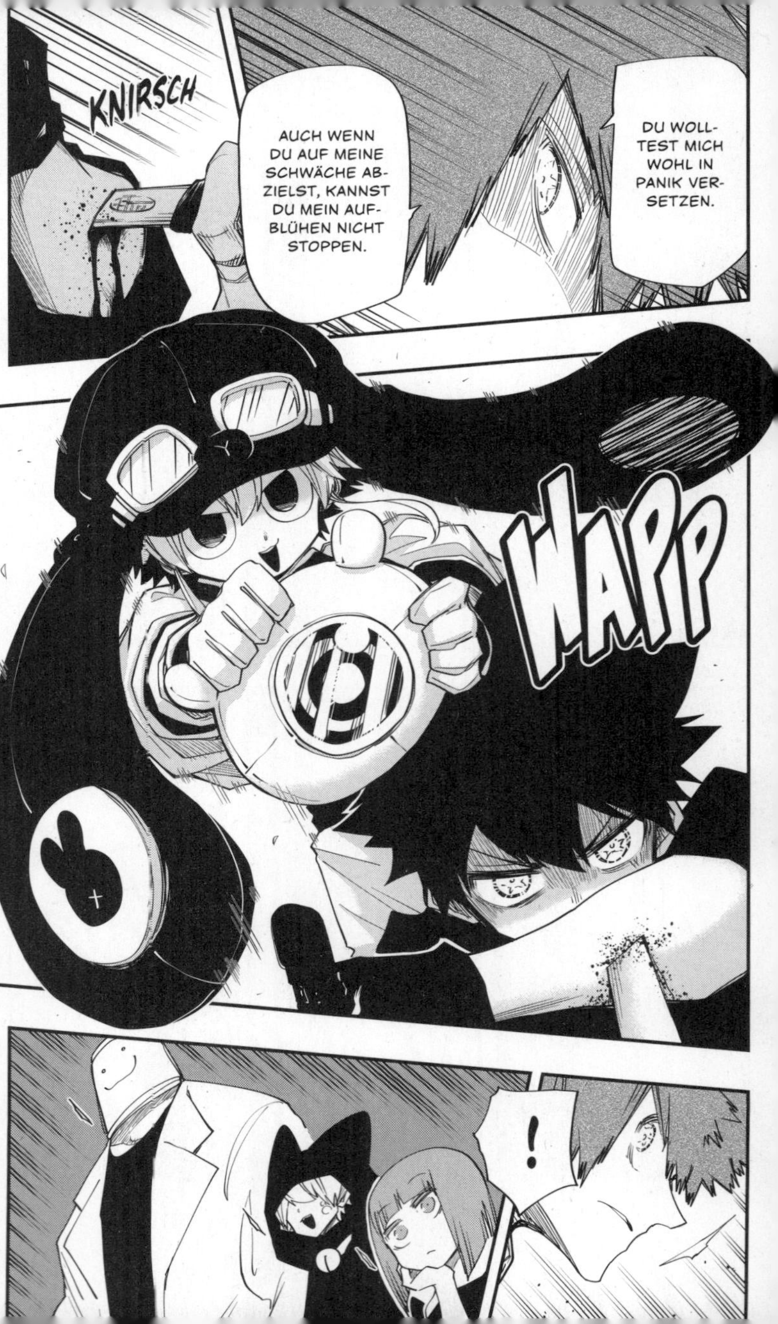

DU WOLL-TEST MICH WOHL IN PANIK VER-SETZEN.
AUCH WENN DU AUF MEINE SCHWÄCHE AB-ZIELST, KANNST DU MEIN AUF-BLÜHEN NICHT STOPPEN.
KNIRSCH
WAPP
!

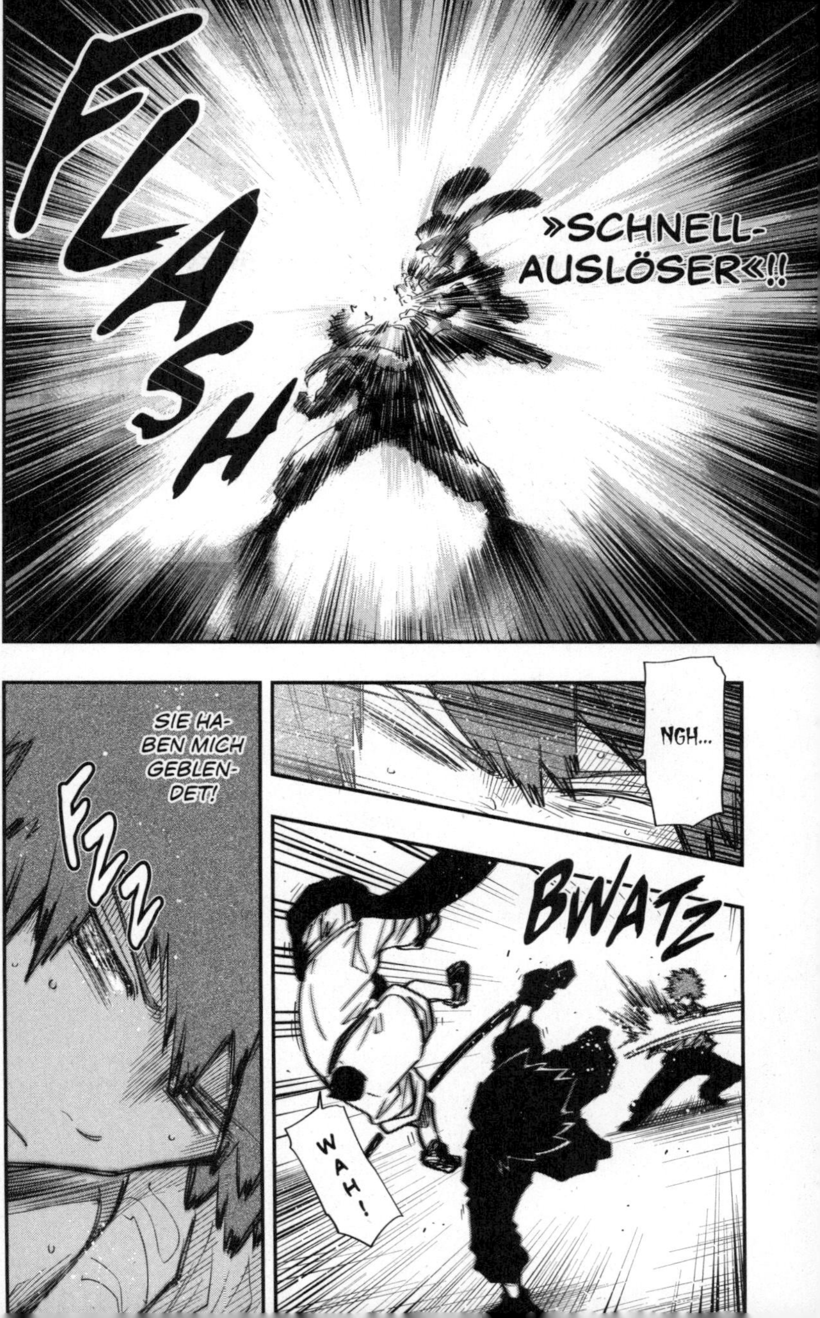
FLASH
»SCHNELL-AUSLÖSER«!!
NGH...
SIE HABEN MICH GEBLENDET!
FZZZ
BWATZ
WAH!

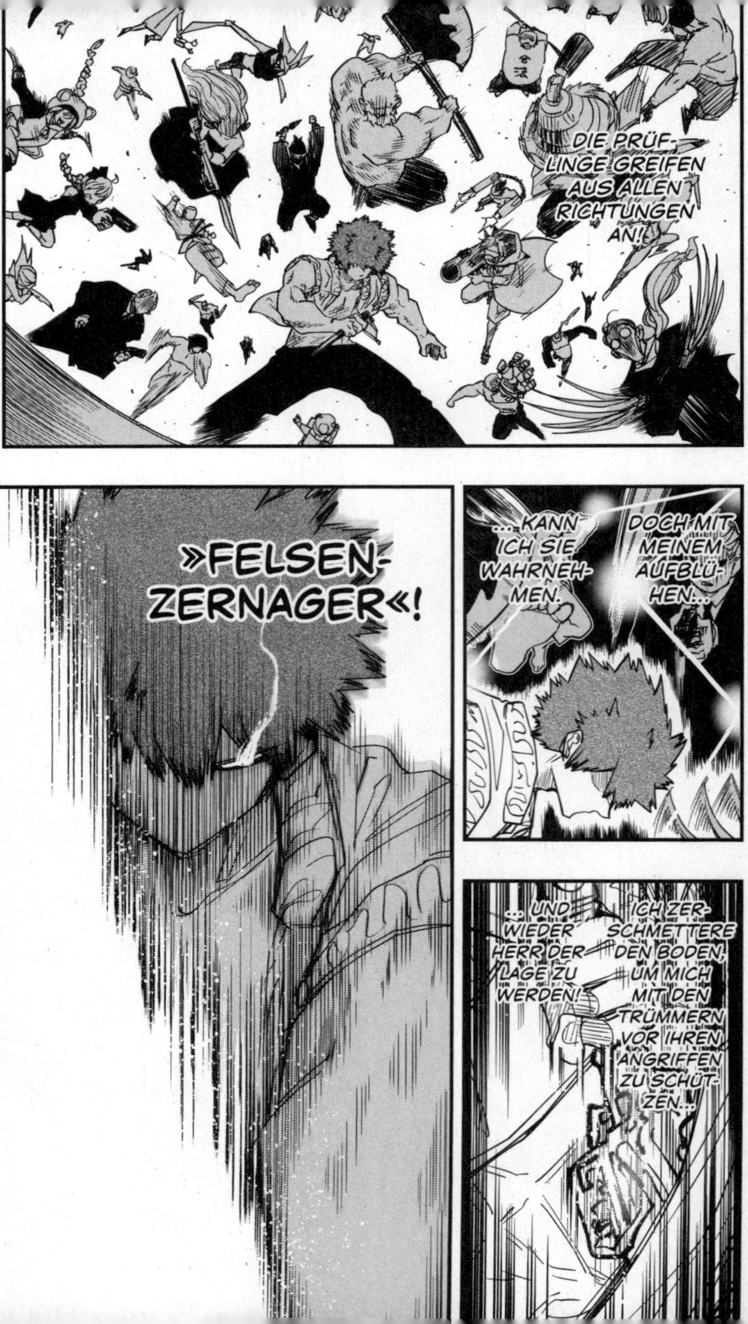
DIE PRÜFLINGE GREIFEN AUS ALLEN RICHTUNGEN AN!
DOCH MIT MEINEM AUFBLÜHEN...
... KANN ICH SIE WAHRNEHMEN.
ICH ZERSCHMETTERE DEN BODEN, UM MICH MIT DEN TRÜMMERN VOR IHREN ANGRIFFEN ZU SCHÜTZEN...
... UND WIEDER HERR DER LAGE ZU WERDEN!
»FELSENZERNAGER«!

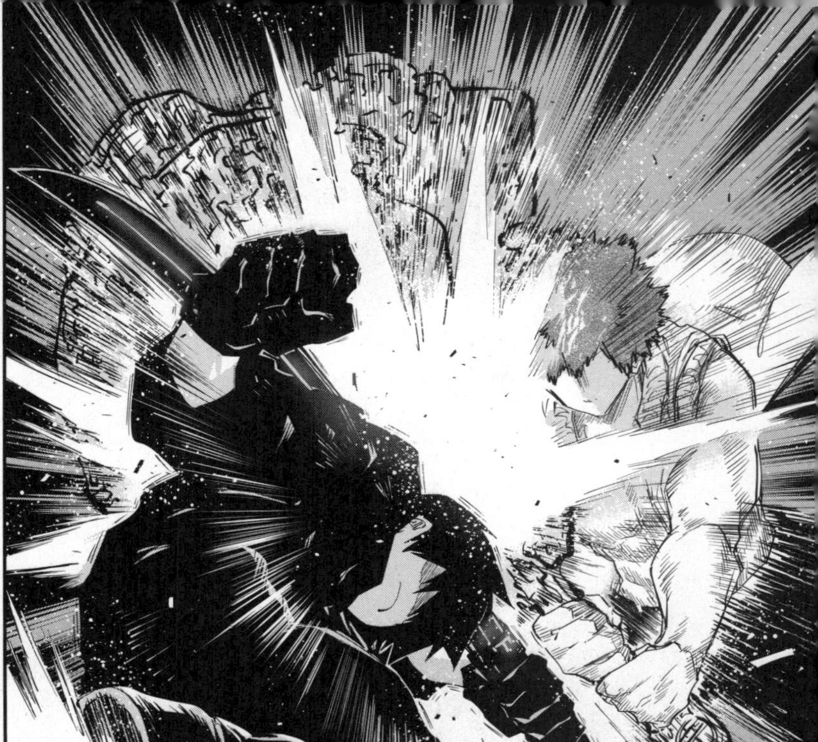

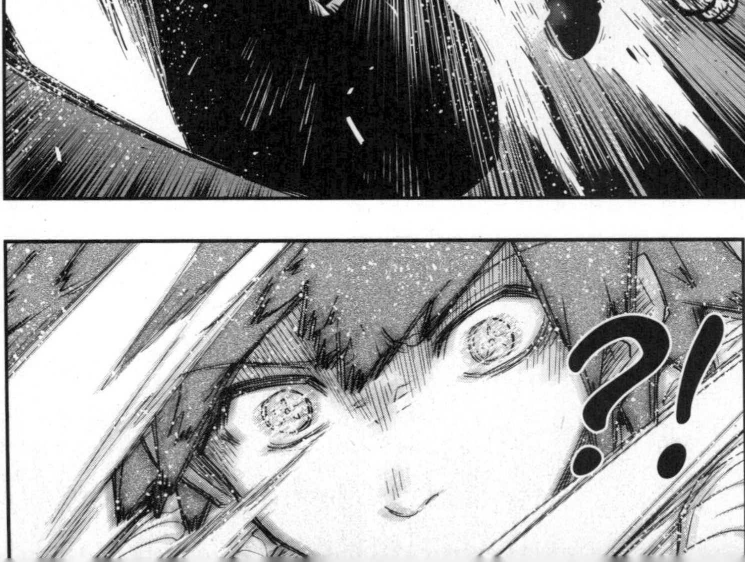

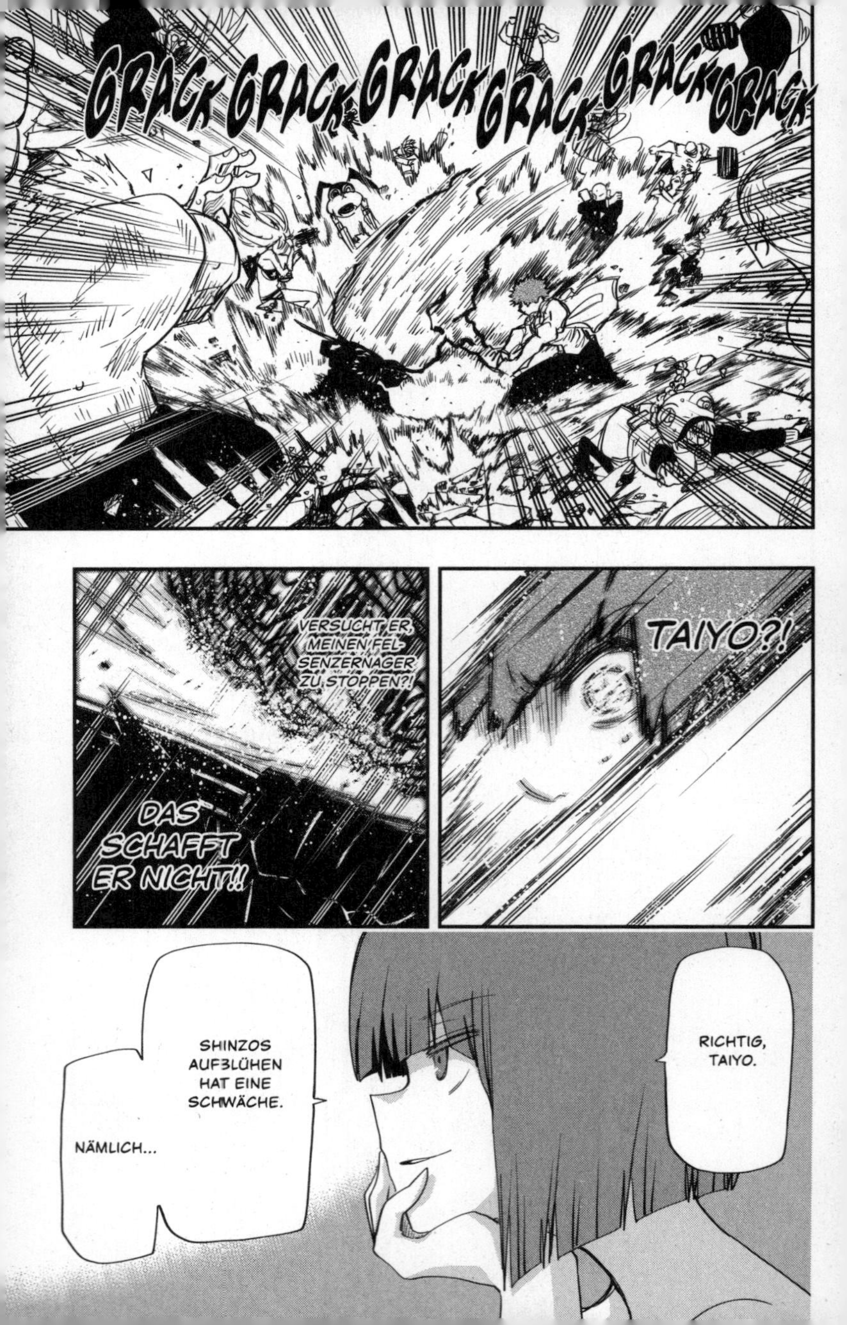
GRACK GRACK GRACK GRACK GRACK GRACK
TAIYO?!
VERSUCHT ER, MEINEN FELSENZERNAGER ZU STOPPEN?!
DAS SCHAFFT ER NICHT!!
RICHTIG, TAIYO.
SHINZOS AUFBLÜHEN HAT EINE SCHWÄCHE.
NÄMLICH...

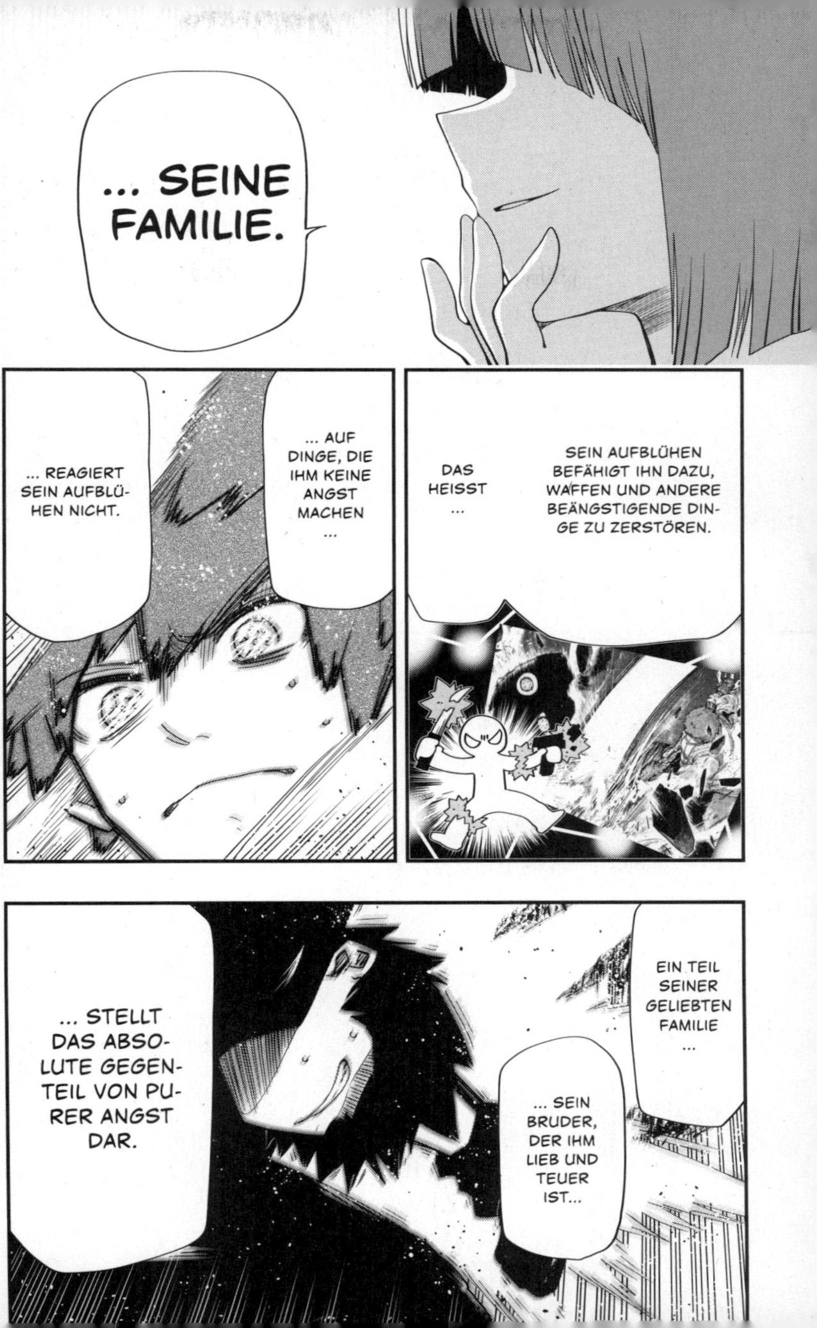
... SEINE FAMILIE.
SEIN AUFBLÜHEN BEFÄHIGT IHN DAZU, WAFFEN UND ANDERE BEÄNGSTIGENDE DINGE ZU ZERSTÖREN.
DAS HEISST ...
... AUF DINGE, DIE IHM KEINE ANGST MACHEN ...
... REAGIERT SEIN AUFBLÜHEN NICHT.
EIN TEIL SEINER GELIEBTEN FAMILIE ...
... SEIN BRUDER, DER IHM LIEB UND TEUER IST...
... STELLT DAS ABSOLUTE GEGENTEIL VON PURER ANGST DAR.

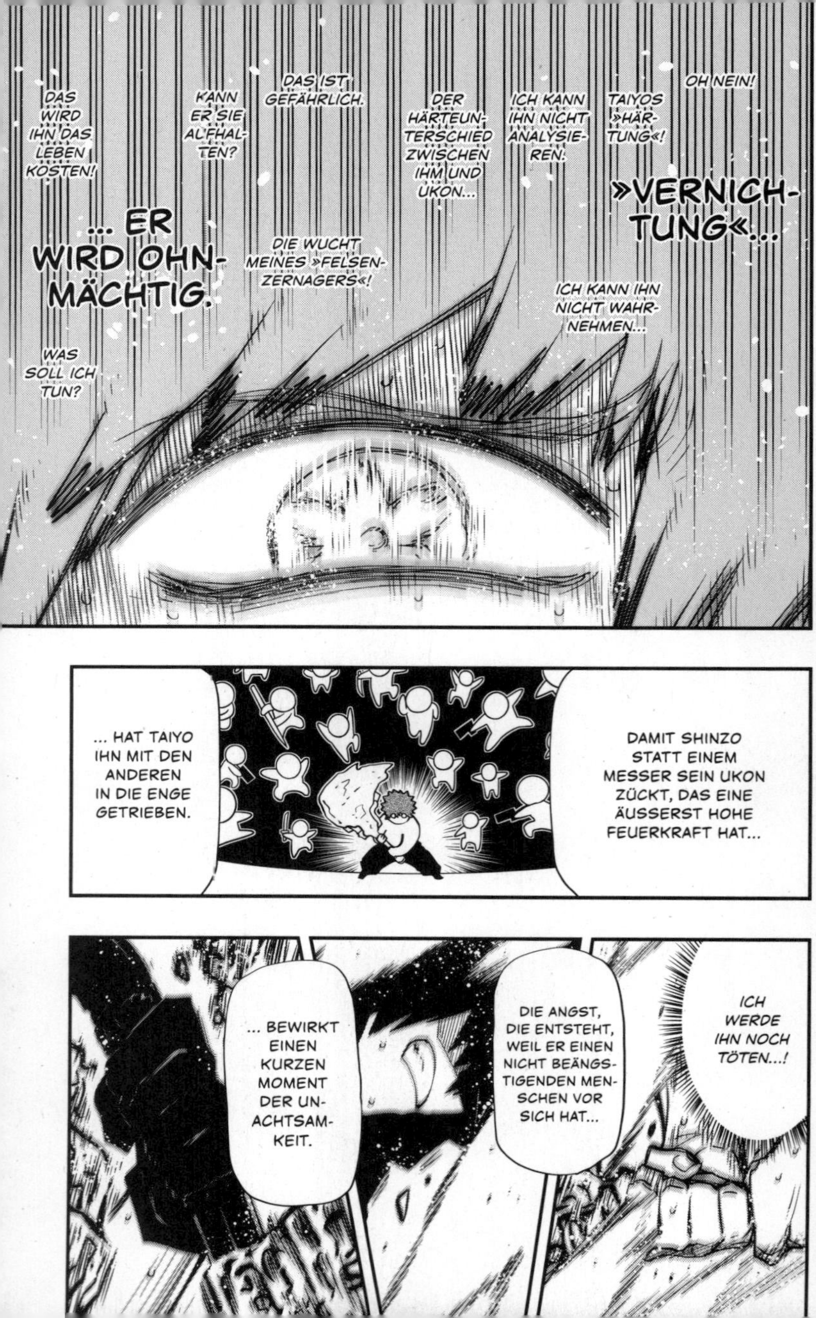

OH NEIN!
TAIYOS »HÄRTUNG«!
»VERNICHTUNG«...
ICH KANN IHN NICHT WAHRNEHMEN...
ICH KANN IHN NICHT ANALYSIEREN.
DER HÄRTEUNTERSCHIED ZWISCHEN IHM UND UKON...
DAS IST GEFÄHRLICH.
DIE WUCHT MEINES »FELSENZERNAGERS«!
KANN ER SIE AUFHALTEN?
DAS WIRD IHN DAS LEBEN KOSTEN!
... ER WIRD OHNMÄCHTIG.
WAS SOLL ICH TUN?
DAMIT SHINZO STATT EINEM MESSER SEIN UKON ZÜCKT, DAS EINE ÄUSSERST HOHE FEUERKRAFT HAT...
... HAT TAIYO IHN MIT DEN ANDEREN IN DIE ENGE GETRIEBEN.
ICH WERDE IHN NOCH TÖTEN...!
DIE ANGST, DIE ENTSTEHT, WEIL ER EINEN NICHT BEÄNGSTIGENDEN MENSCHEN VOR SICH HAT...
... BEWIRKT EINEN KURZEN MOMENT DER UNACHTSAMKEIT.

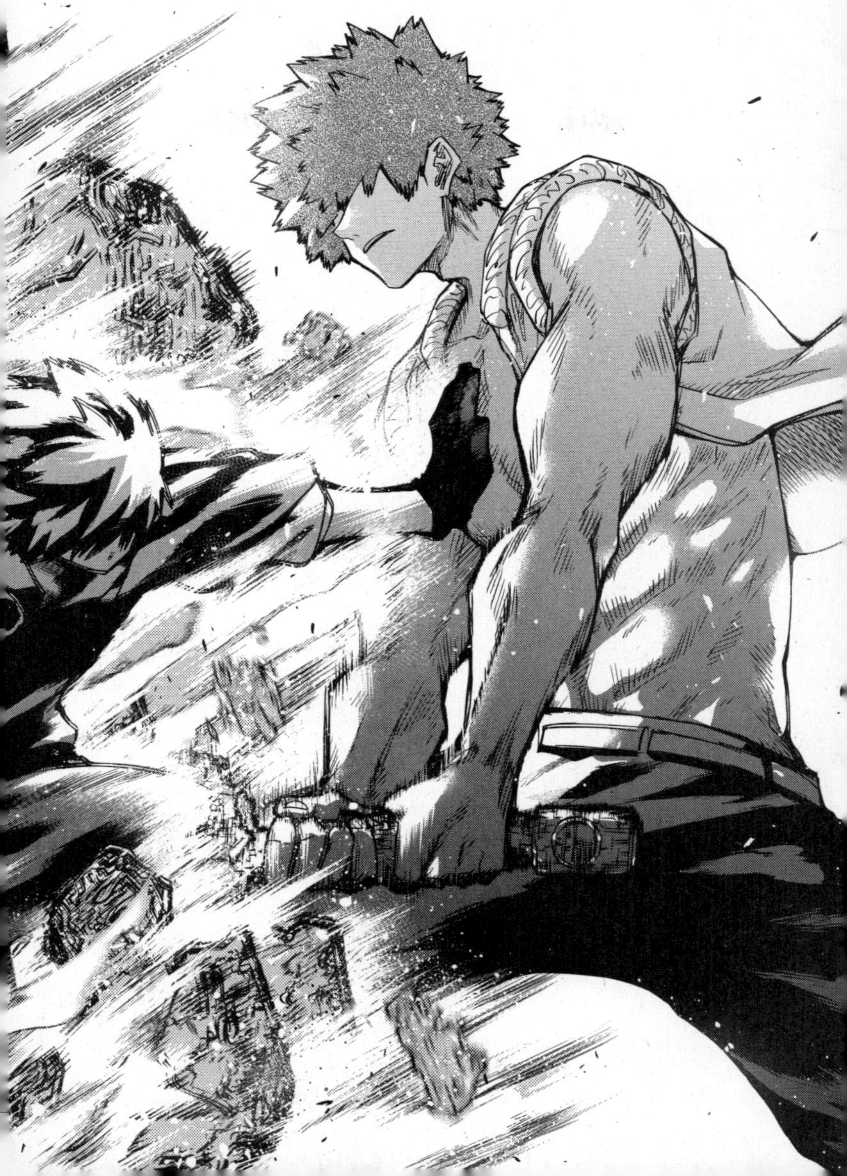

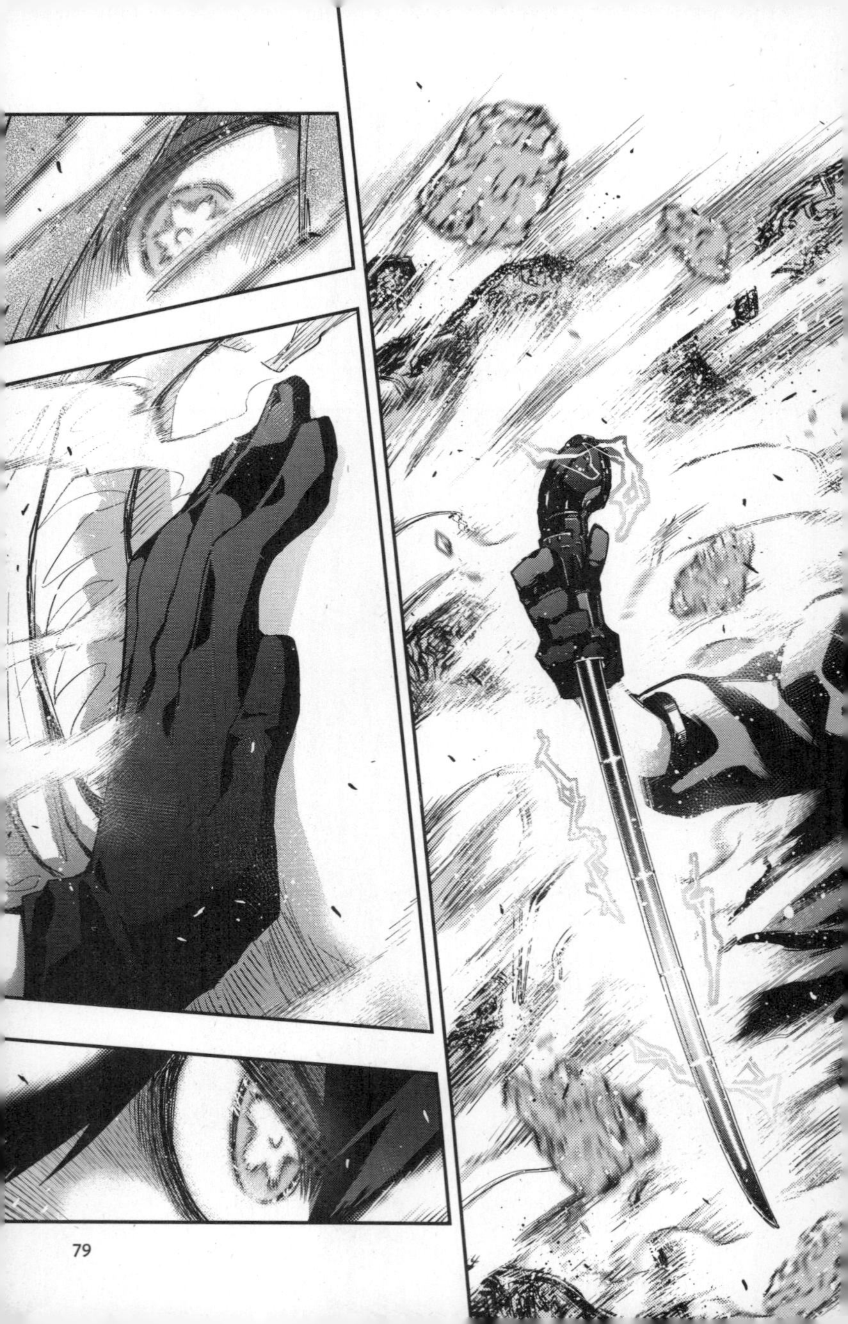

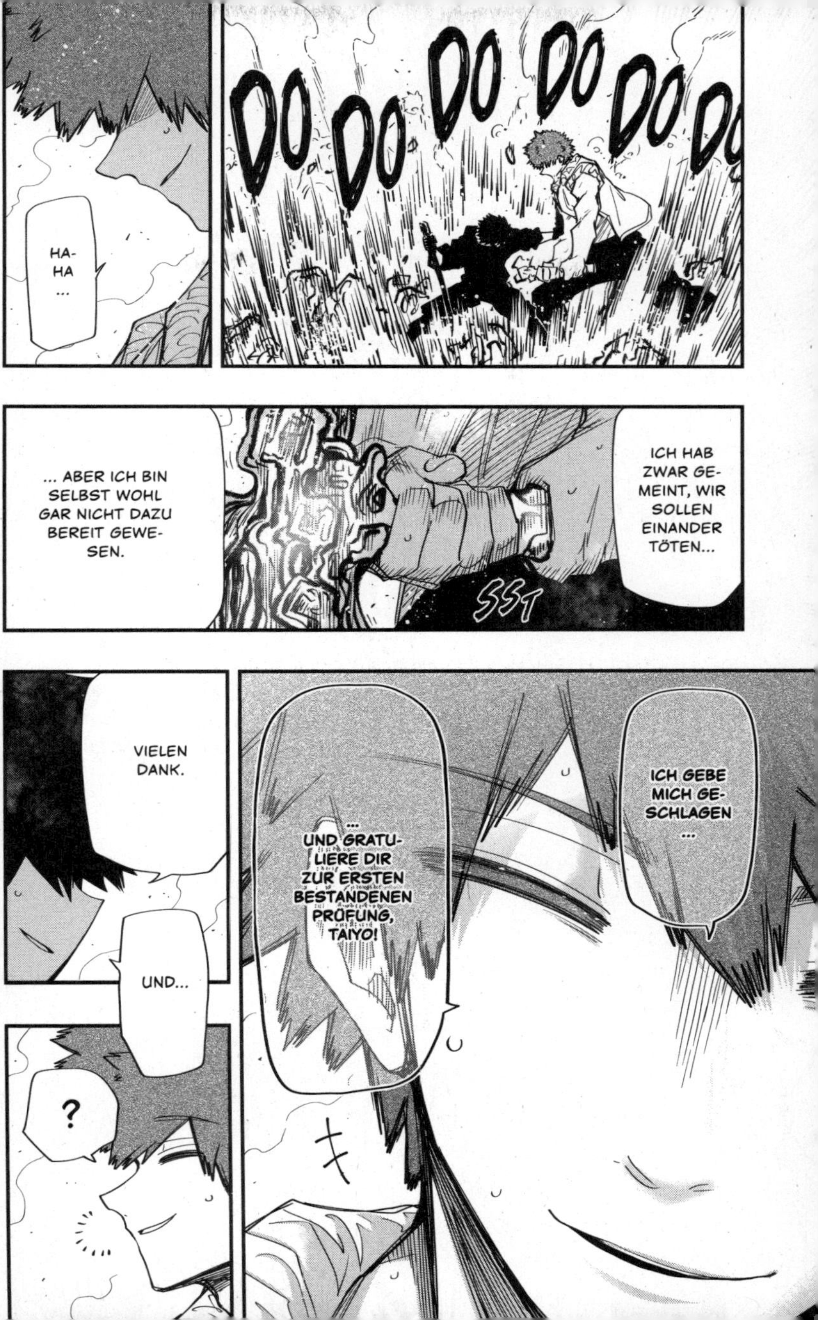
DO DO DO DO DO DO DO
HA-HA ...
ICH HAB ZWAR GEMEINT, WIR SOLLEN EINANDER TÖTEN...
SST
... ABER ICH BIN SELBST WOHL GAR NICHT DAZU BEREIT GEWESEN.
ICH GEBE MICH GESCHLAGEN ...
... UND GRATULIERE DIR ZUR ERSTEN BESTANDENEN PRÜFUNG, TAIYO!
VIELEN DANK.
UND...
?

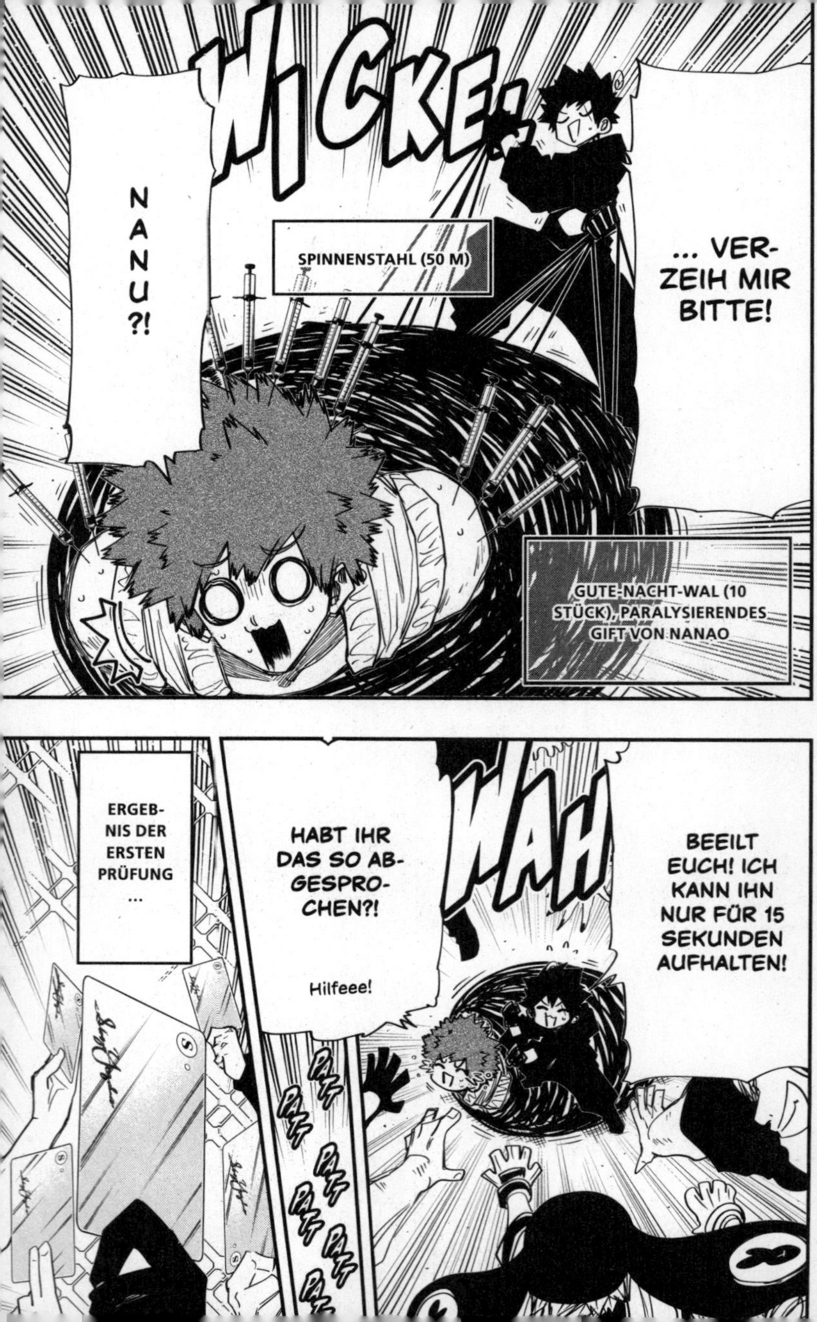

... VERZEIH MIR BITTE!
SPINNENSTAHL (50 M)
NANU?!
GUTE-NACHT-WAL (10 STÜCK), PARALYSIERENDES GIFT VON NANAO
BEEILT EUCH! ICH KANN IHN NUR FÜR 15 SEKUNDEN AUFHALTEN!
HABT IHR DAS SO ABGESPROCHEN?!
Hilfeee!
PAK PAK PAK PAK PAK PAK PAK PAK
ERGEBNIS DER ERSTEN PRÜFUNG ...

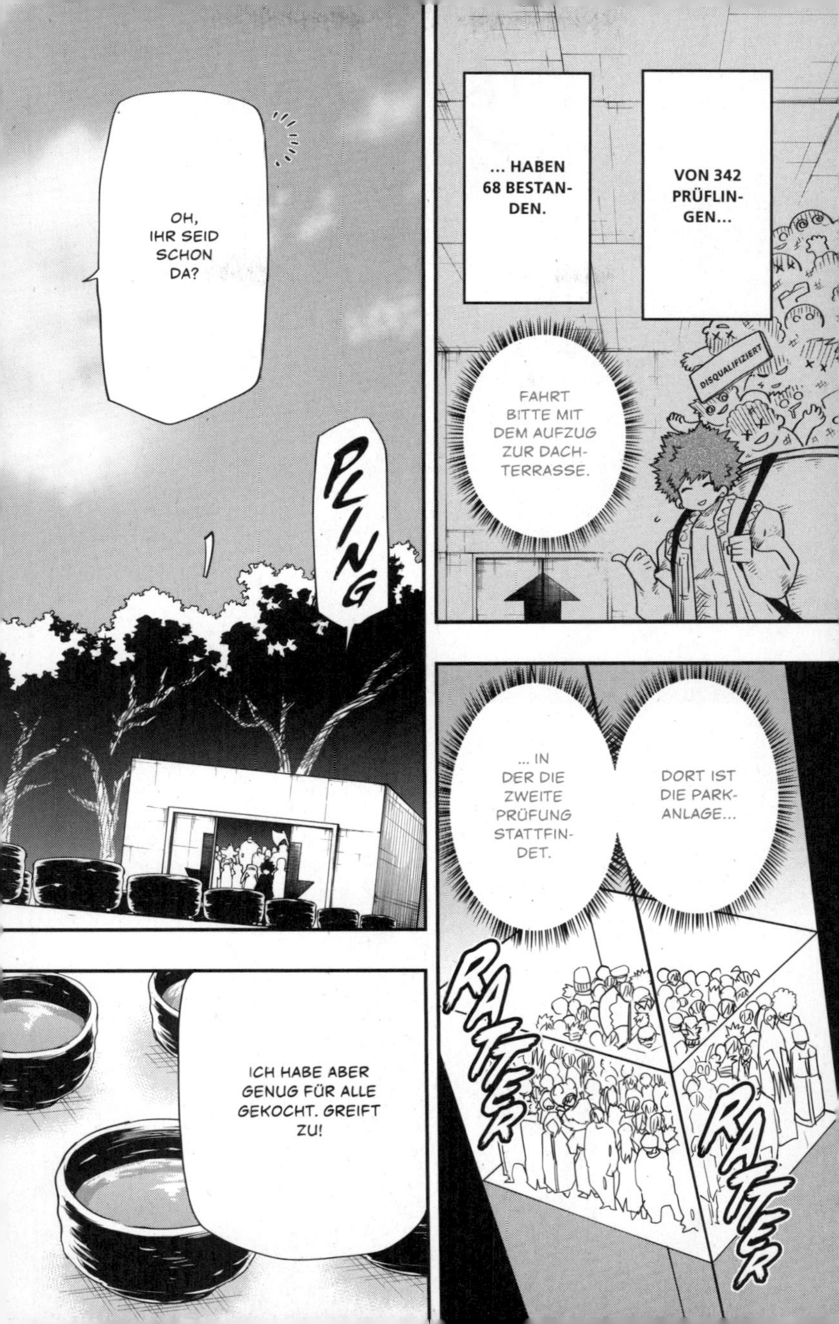
VON 342 PRÜFLINGEN…
… HABEN 68 BESTANDEN.
DISQUALIFIZIERT
FAHRT BITTE MIT DEM AUFZUG ZUR DACHTERRASSE.
DORT IST DIE PARKANLAGE…
… IN DER DIE ZWEITE PRÜFUNG STATTFINDET.
RATTER
RATTER
PLING
OH, IHR SEID SCHON DA?
ICH HABE ABER GENUG FÜR ALLE GEKOCHT. GREIFT ZU!

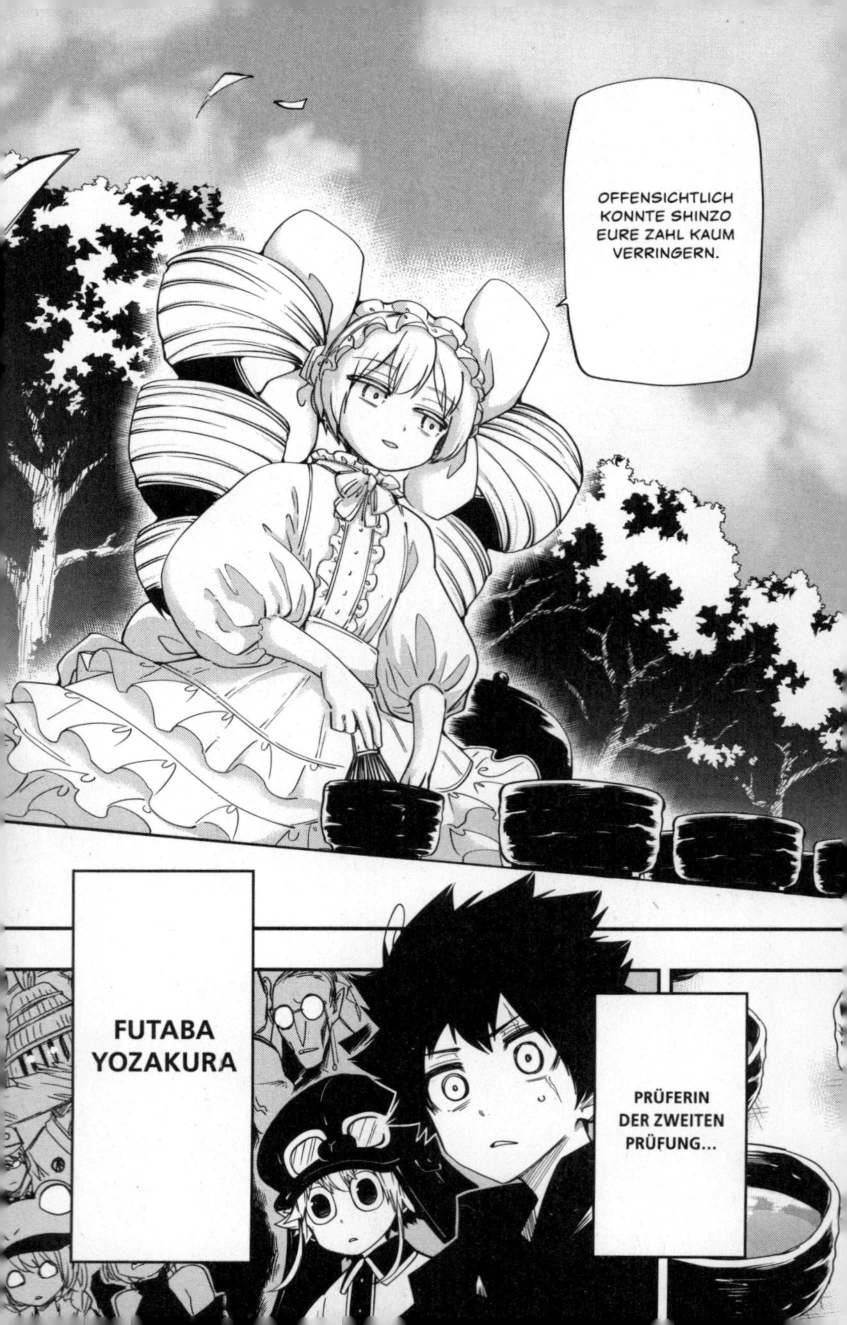
OFFENSICHTLICH KONNTE SHINZO EURE ZAHL KAUM VERRINGERN.
PRÜFERIN DER ZWEITEN PRÜFUNG...
FUTABA YOZAKURA

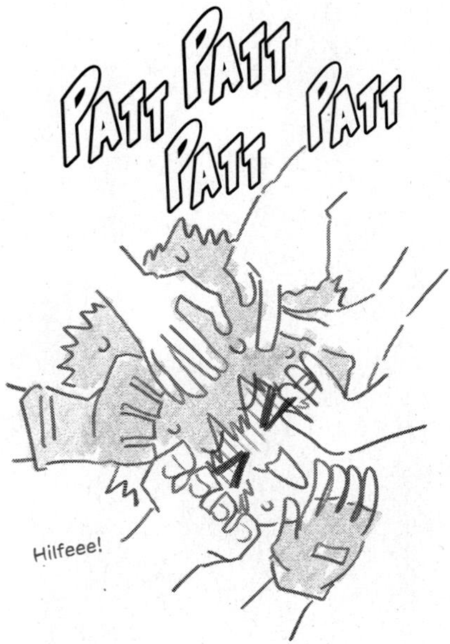
PATT PATT
PATT PATT
Hilfeee!

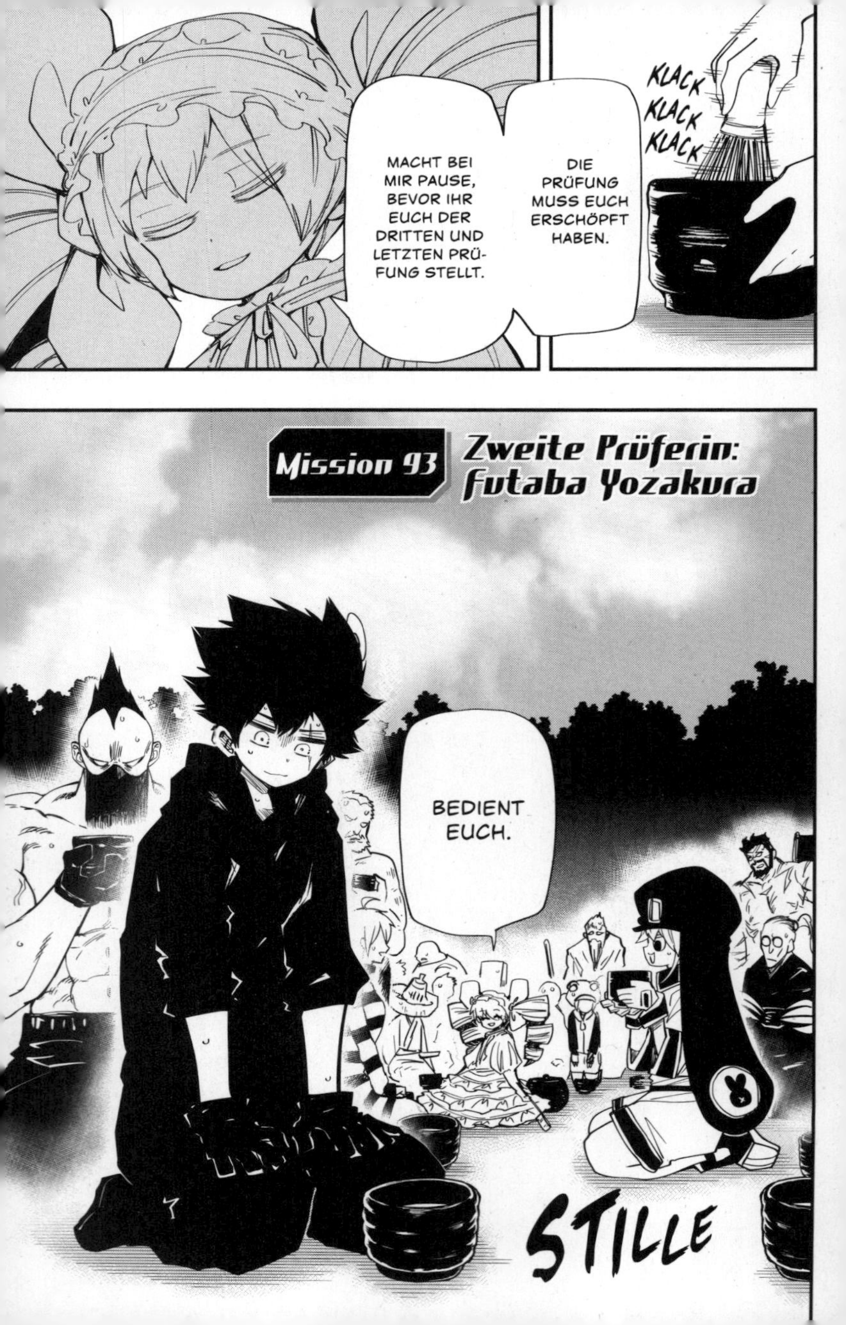

KLACK KLACK KLACK
DIE PRÜFUNG MUSS EUCH ERSCHÖPFT HABEN.
MACHT BEI MIR PAUSE, BEVOR IHR EUCH DER DRITTEN UND LETZTEN PRÜFUNG STELLT.
Mission 93
Zweite Prüferin: Futaba Yozakura
BEDIENT EUCH.
STILLE

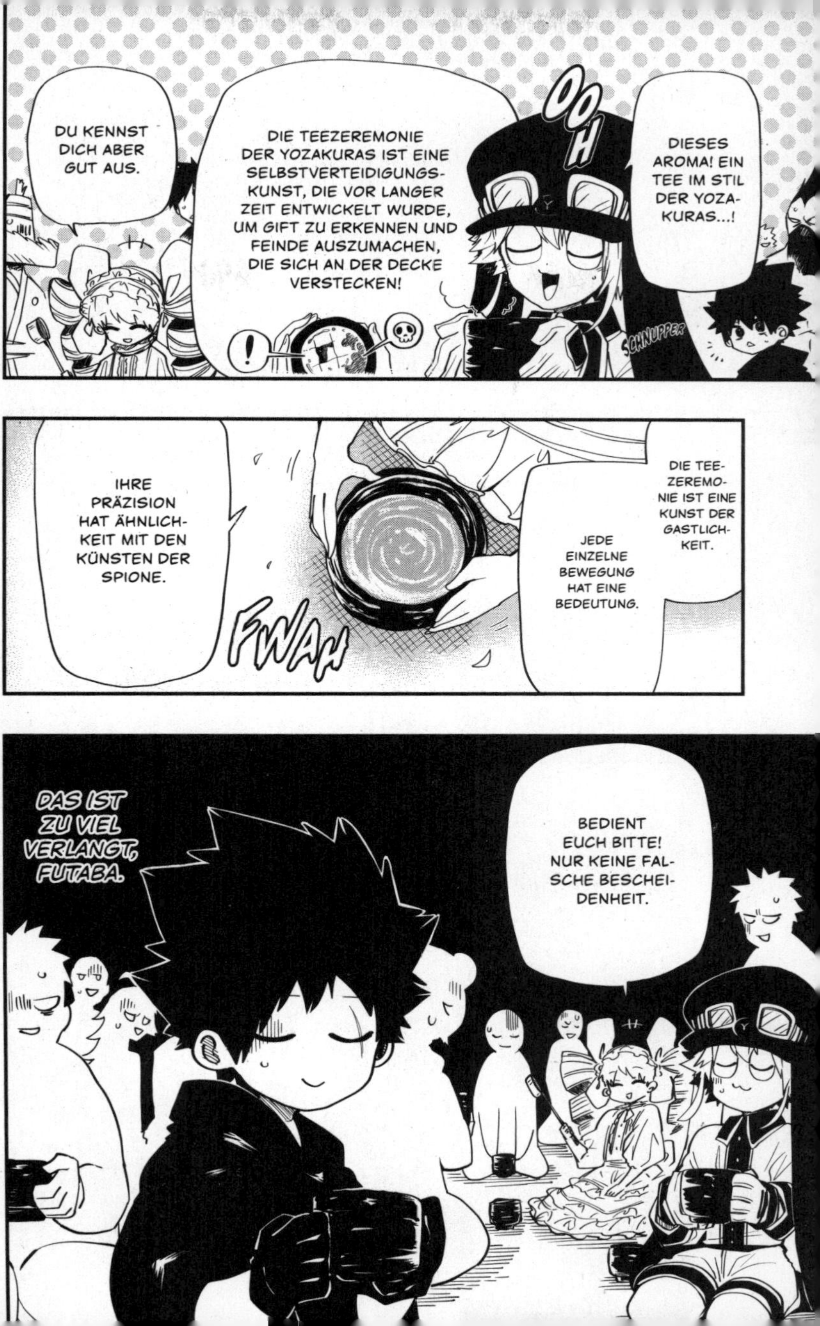

DIESES AROMA! EIN TEE IM STIL DER YOZAKURAS...!
OOH
SCHNUPPER
DIE TEEZEREMONIE DER YOZAKURAS IST EINE SELBSTVERTEIDIGUNGSKUNST, DIE VOR LANGER ZEIT ENTWICKELT WURDE, UM GIFT ZU ERKENNEN UND FEINDE AUSZUMACHEN, DIE SICH AN DER DECKE VERSTECKEN!
DU KENNST DICH ABER GUT AUS.
DIE TEEZEREMONIE IST EINE KUNST DER GASTLICHKEIT.
JEDE EINZELNE BEWEGUNG HAT EINE BEDEUTUNG.
FWAH
IHRE PRÄZISION HAT ÄHNLICHKEIT MIT DEN KÜNSTEN DER SPIONE.
BEDIENT EUCH BITTE! NUR KEINE FALSCHE BESCHEIDENHEIT.
DAS IST ZU VIEL VERLANGT, FUTABA.

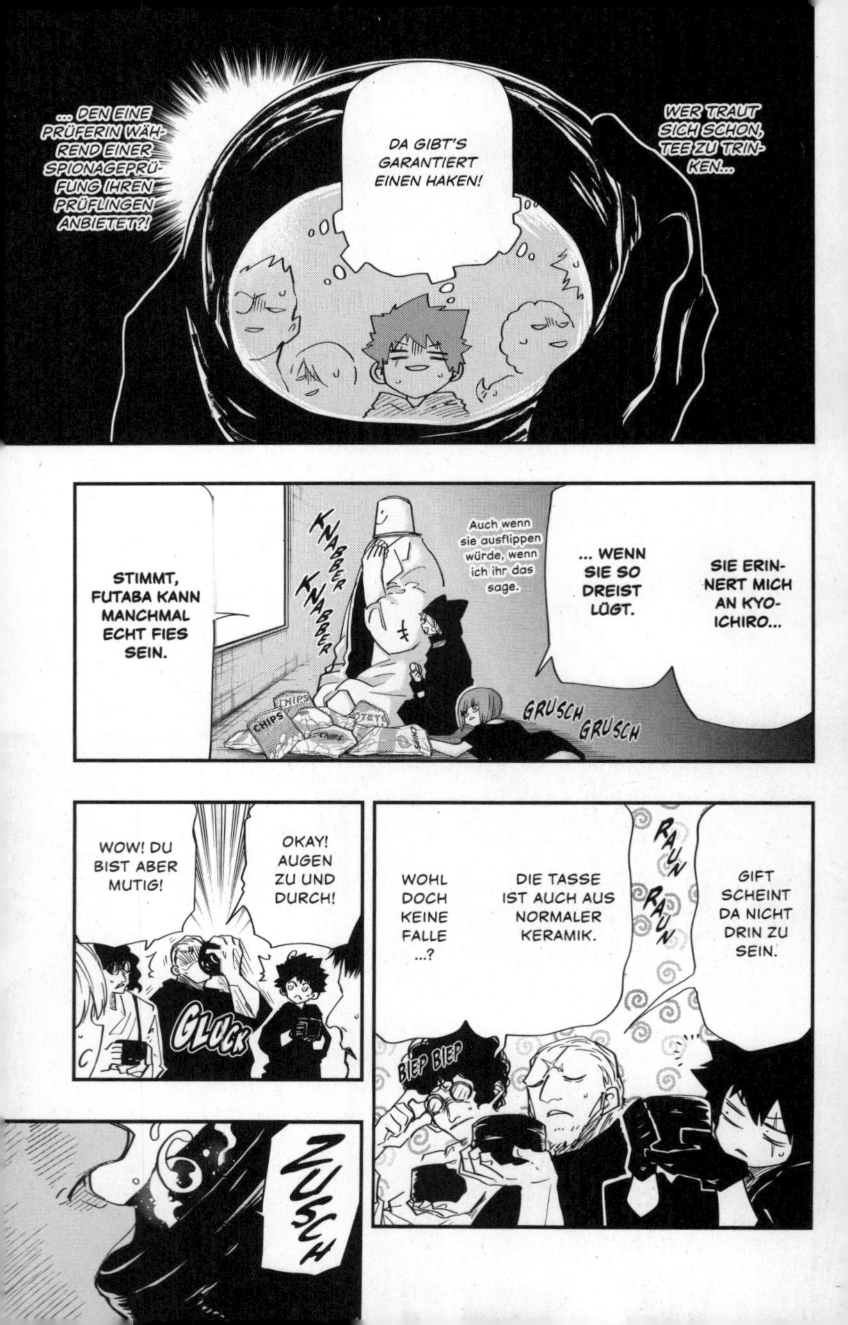
WER TRAUT SICH SCHON, TEE ZU TRINKEN...
... DEN EINE PRÜFERIN WÄHREND EINER SPIONAGEPRÜFUNG IHREN PRÜFLINGEN ANBIETET?!
DA GIBT'S GARANTIERT EINEN HAKEN!
SIE ERINNERT MICH AN KYOICHIRO...
... WENN SIE SO DREIST LÜGT.
Auch wenn sie ausflippen würde, wenn ich ihr das sage.
KNABBER KNABBER
GRUSCH GRUSCH
STIMMT, FUTABA KANN MANCHMAL ECHT FIES SEIN.
GIFT SCHEINT DA NICHT DRIN ZU SEIN.
RAUN RAUN
DIE TASSE IST AUCH AUS NORMALER KERAMIK.
WOHL DOCH KEINE FALLE ...?
BIEP BIEP
OKAY! AUGEN ZU UND DURCH!
GLUCK
WOW! DU BIST ABER MUTIG!
ZUSCH

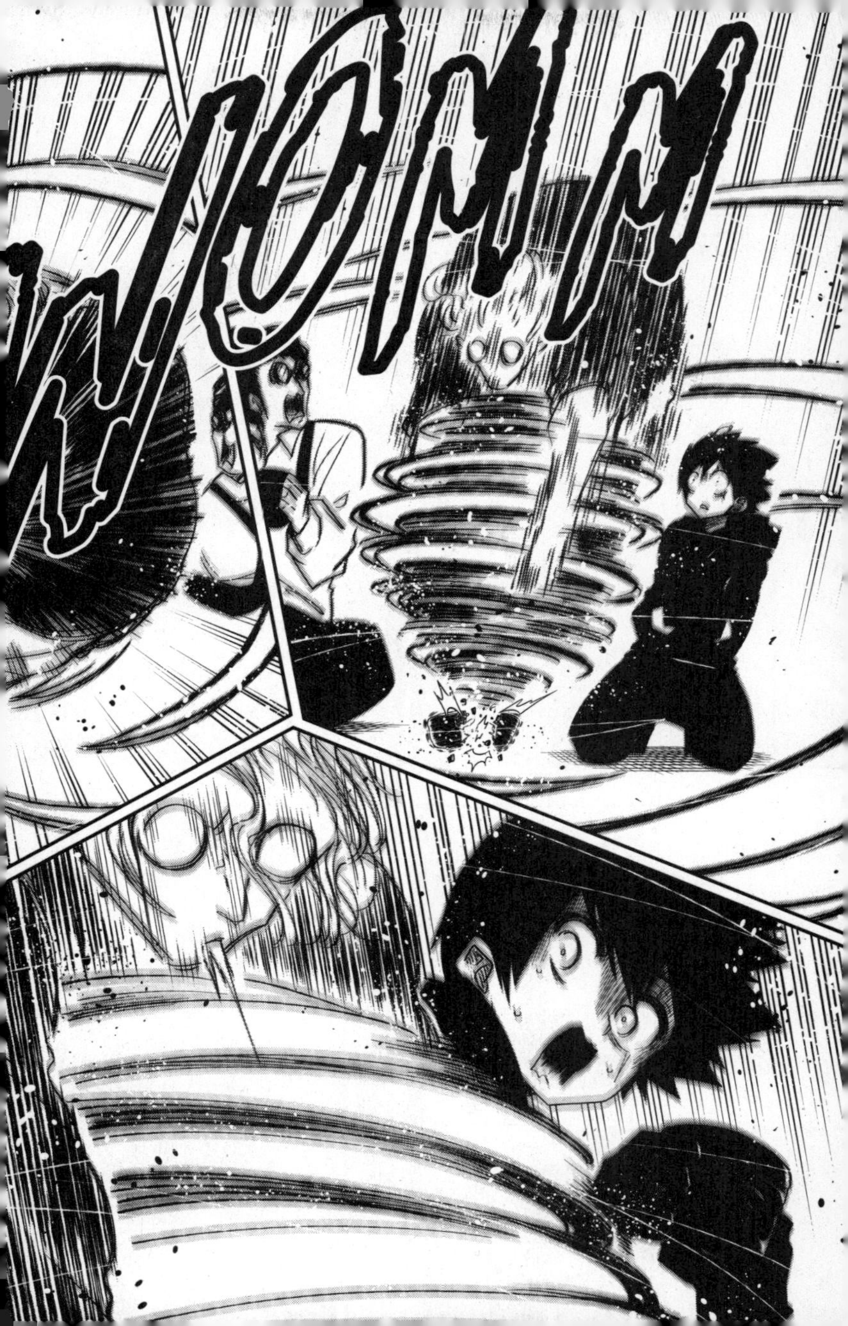
WOMM

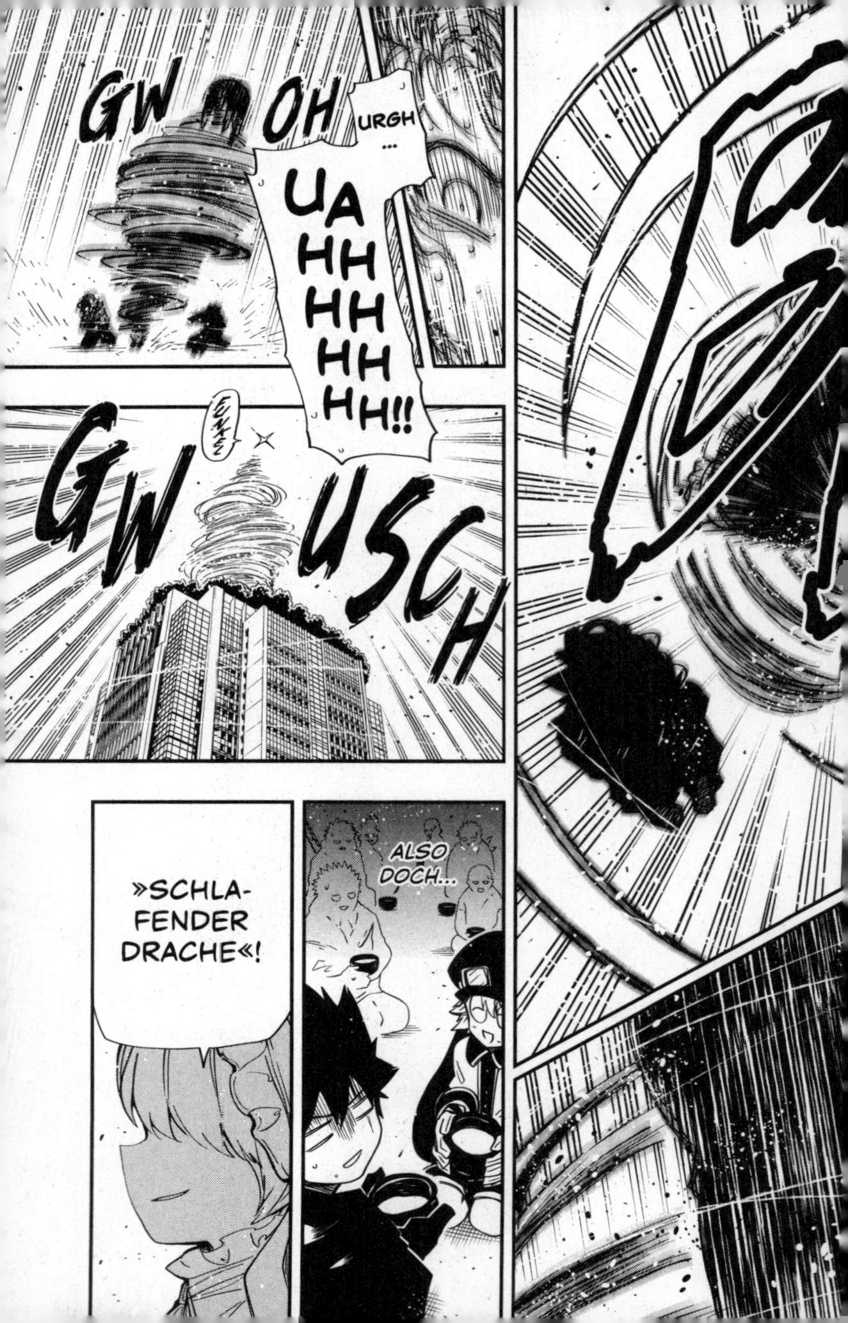
GW OH
URGH ...
UAHHHHHHHHH!!
FUNKEL
GW USCH
ALSO DOCH...
»SCHLAFENDER DRACHE«!

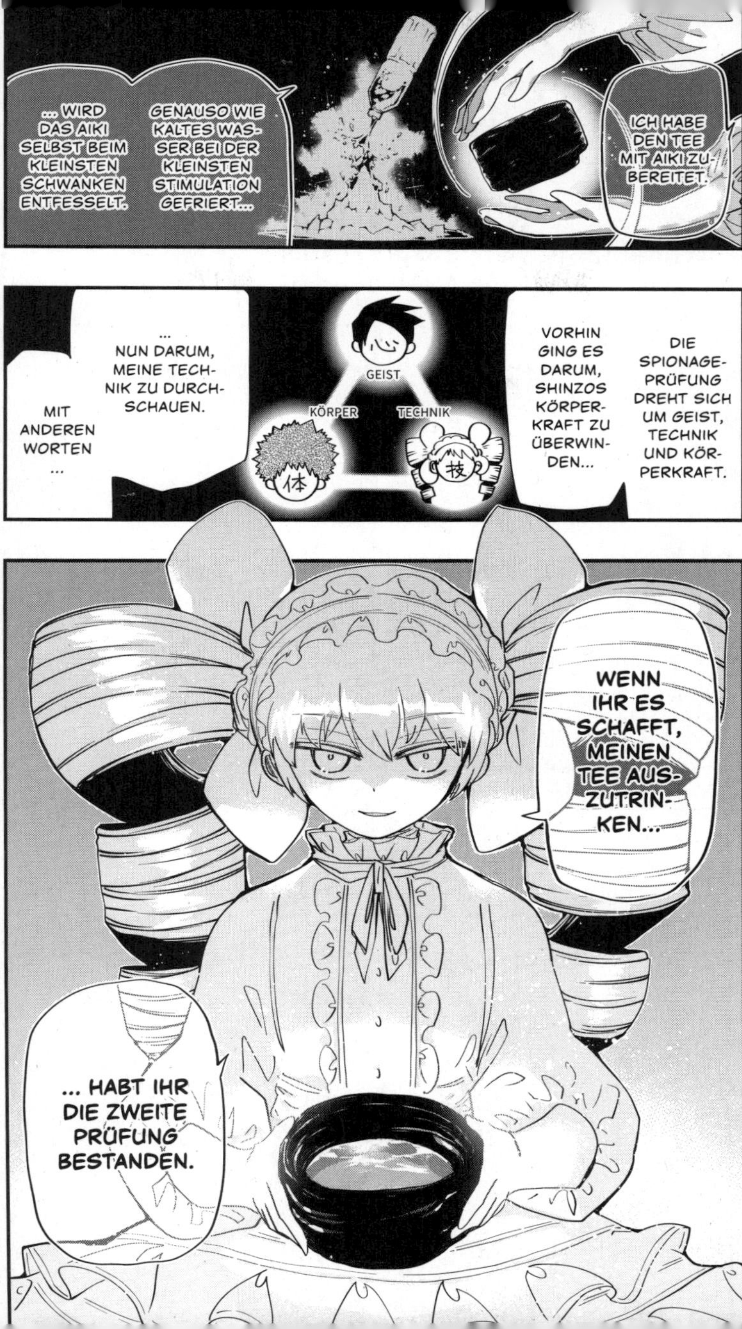
ICH HABE DEN TEE MIT AIKI ZUBEREITET.
GENAUSO WIE KALTES WASSER BEI DER KLEINSTEN STIMULATION GEFRIERT ...
... WIRD DAS AIKI SELBST BEIM KLEINSTEN SCHWANKEN ENTFESSELT.
DIE SPIONAGE-PRÜFUNG DREHT SICH UM GEIST, TECHNIK UND KÖRPERKRAFT.
VORHIN GING ES DARUM, SHINZOS KÖRPERKRAFT ZU ÜBERWINDEN...
GEIST
KÖRPER
TECHNIK
心
体
技
... NUN DARUM, MEINE TECHNIK ZU DURCHSCHAUEN.
MIT ANDEREN WORTEN ...
WENN IHR ES SCHAFFT, MEINEN TEE AUSZUTRINKEN...
... HABT IHR DIE ZWEITE PRÜFUNG BESTANDEN.

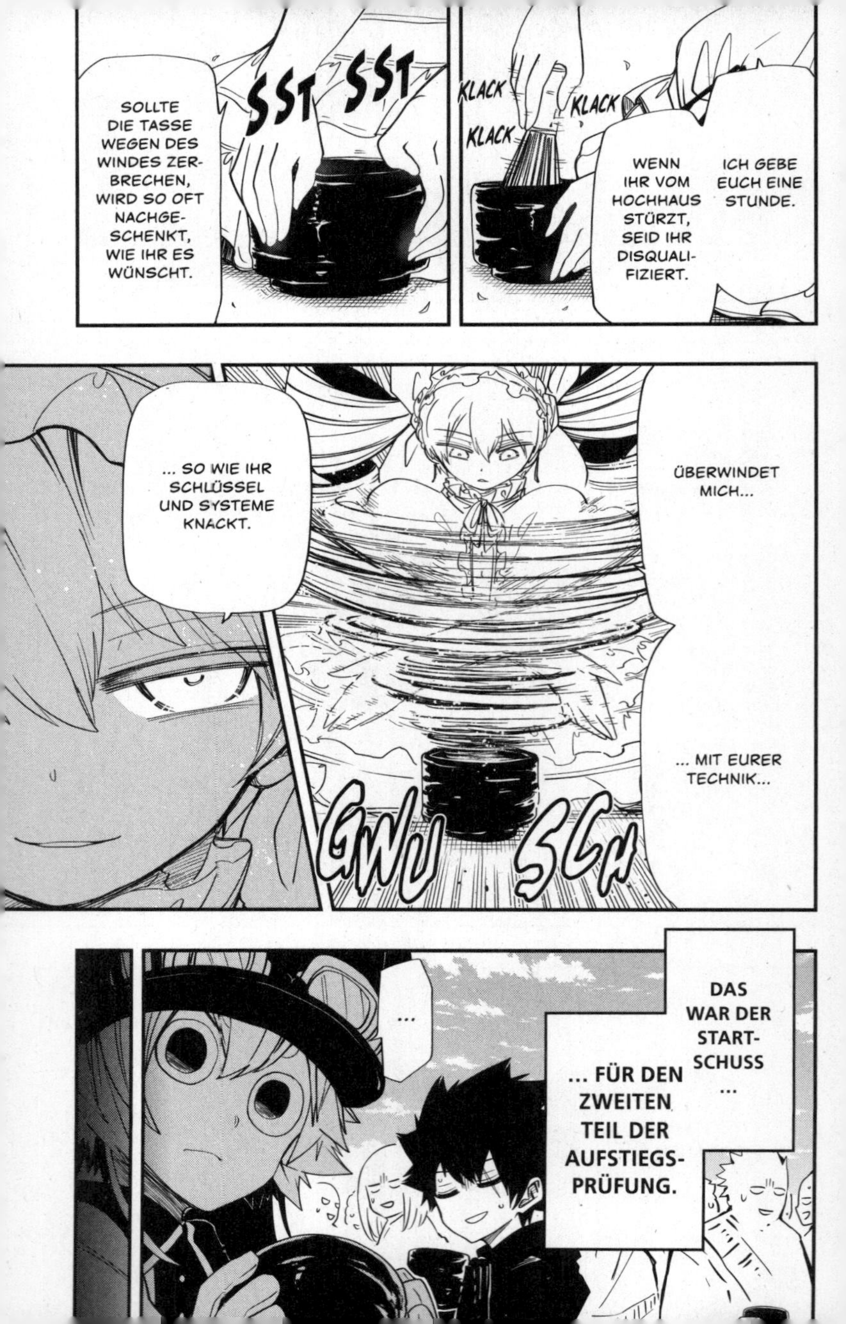
SOLLTE DIE TASSE WEGEN DES WINDES ZERBRECHEN, WIRD SO OFT NACHGESCHENKT, WIE IHR ES WÜNSCHT.
SST SST
KLACK
KLACK
KLACK
ICH GEBE EUCH EINE STUNDE.
WENN IHR VOM HOCHHAUS STÜRZT, SEID IHR DISQUALIFIZIERT.
ÜBERWINDET MICH...
... MIT EURER TECHNIK...
... SO WIE IHR SCHLÜSSEL UND SYSTEME KNACKT.
GWUSCH
DAS WAR DER STARTSCHUSS ...
... FÜR DEN ZWEITEN TEIL DER AUFSTIEGSPRÜFUNG.
...

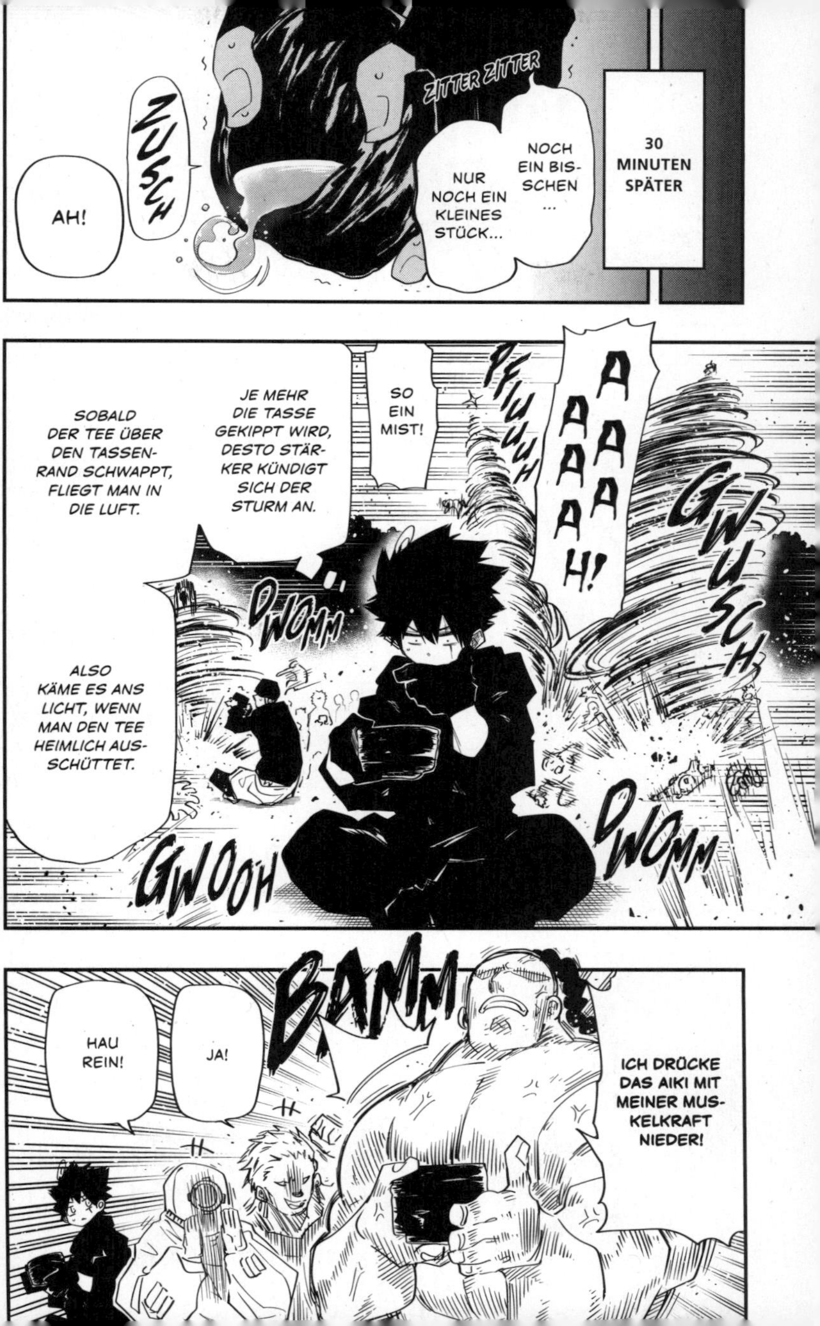

30 MINUTEN SPÄTER
NOCH EIN BISSCHEN ...
ZITTER ZITTER
NUR NOCH EIN KLEINES STÜCK...
ZUSCH
AH!
AAAAAAAH!
PFIUUUH
SO EIN MIST!
JE MEHR DIE TASSE GEKIPPT WIRD, DESTO STÄRKER KÜNDIGT SICH DER STURM AN.
SOBALD DER TEE ÜBER DEN TASSENRAND SCHWAPPT, FLIEGT MAN IN DIE LUFT.
GWUSCH
DWOMM
ALSO KÄME ES ANS LICHT, WENN MAN DEN TEE HEIMLICH AUSSCHÜTTET.
DWOMM
GWOOH
ICH DRÜCKE DAS AIKI MIT MEINER MUSKELKRAFT NIEDER!
BAMM
JA!
HAU REIN!

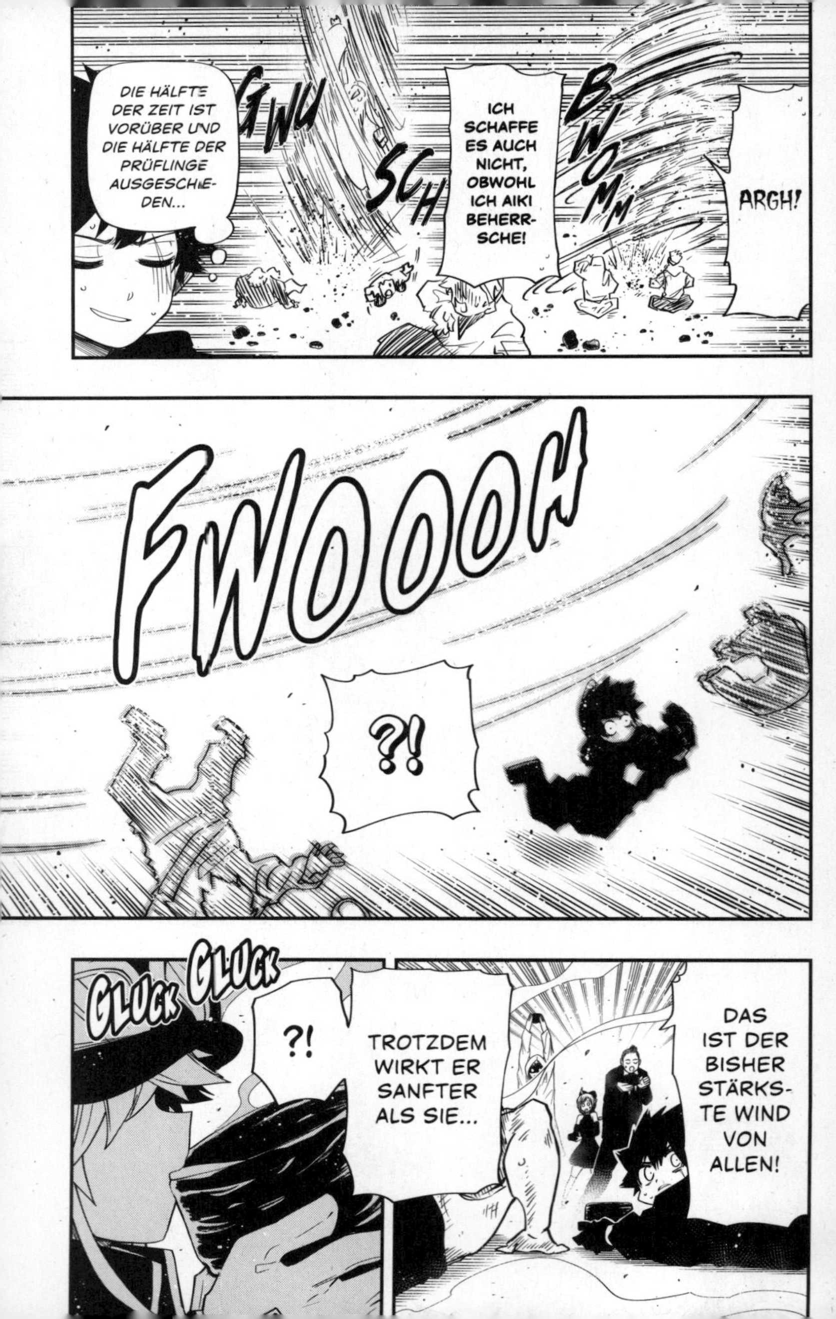

ARGH!
BWOMM
ICH SCHAFFE ES AUCH NICHT, OBWOHL ICH AIKI BEHERRSCHE!
SCH
GWU
DIE HÄLFTE DER ZEIT IST VORÜBER UND DIE HÄLFTE DER PRÜFLINGE AUSGESCHIEDEN...
FWOOOH
?!
DAS IST DER BISHER STÄRKSTE WIND VON ALLEN!
TROTZDEM WIRKT ER SANFTER ALS SIE...
?!
GLUCK GLUCK

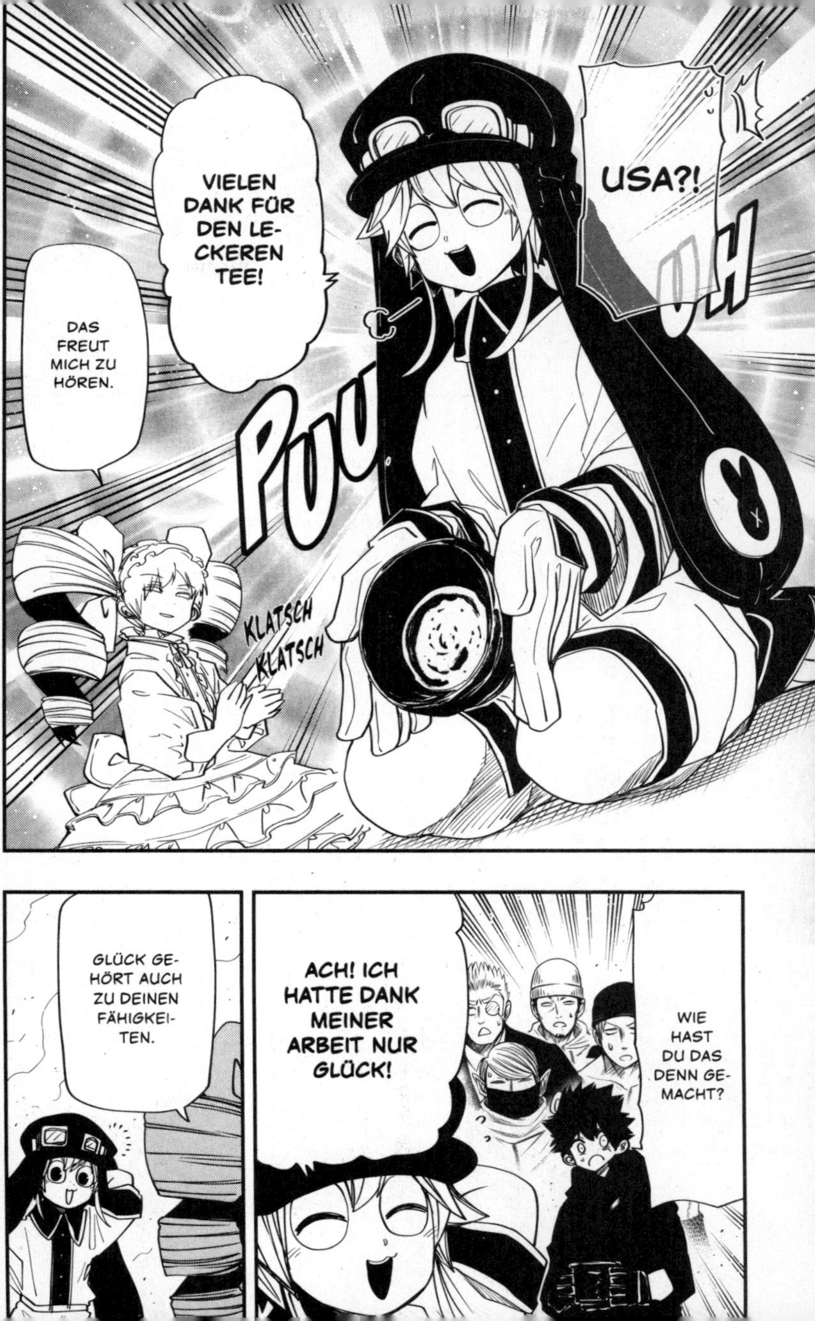
USA?!
PUU
UH
VIELEN DANK FÜR DEN LE-CKEREN TEE!
DAS FREUT MICH ZU HÖREN.
KLATSCH
KLATSCH
WIE HAST DU DAS DENN GE-MACHT?
ACH! ICH HATTE DANK MEINER ARBEIT NUR GLÜCK!
GLÜCK GE-HÖRT AUCH ZU DEINEN FÄHIGKEI-TEN.

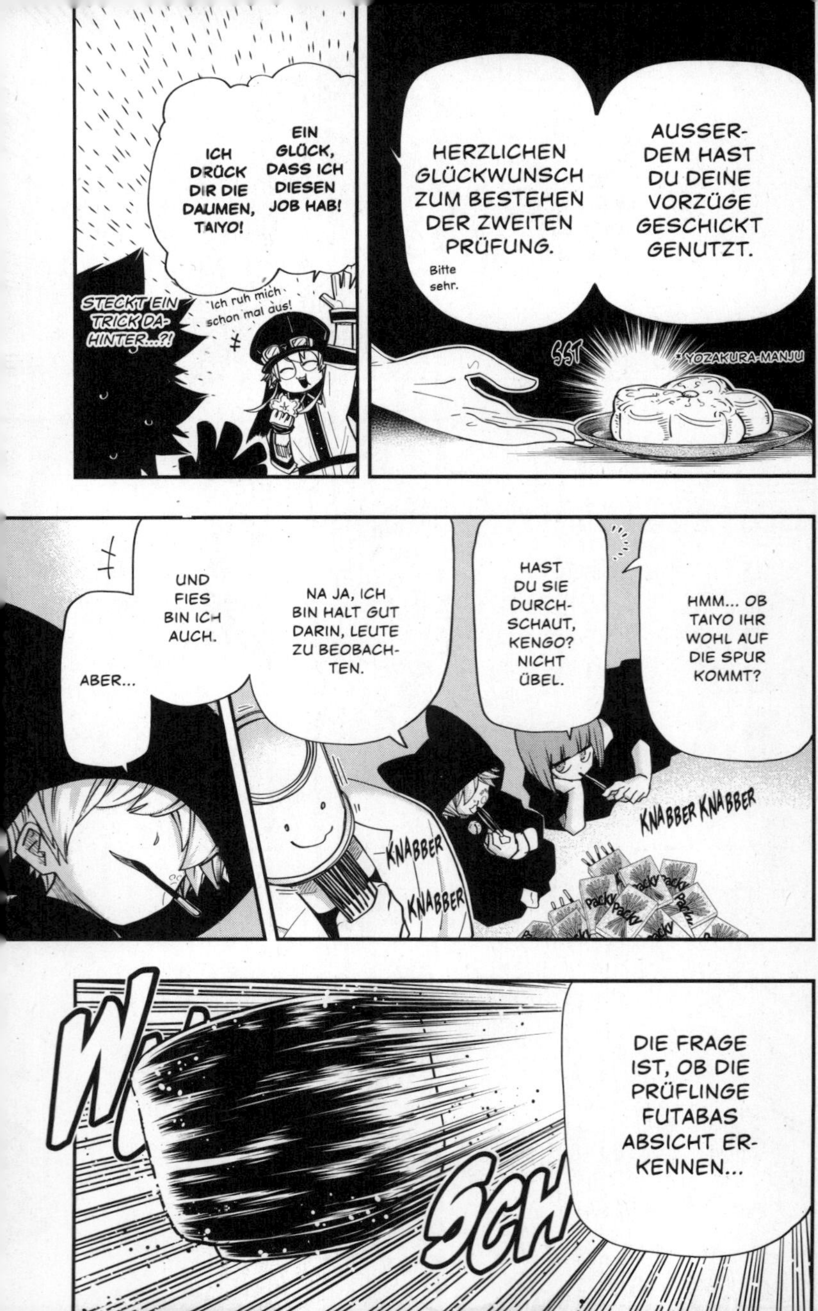

AUSSER-DEM HAST DU DEINE VORZÜGE GESCHICKT GENUTZT.
HERZLICHEN GLÜCKWUNSCH ZUM BESTEHEN DER ZWEITEN PRÜFUNG.
Bitte sehr.
SST
* YOZAKURA-MANJU
EIN GLÜCK, DASS ICH DIESEN JOB HAB!
ICH DRÜCK DIR DIE DAUMEN, TAIYO!
Ich ruh mich schon mal aus!
STECKT EIN TRICK DA-HINTER...?!
HMM... OB TAIYO IHR WOHL AUF DIE SPUR KOMMT?
HAST DU SIE DURCH-SCHAUT, KENGO? NICHT ÜBEL.
NA JA, ICH BIN HALT GUT DARIN, LEUTE ZU BEOBACH-TEN.
UND FIES BIN ICH AUCH.
ABER...
KNABBER KNABBER
KNABBER
KNABBER
DIE FRAGE IST, OB DIE PRÜFLINGE FUTABAS ABSICHT ER-KENNEN...
SCH

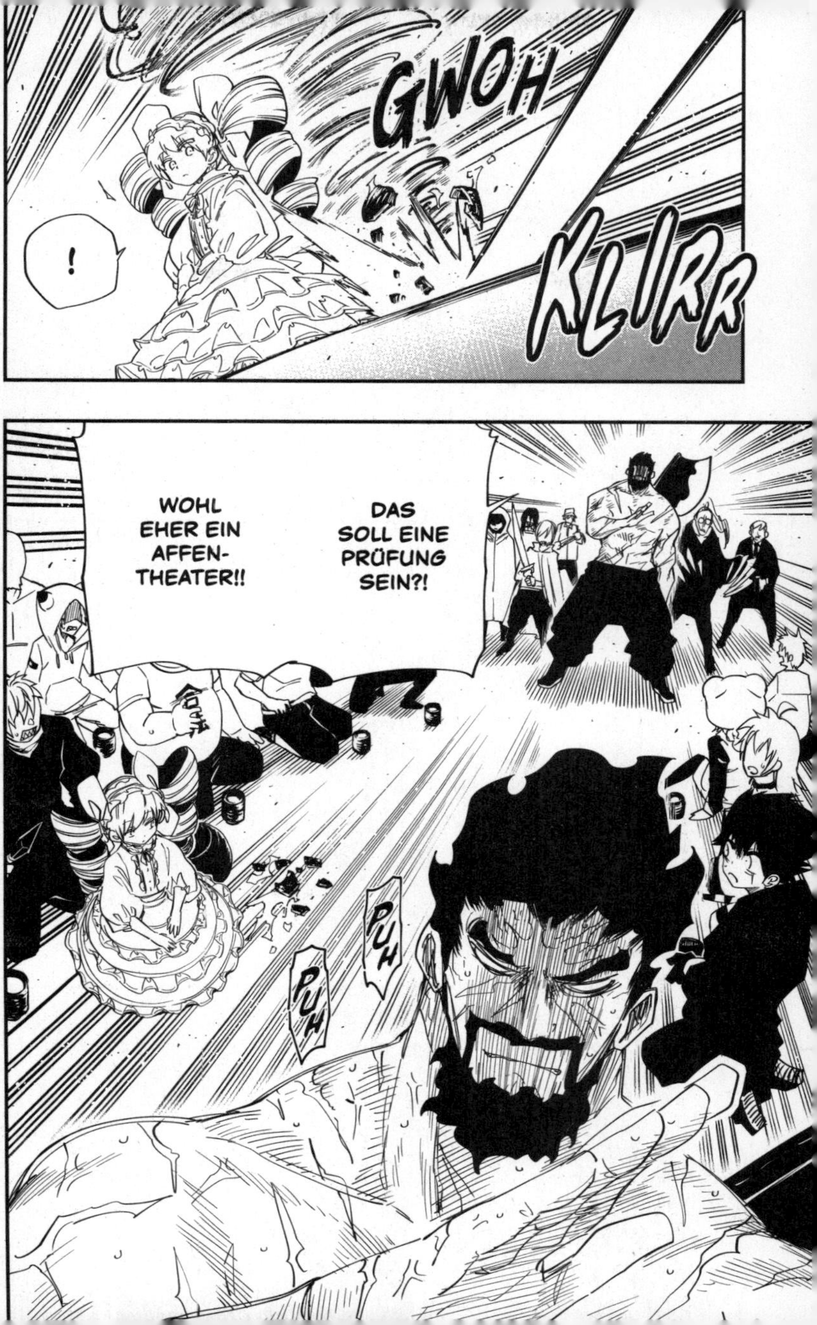
GWOH
KLIRR
!
DAS SOLL EINE PRÜFUNG SEIN?!
WOHL EHER EIN AFFEN-THEATER!!
PUH
PUH

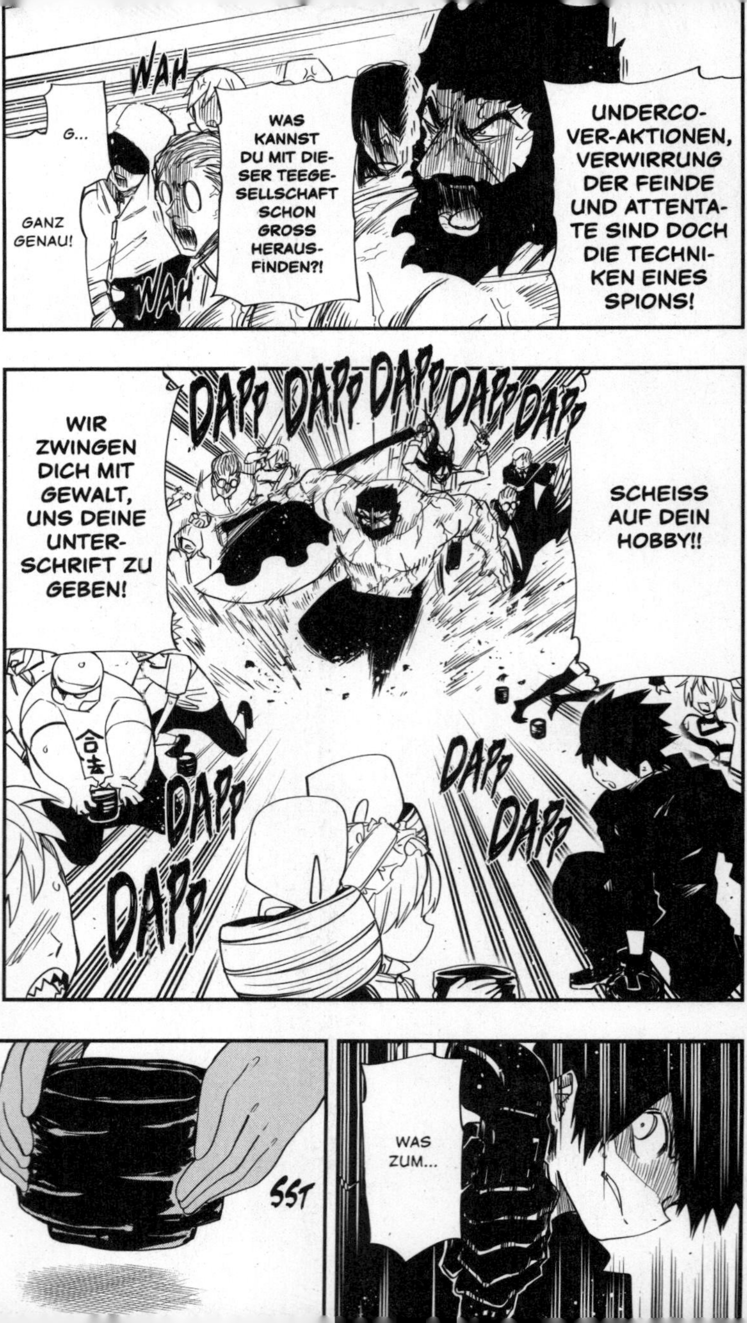
UNDERCO-VER-AKTIONEN, VERWIRRUNG DER FEINDE UND ATTENTA-TE SIND DOCH DIE TECHNI-KEN EINES SPIONS!
WAS KANNST DU MIT DIE-SER TEEGE-SELLSCHAFT SCHON GROSS HERAUS-FINDEN?!
WAH
G...
GANZ GENAU!
WAH
DAPP DAPP DAPP DAPP DAPP
SCHEISS AUF DEIN HOBBY!!
WIR ZWINGEN DICH MIT GEWALT, UNS DEINE UNTER-SCHRIFT ZU GEBEN!
DAPP
DAPP
DAPP
DAPP
WAS ZUM...
SST

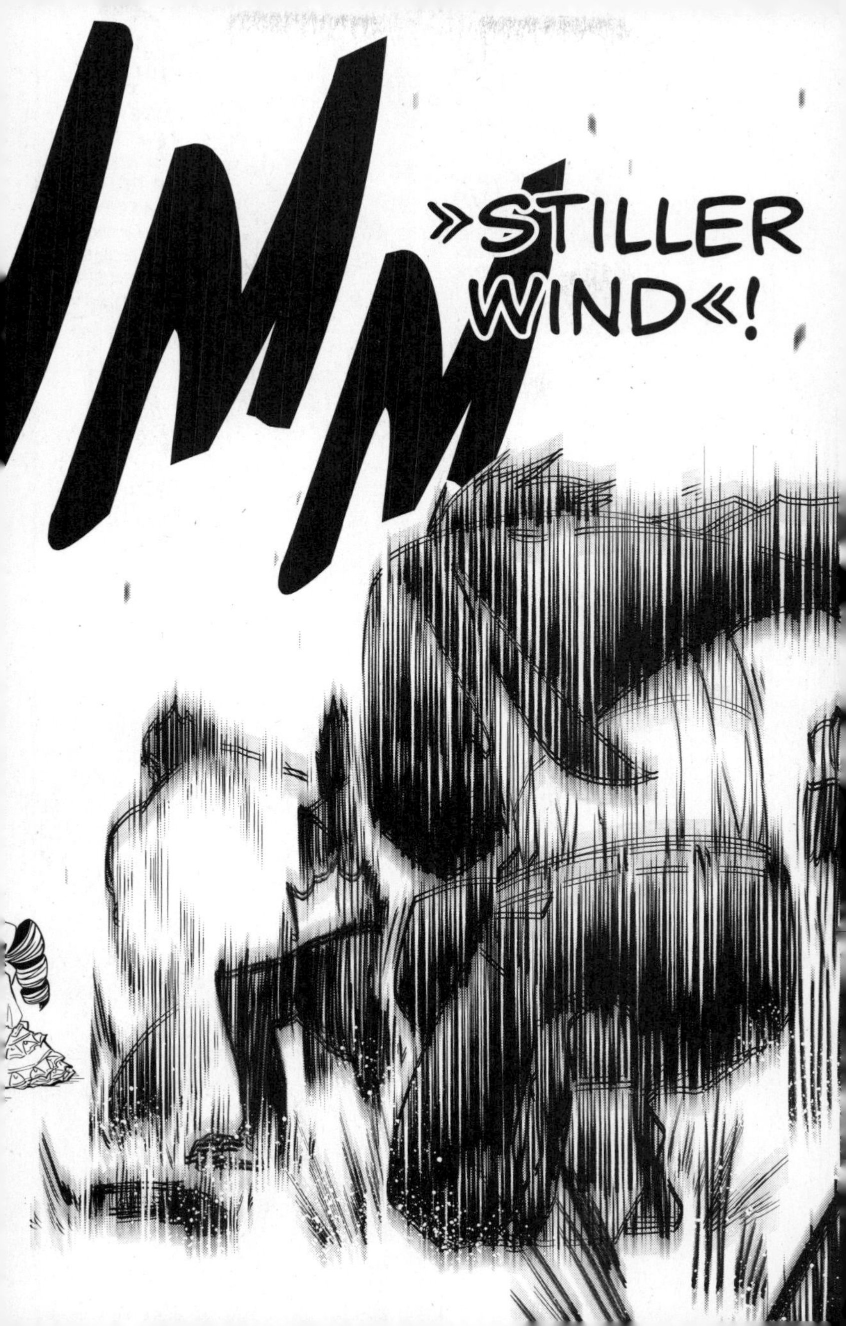
»STILLER WIND«!

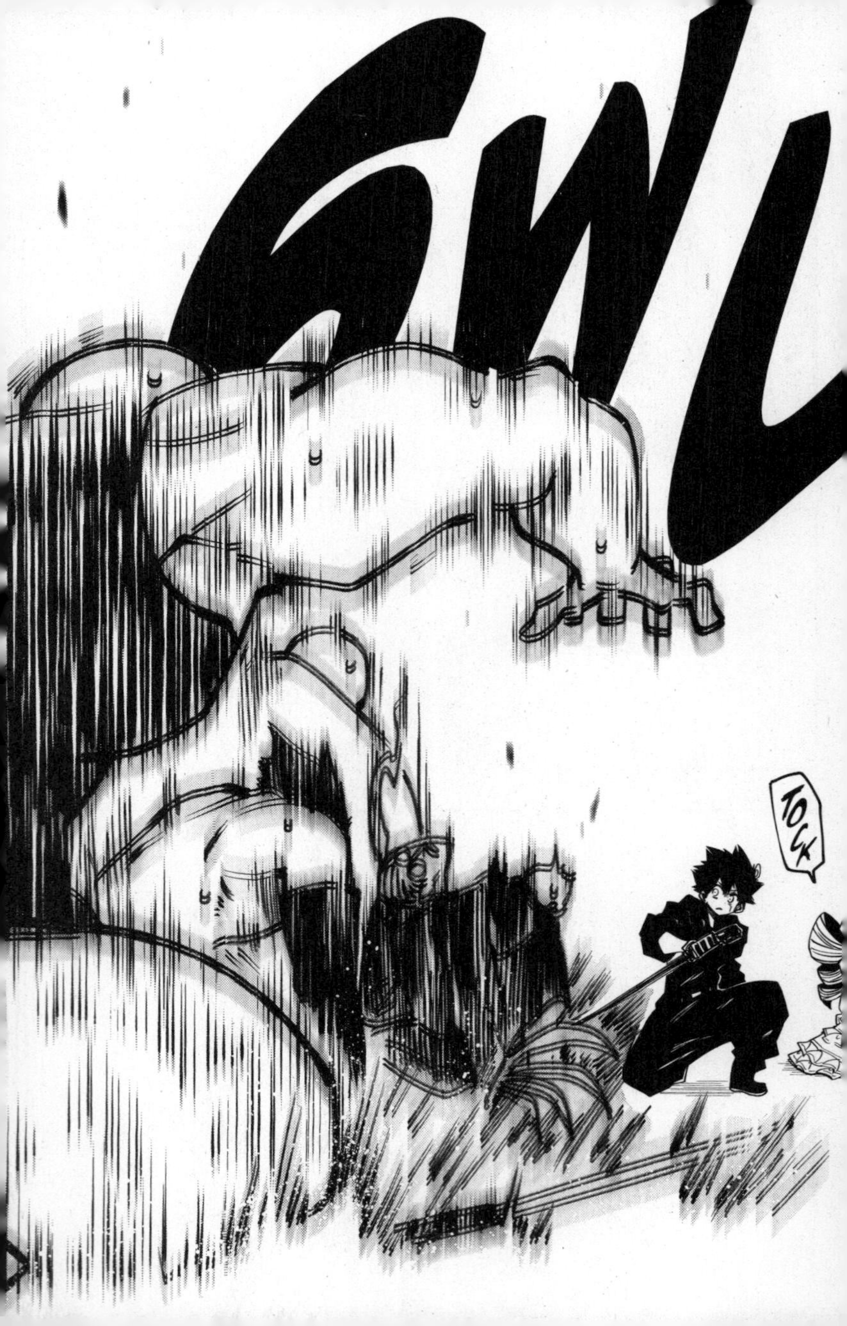
TOCK

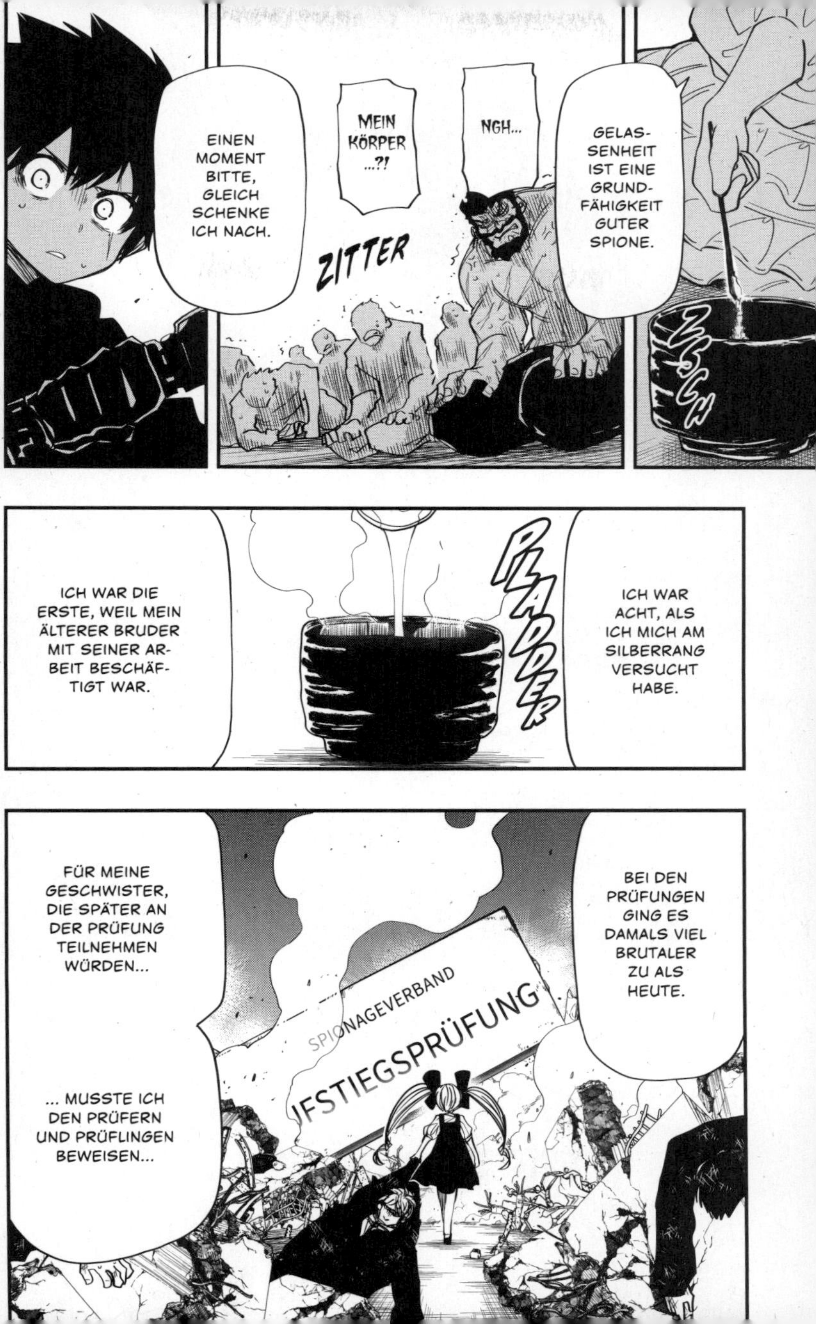
GELAS-SENHEIT IST EINE GRUND-FÄHIGKEIT GUTER SPIONE.
ZISCH
NGH...
MEIN KÖRPER ...?!
ZITTER
EINEN MOMENT BITTE, GLEICH SCHENKE ICH NACH.
ICH WAR ACHT, ALS ICH MICH AM SILBERRANG VERSUCHT HABE.
PLADDER
ICH WAR DIE ERSTE, WEIL MEIN ÄLTERER BRUDER MIT SEINER AR-BEIT BESCHÄF-TIGT WAR.
BEI DEN PRÜFUNGEN GING ES DAMALS VIEL BRUTALER ZU ALS HEUTE.
FÜR MEINE GESCHWISTER, DIE SPÄTER AN DER PRÜFUNG TEILNEHMEN WÜRDEN...
SPIONAGEVERBAND
UFSTIEGSPRÜFUNG
... MUSSTE ICH DEN PRÜFERN UND PRÜFLINGEN BEWEISEN...

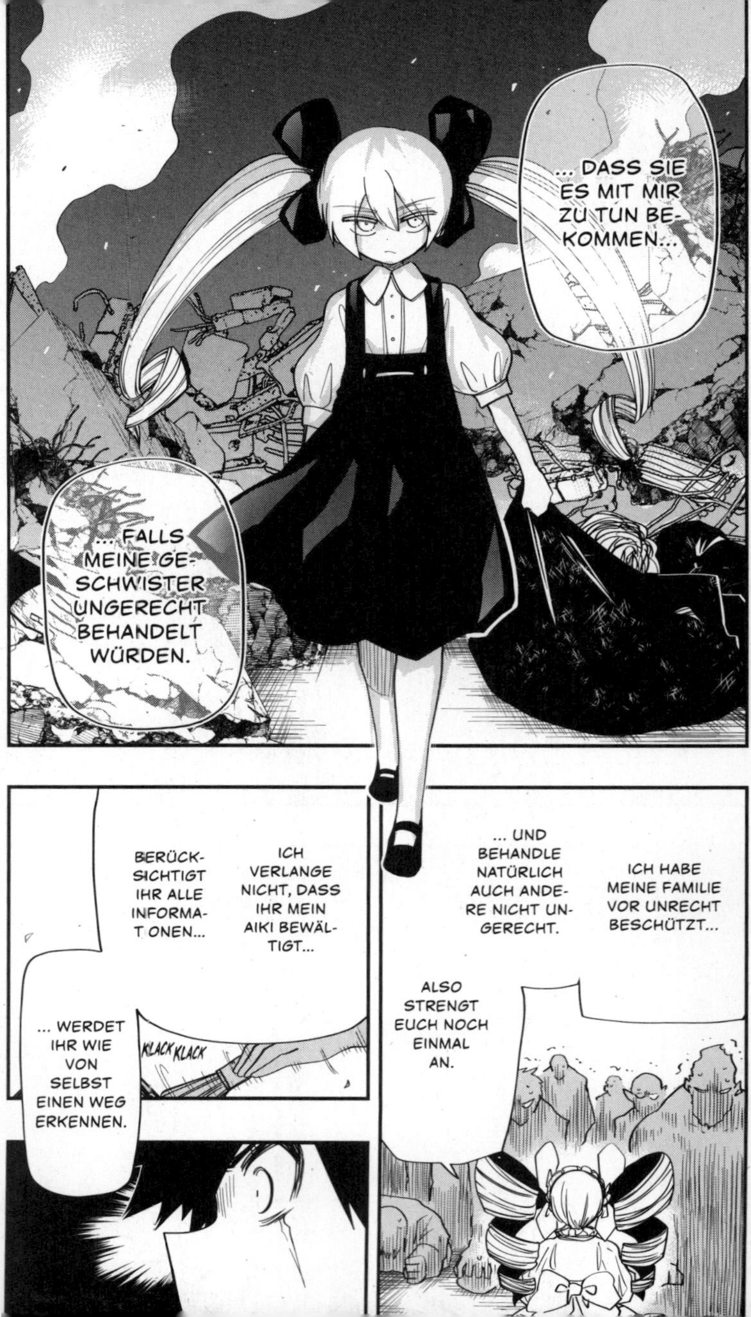
... DASS SIE ES MIT MIR ZU TUN BEKOMMEN...
... FALLS MEINE GESCHWISTER UNGERECHT BEHANDELT WÜRDEN.
ICH HABE MEINE FAMILIE VOR UNRECHT BESCHÜTZT...
... UND BEHANDLE NATÜRLICH AUCH ANDERE NICHT UNGERECHT.
ICH VERLANGE NICHT, DASS IHR MEIN AIKI BEWÄLTIGT...
BERÜCKSICHTIGT IHR ALLE INFORMATIONEN...
KLACK KLACK
... WERDET IHR WIE VON SELBST EINEN WEG ERKENNEN.
ALSO STRENGT EUCH NOCH EINMAL AN.

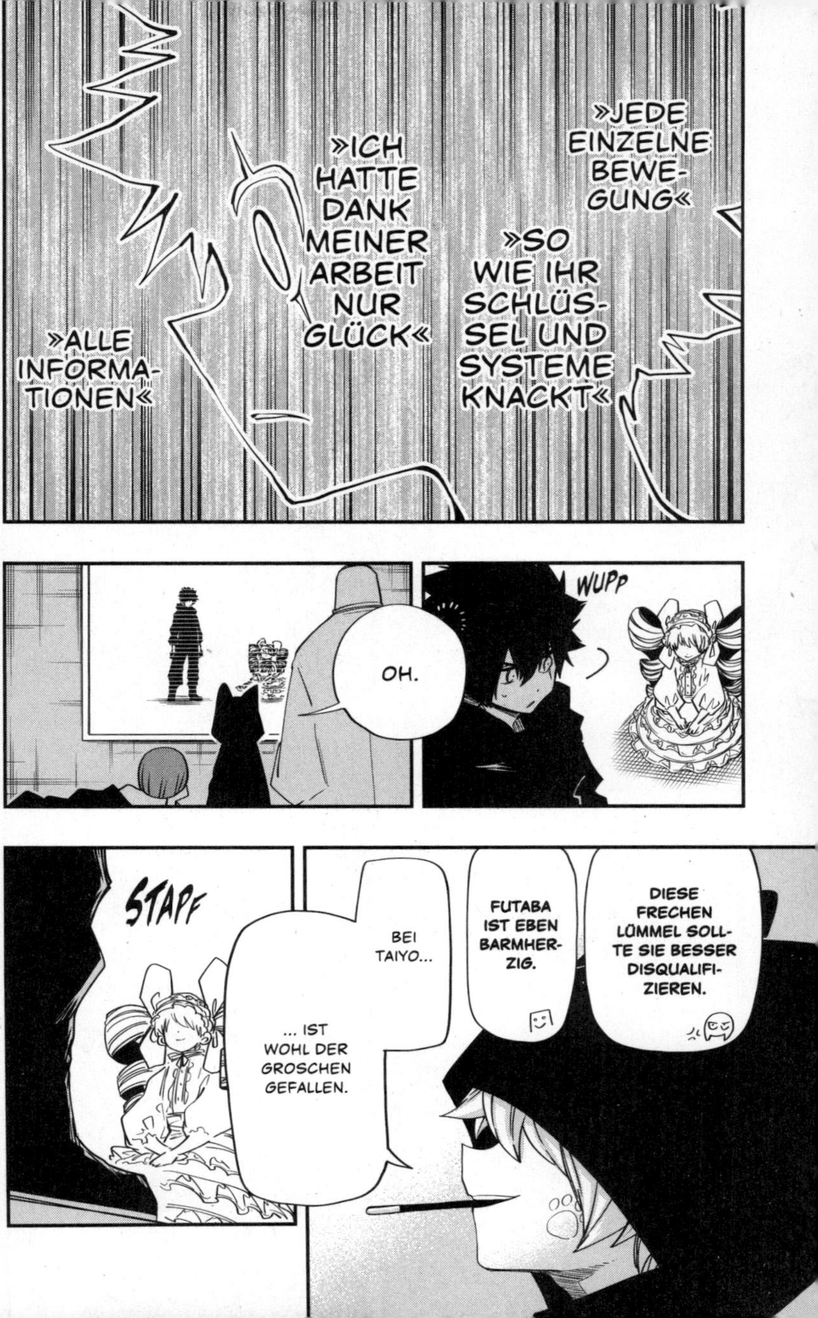
»JEDE EINZELNE BEWEGUNG«
»SO WIE IHR SCHLÜSSEL UND SYSTEME KNACKT«
»ICH HATTE DANK MEINER ARBEIT NUR GLÜCK«
»ALLE INFORMATIONEN«
WUPP
OH.
DIESE FRECHEN LÜMMEL SOLLTE SIE BESSER DISQUALIFIZIEREN.
FUTABA IST EBEN BARMHERZIG.
BEI TAIYO...
... IST WOHL DER GROSCHEN GEFALLEN.
STAPF

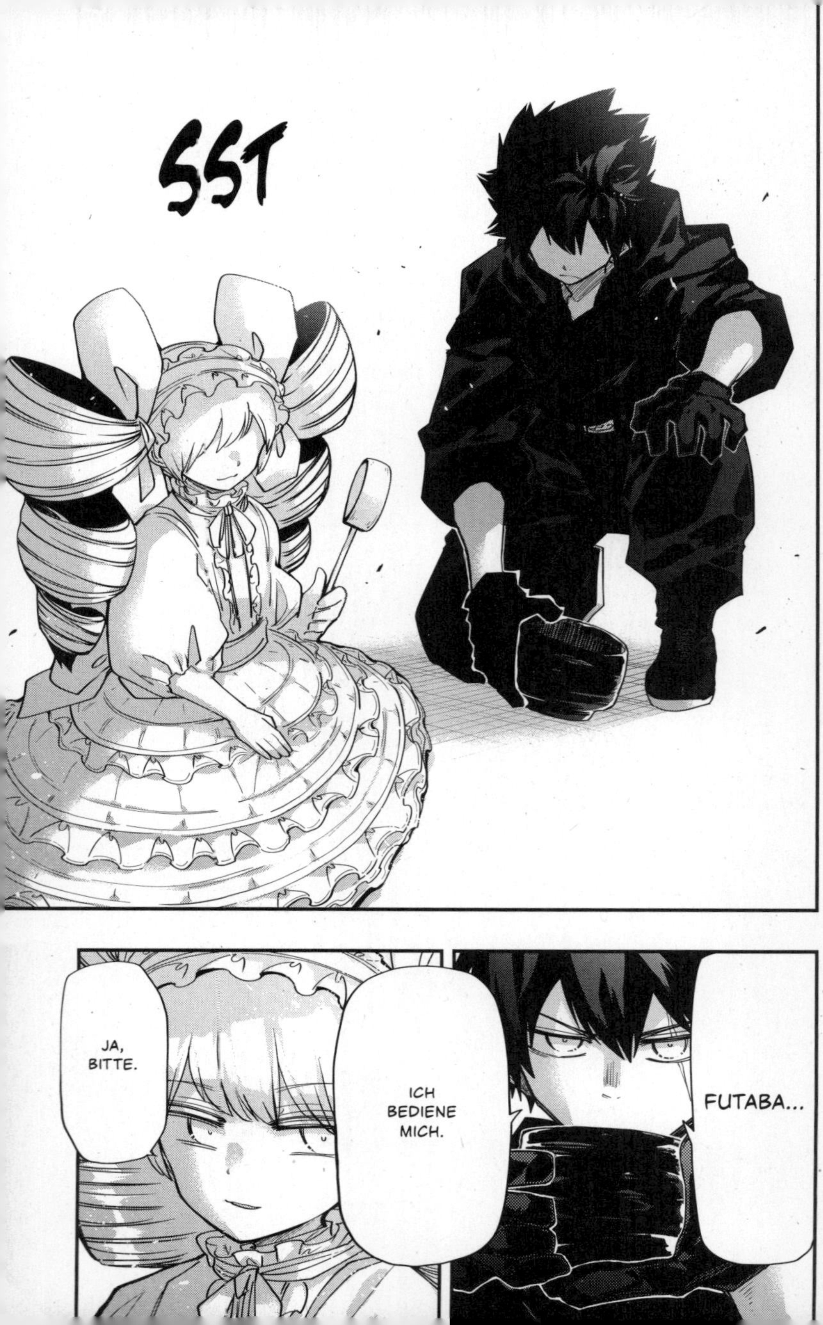
SST
FUTABA...
ICH BEDIENE MICH.
JA, BITTE.

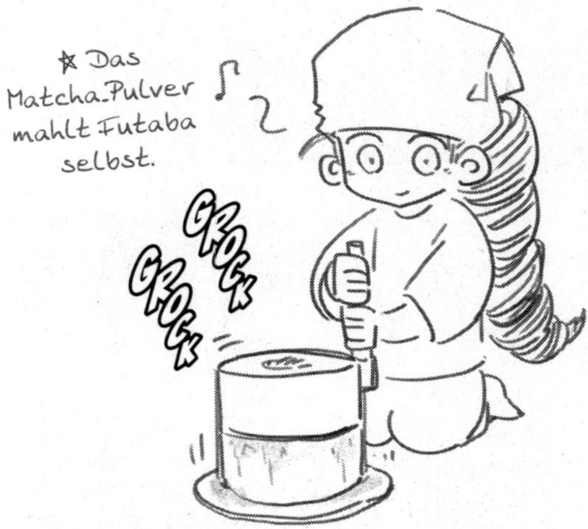

☆ Das Matcha-Pulver mahlt Futaba selbst.
GROCK
GROCK

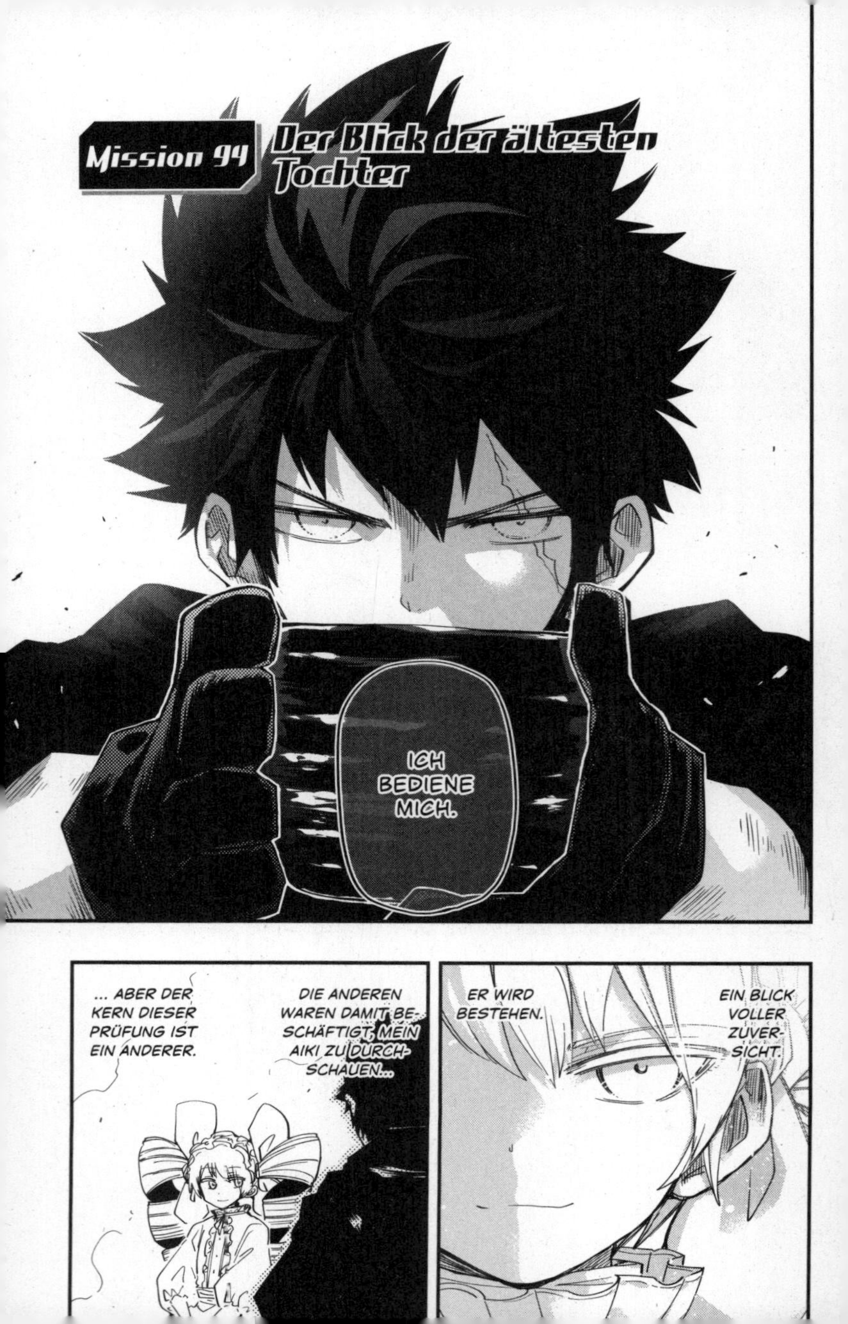
Mission 94
Der Blick der ältesten Tochter
ICH BEDIENE MICH.
EIN BLICK VOLLER ZUVERSICHT.
ER WIRD BESTEHEN.
DIE ANDEREN WAREN DAMIT BESCHÄFTIGT, MEIN AIKI ZU DURCHSCHAUEN...
... ABER DER KERN DIESER PRÜFUNG IST EIN ANDERER.

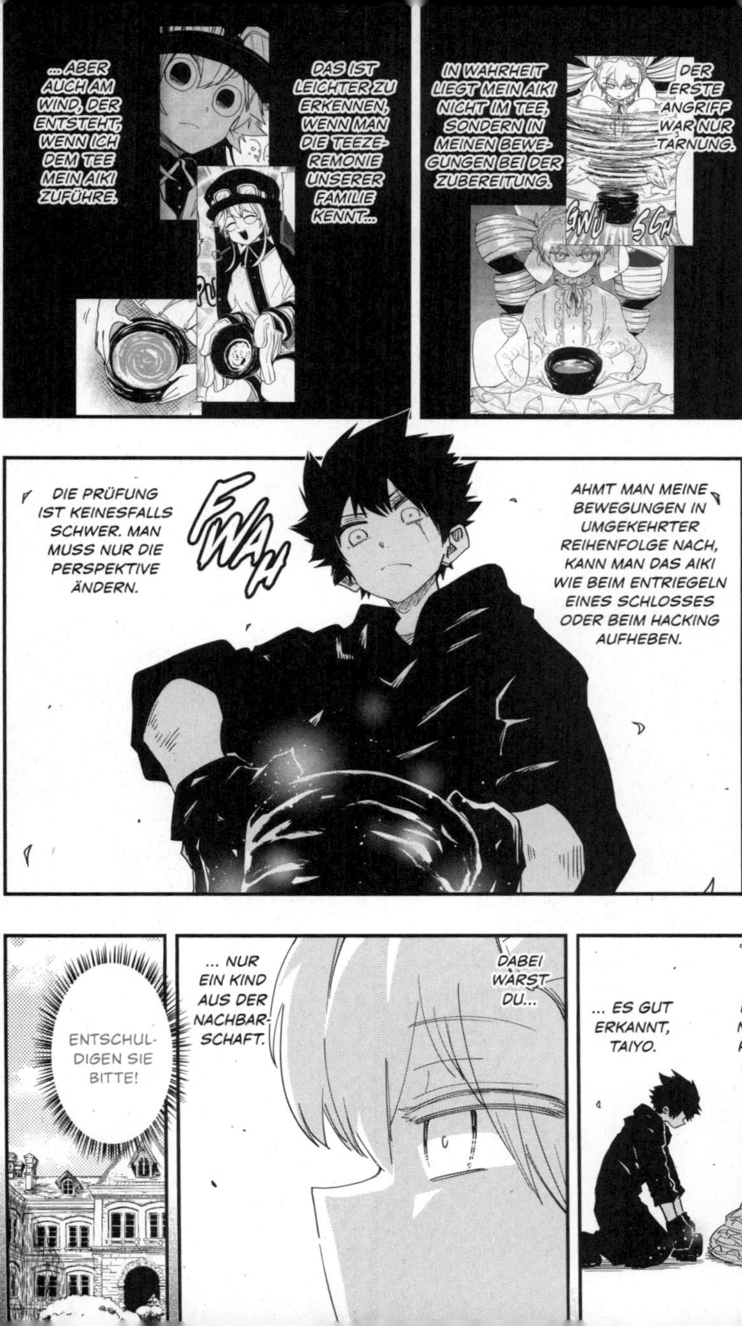
DER ERSTE ANGRIFF WAR NUR TARNUNG.
IN WAHRHEIT LIEGT MEIN AIKI NICHT IM TEE, SONDERN IN MEINEN BEWEGUNGEN BEI DER ZUBEREITUNG.
GWU
SCH
DAS IST LEICHTER ZU ERKENNEN, WENN MAN DIE TEEZEREMONIE UNSERER FAMILIE KENNT...
...ABER AUCH AM WIND, DER ENTSTEHT, WENN ICH DEM TEE MEIN AIKI ZUFÜHRE.
AHMT MAN MEINE BEWEGUNGEN IN UMGEKEHRTER REIHENFOLGE NACH, KANN MAN DAS AIKI WIE BEIM ENTRIEGELN EINES SCHLOSSES ODER BEIM HACKING AUFHEBEN.
FWAH
DIE PRÜFUNG IST KEINESFALLS SCHWER. MAN MUSS NUR DIE PERSPEKTIVE ÄNDERN.
DENNOCH HAST DU...
... ES GUT ERKANNT, TAIYO.
DABEI WÄRST DU...
... NUR EIN KIND AUS DER NACHBARSCHAFT.
ENTSCHULDIGEN SIE BITTE!

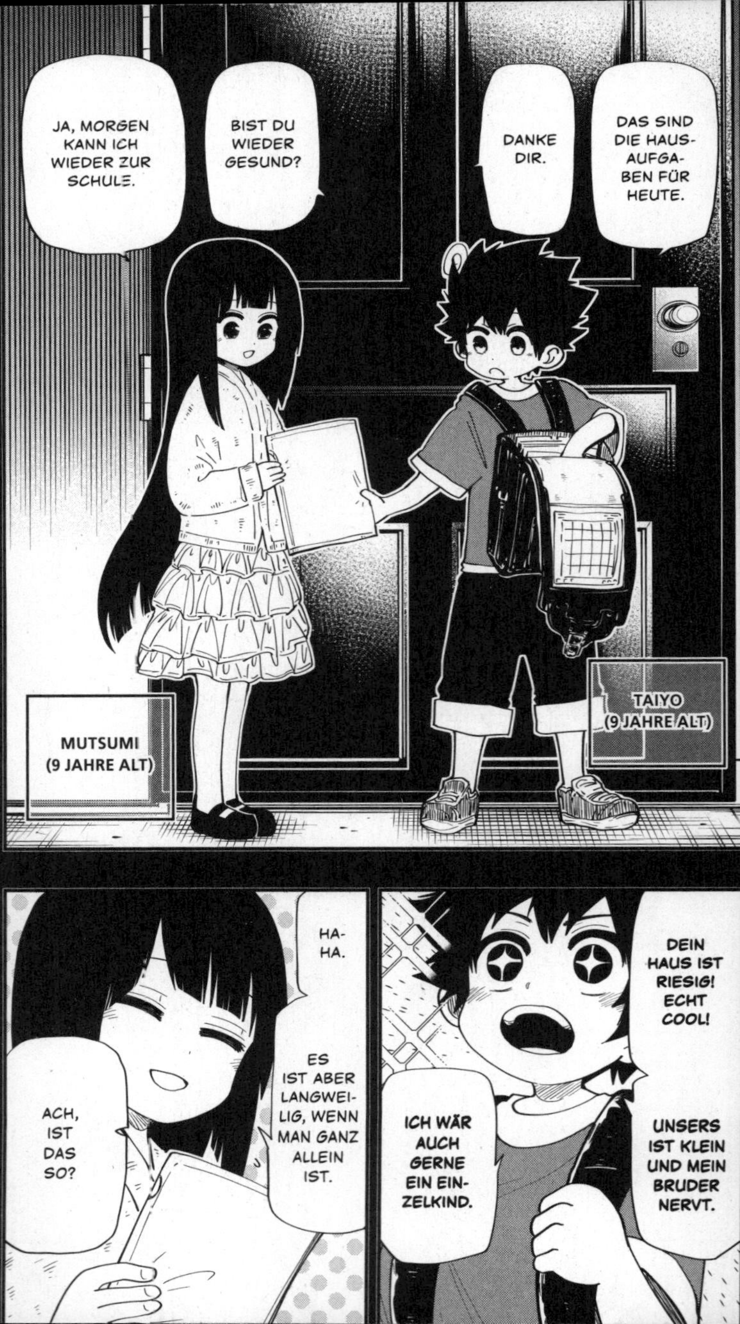
DAS SIND DIE HAUSAUFGABEN FÜR HEUTE.
DANKE DIR.
BIST DU WIEDER GESUND?
JA, MORGEN KANN ICH WIEDER ZUR SCHULE.
TAIYO (9 JAHRE ALT)
MUTSUMI (9 JAHRE ALT)
DEIN HAUS IST RIESIG! ECHT COOL!
UNSERS IST KLEIN UND MEIN BRUDER NERVT.
ICH WÄR AUCH GERNE EIN EINZELKIND.
HA-HA.
ES IST ABER LANGWEILIG, WENN MAN GANZ ALLEIN IST.
ACH, IST DAS SO?

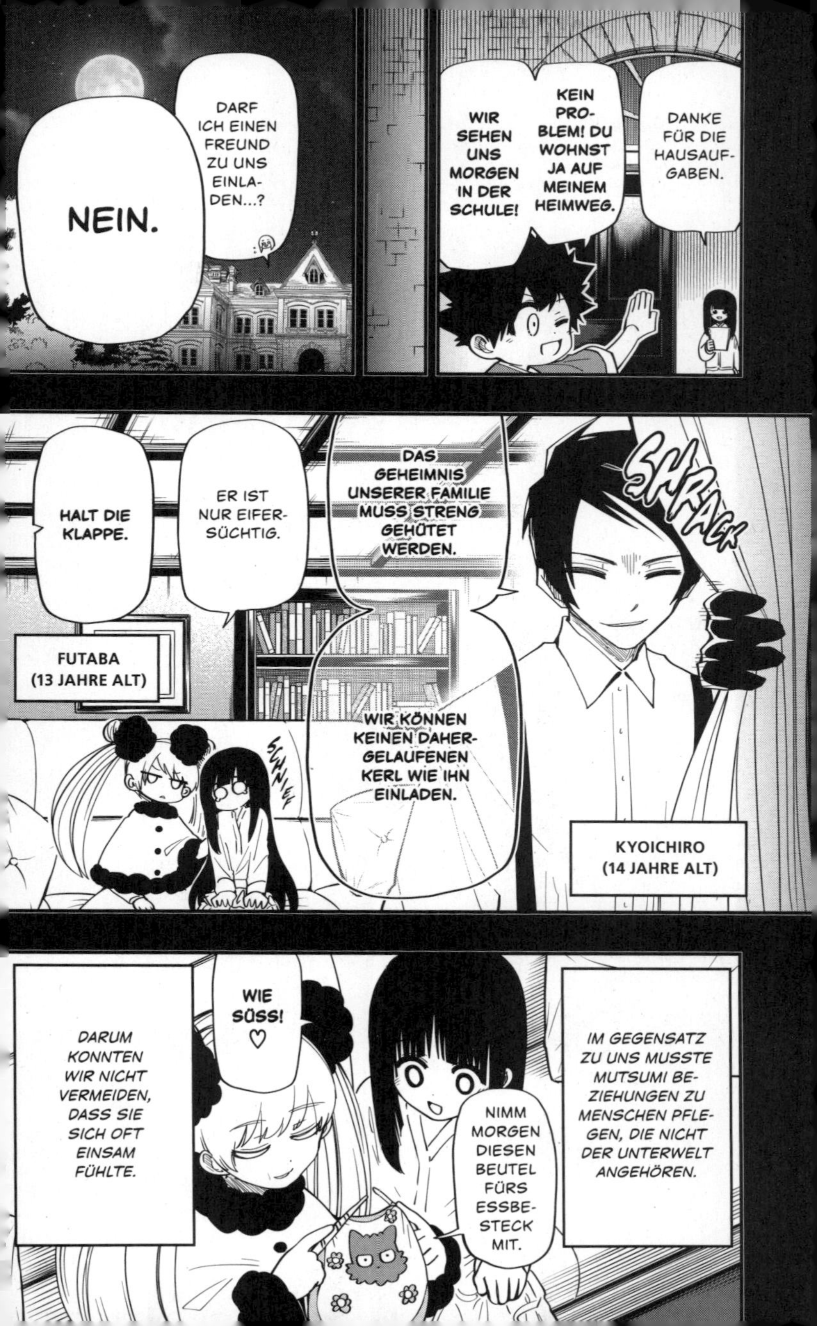
DANKE FÜR DIE HAUSAUFGABEN.
KEIN PROBLEM! DU WOHNST JA AUF MEINEM HEIMWEG.
WIR SEHEN UNS MORGEN IN DER SCHULE!
DARF ICH EINEN FREUND ZU UNS EINLADEN...?
NEIN.
SHRACK
DAS GEHEIMNIS UNSERER FAMILIE MUSS STRENG GEHÜTET WERDEN.
WIR KÖNNEN KEINEN DAHERGELAUFENEN KERL WIE IHN EINLADEN.
KYOICHIRO (14 JAHRE ALT)
ER IST NUR EIFERSÜCHTIG.
HALT DIE KLAPPE.
SCHNIEF
FUTABA (13 JAHRE ALT)
IM GEGENSATZ ZU UNS MUSSTE MUTSUMI BEZIEHUNGEN ZU MENSCHEN PFLEGEN, DIE NICHT DER UNTERWELT ANGEHÖREN.
NIMM MORGEN DIESEN BEUTEL FÜRS ESSBESTECK MIT.
WIE SÜSS! ♡
DARUM KONNTEN WIR NICHT VERMEIDEN, DASS SIE SICH OFT EINSAM FÜHLTE.

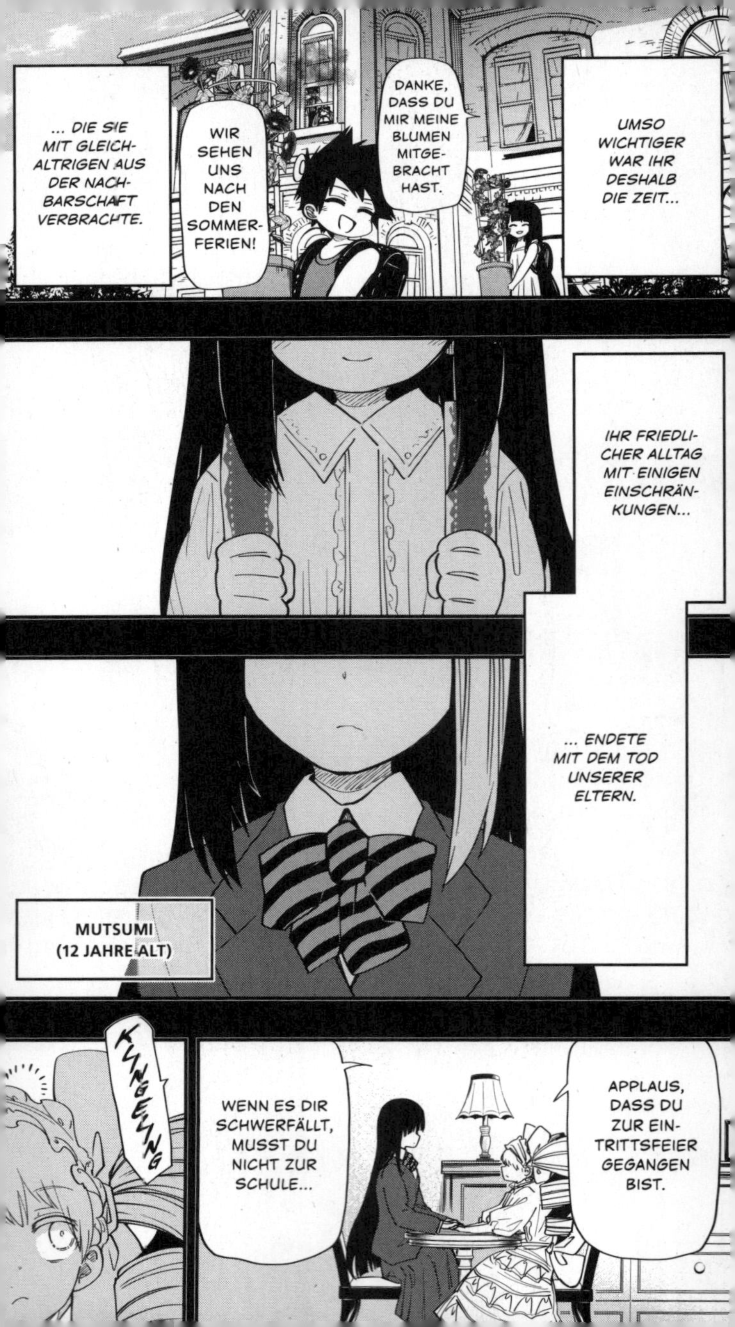
UMSO WICHTIGER WAR IHR DESHALB DIE ZEIT...
DANKE, DASS DU MIR MEINE BLUMEN MITGEBRACHT HAST.
WIR SEHEN UNS NACH DEN SOMMERFERIEN!
... DIE SIE MIT GLEICHALTRIGEN AUS DER NACHBARSCHAFT VERBRACHTE.
IHR FRIEDLICHER ALLTAG MIT EINIGEN EINSCHRÄNKUNGEN...
... ENDETE MIT DEM TOD UNSERER ELTERN.
MUTSUMI (12 JAHRE ALT)
APPLAUS, DASS DU ZUR EINTRITTSFEIER GEGANGEN BIST.
WENN ES DIR SCHWERFÄLLT, MUSST DU NICHT ZUR SCHULE...
KLINGELING

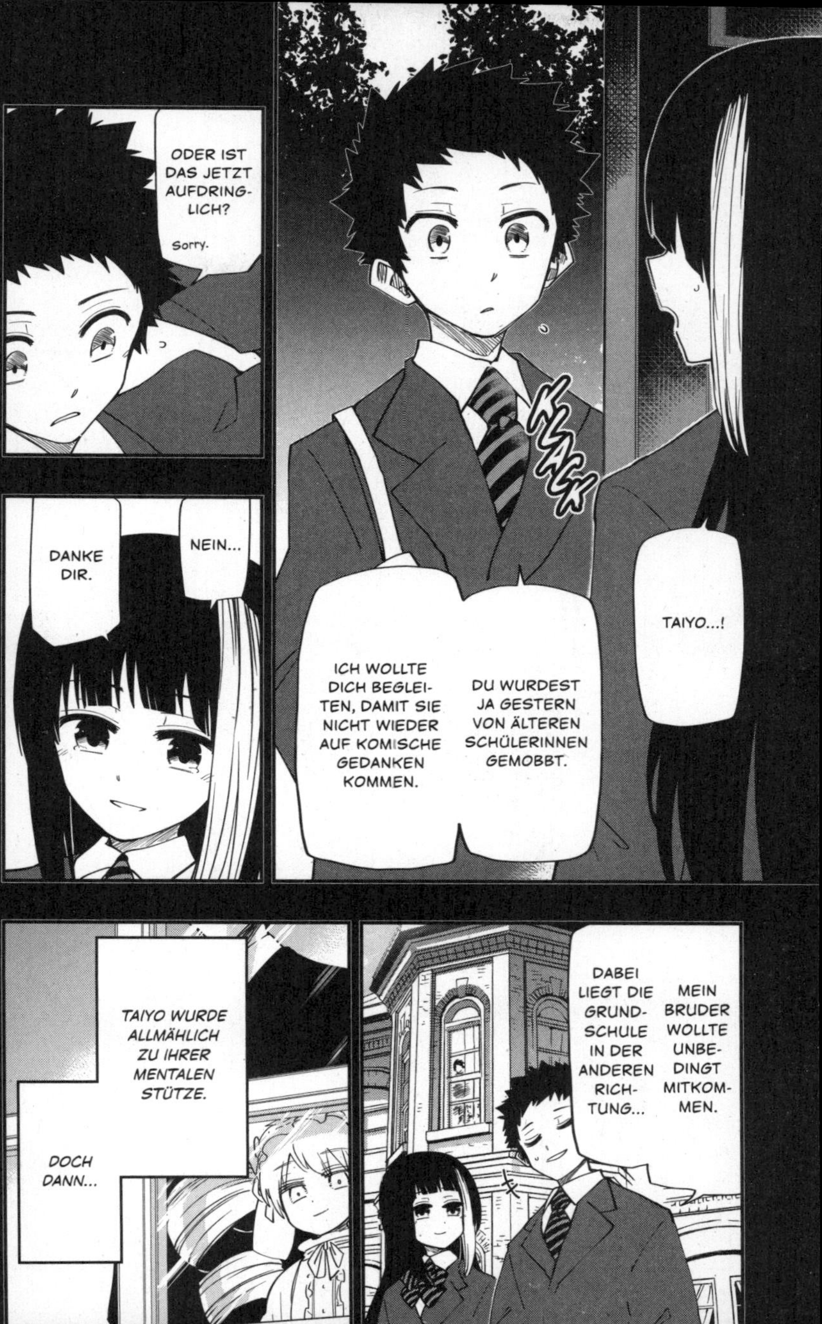
KLACK
TAIYO...!
DU WURDEST JA GESTERN VON ÄLTEREN SCHÜLERINNEN GEMOBBT.
ICH WOLLTE DICH BEGLEITEN, DAMIT SIE NICHT WIEDER AUF KOMISCHE GEDANKEN KOMMEN.
ODER IST DAS JETZT AUFDRING-LICH?
Sorry.
NEIN...
DANKE DIR.
MEIN BRUDER WOLLTE UNBEDINGT MITKOMMEN.
DABEI LIEGT DIE GRUNDSCHULE IN DER ANDEREN RICHTUNG...
TAIYO WURDE ALLMÄHLICH ZU IHRER MENTALEN STÜTZE.
DOCH DANN...

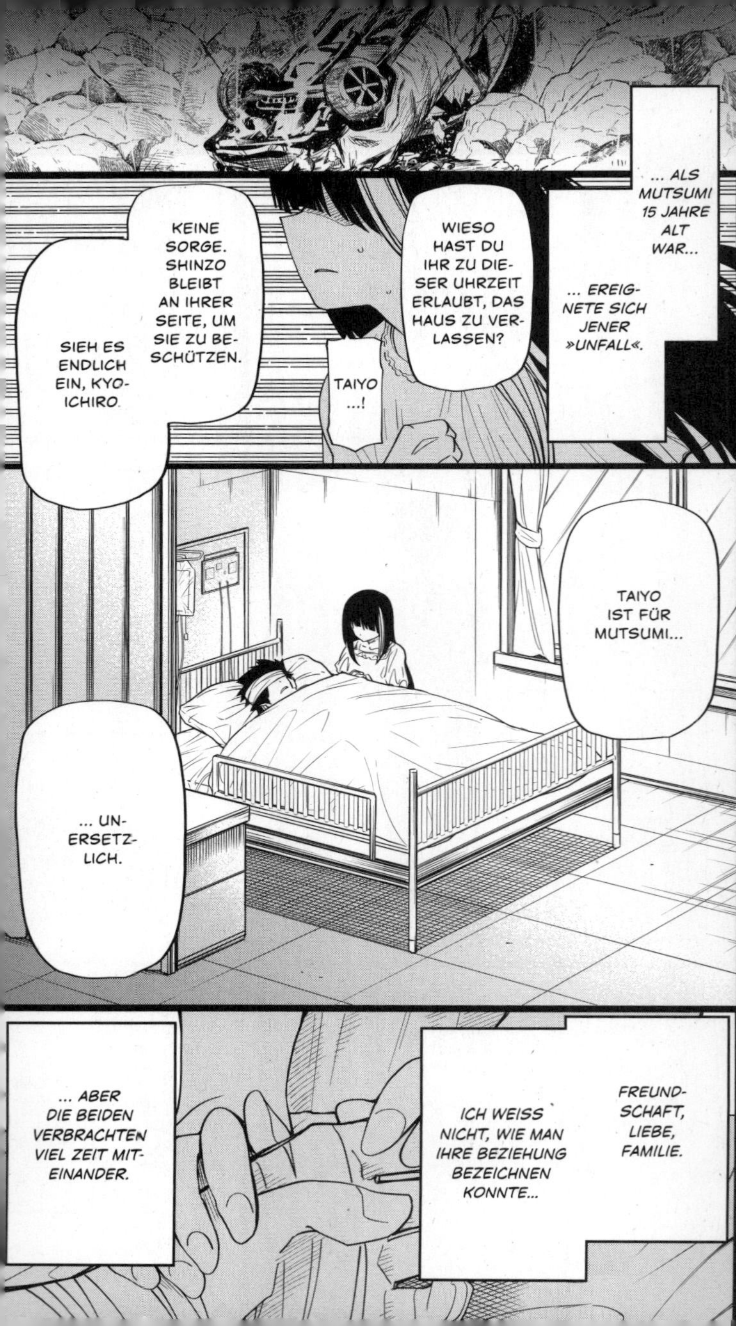
... ALS MUTSUMI 15 JAHRE ALT WAR...
... EREIGNETE SICH JENER »UNFALL«.
WIESO HAST DU IHR ZU DIESER UHRZEIT ERLAUBT, DAS HAUS ZU VERLASSEN?
TAIYO ...!
KEINE SORGE. SHINZO BLEIBT AN IHRER SEITE, UM SIE ZU BESCHÜTZEN.
SIEH ES ENDLICH EIN, KYOICHIRO.
TAIYO IST FÜR MUTSUMI...
... UNERSETZLICH.
FREUNDSCHAFT, LIEBE, FAMILIE.
ICH WEISS NICHT, WIE MAN IHRE BEZIEHUNG BEZEICHNEN KONNTE...
... ABER DIE BEIDEN VERBRACHTEN VIEL ZEIT MITEINANDER.

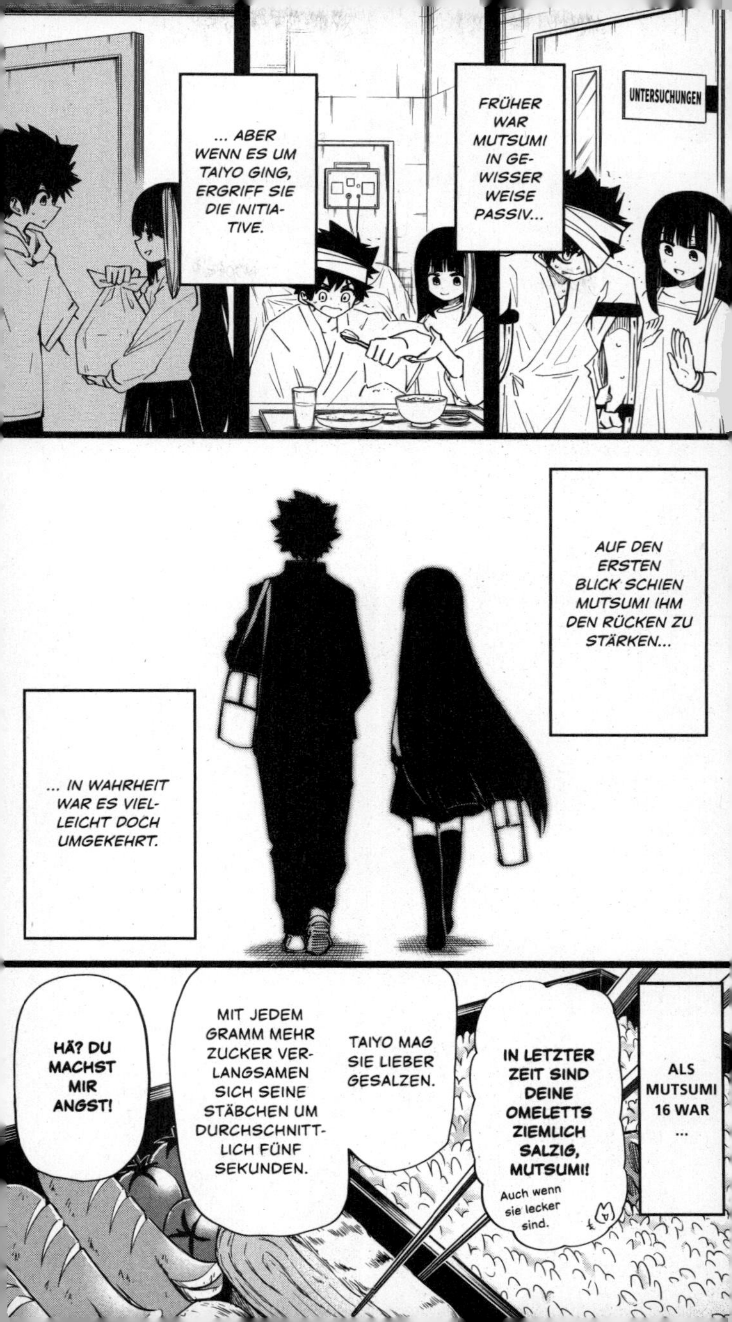
FRÜHER WAR MUTSUMI IN GEWISSER WEISE PASSIV...
UNTERSUCHUNGEN
... ABER WENN ES UM TAIYO GING, ERGRIFF SIE DIE INITIATIVE.
AUF DEN ERSTEN BLICK SCHIEN MUTSUMI IHM DEN RÜCKEN ZU STÄRKEN...
... IN WAHRHEIT WAR ES VIELLEICHT DOCH UMGEKEHRT.
ALS MUTSUMI 16 WAR ...
IN LETZTER ZEIT SIND DEINE OMELETTS ZIEMLICH SALZIG, MUTSUMI!
Auch wenn sie lecker sind.
TAIYO MAG SIE LIEBER GESALZEN.
MIT JEDEM GRAMM MEHR ZUCKER VERLANGSAMEN SICH SEINE STÄBCHEN UM DURCHSCHNITTLICH FÜNF SEKUNDEN.
HÄ? DU MACHST MIR ANGST!

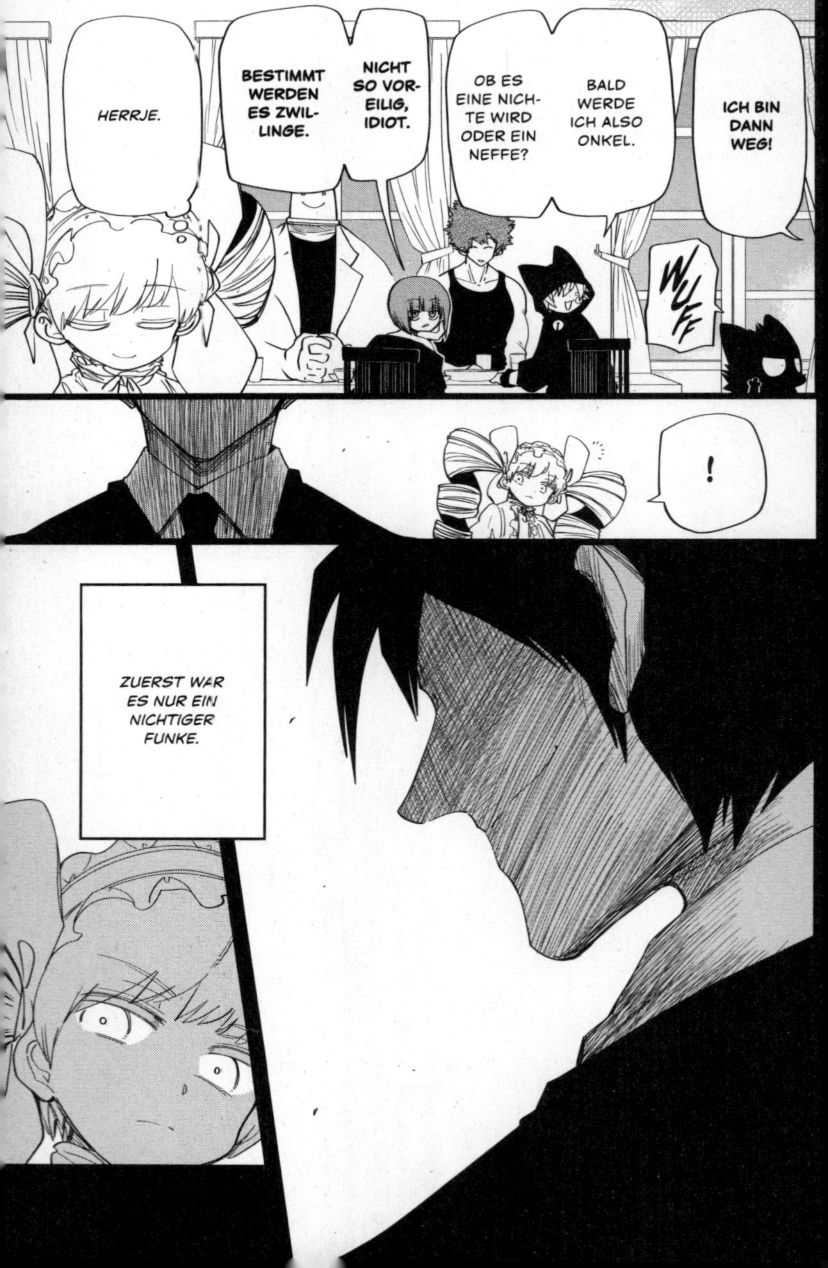
ICH BIN DANN WEG!
BALD WERDE ICH ALSO ONKEL.
OB ES EINE NICH-TE WIRD ODER EIN NEFFE?
NICHT SO VOR-EILIG, IDIOT.
BESTIMMT WERDEN ES ZWIL-LINGE.
HERRJE.
WUFF
!
ZUERST WAR ES NUR EIN NICHTIGER FUNKE.

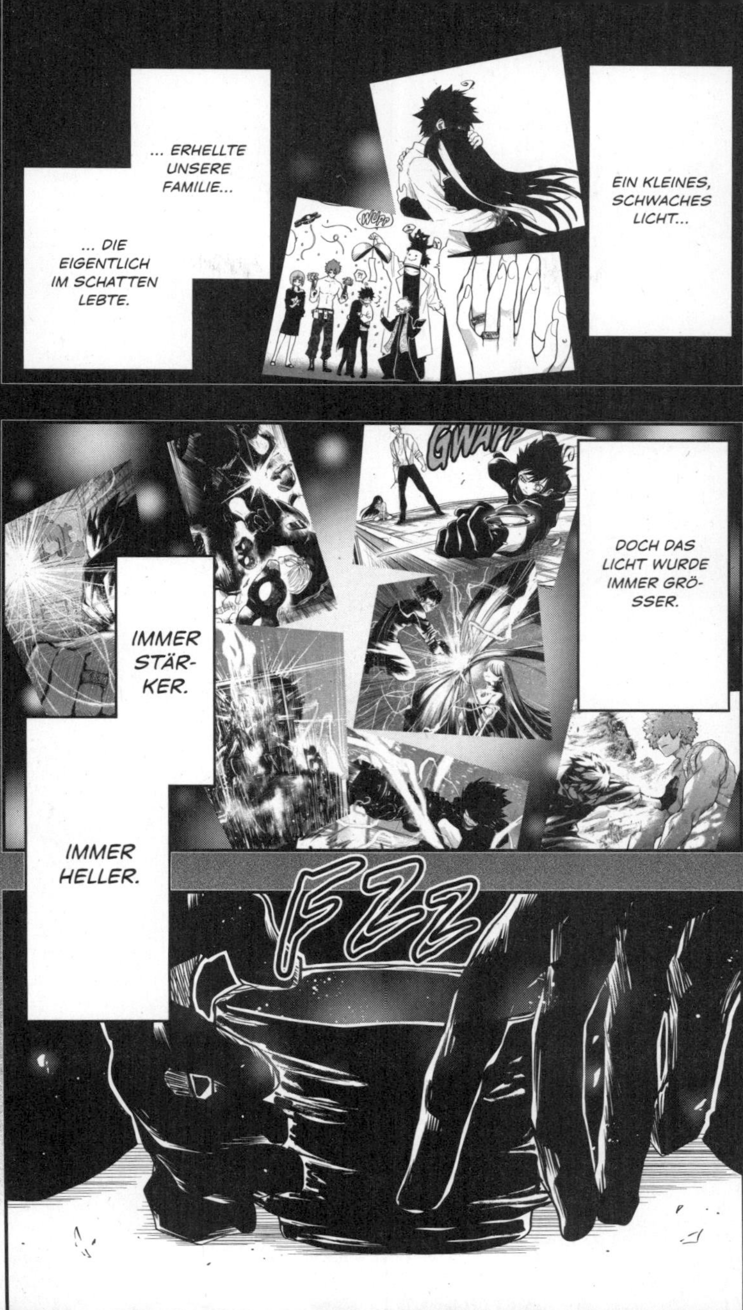
EIN KLEINES, SCHWACHES LICHT...
... ERHELLTE UNSERE FAMILIE...
... DIE EIGENTLICH IM SCHATTEN LEBTE.
WUPP
GWAPP
DOCH DAS LICHT WURDE IMMER GRÖSSER.
IMMER STÄRKER.
IMMER HELLER.
FZZ

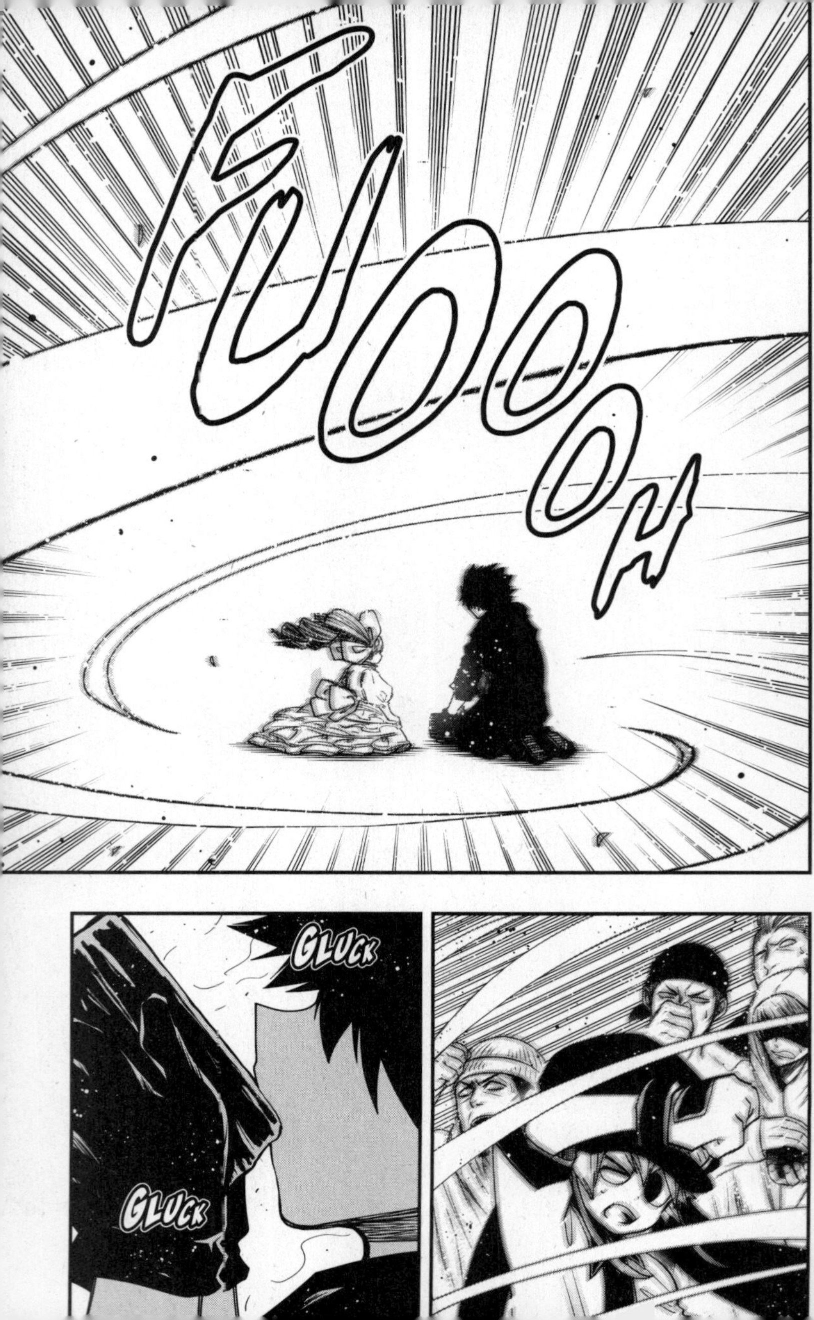
FUOOOOH
GLUCK
GLUCK

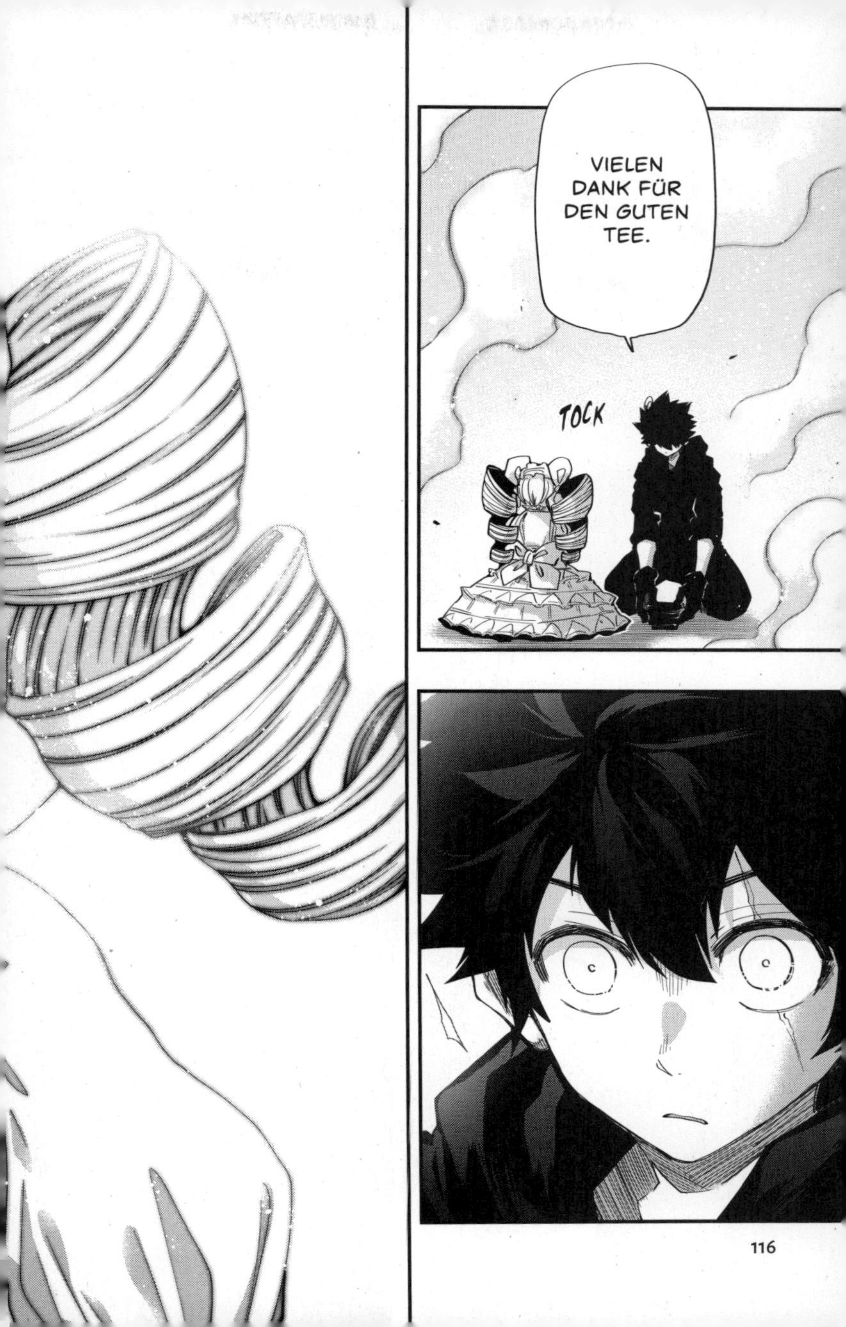
VIELEN DANK FÜR DEN GUTEN TEE.
TOCK

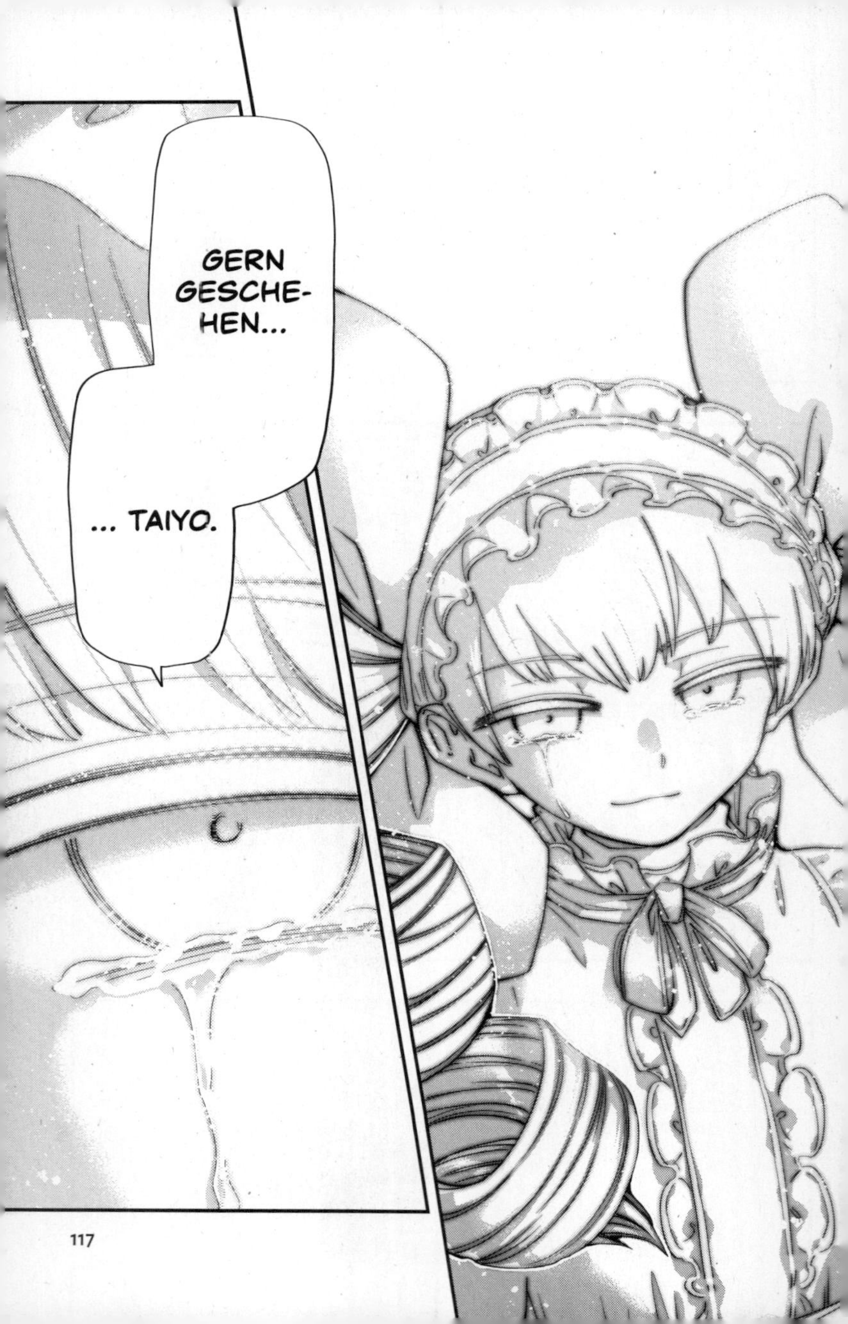
GERN GESCHE- HEN...
... TAIYO.

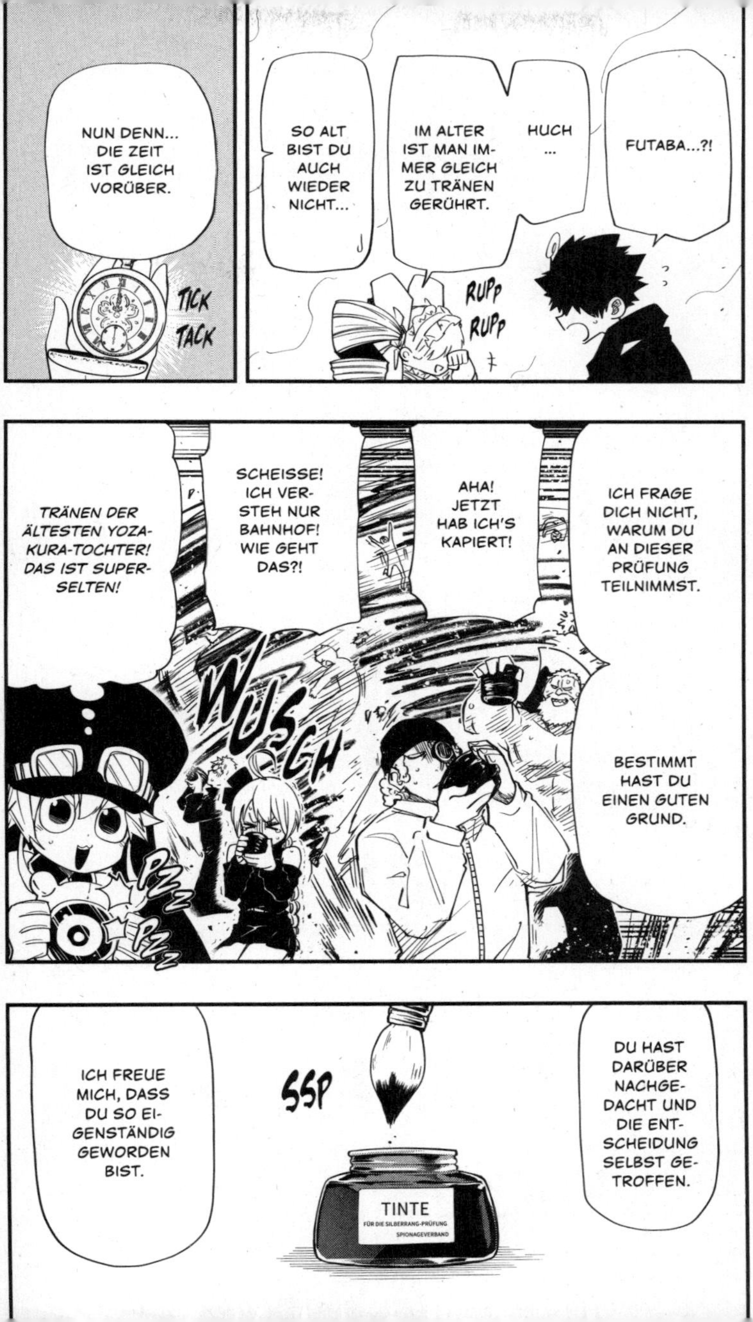
FUTABA...?!
HUCH ...
IM ALTER IST MAN IMMER GLEICH ZU TRÄNEN GERÜHRT.
SO ALT BIST DU AUCH WIEDER NICHT...
RUPP RUPP
NUN DENN... DIE ZEIT IST GLEICH VORÜBER.
TICK TACK
ICH FRAGE DICH NICHT, WARUM DU AN DIESER PRÜFUNG TEILNIMMST.
AHA! JETZT HAB ICH'S KAPIERT!
SCHEISSE! ICH VERSTEH NUR BAHNHOF! WIE GEHT DAS?!
TRÄNEN DER ÄLTESTEN YOZAKURA-TOCHTER! DAS IST SUPERSELTEN!
BESTIMMT HAST DU EINEN GUTEN GRUND.
WUSCH
PZZ PZZ
DU HAST DARÜBER NACHGEDACHT UND DIE ENTSCHEIDUNG SELBST GETROFFEN.
SSP
TINTE
FÜR DIE SILBERRANG-PRÜFUNG
SPIONAGEVERBAND
ICH FREUE MICH, DASS DU SO EIGENSTÄNDIG GEWORDEN BIST.

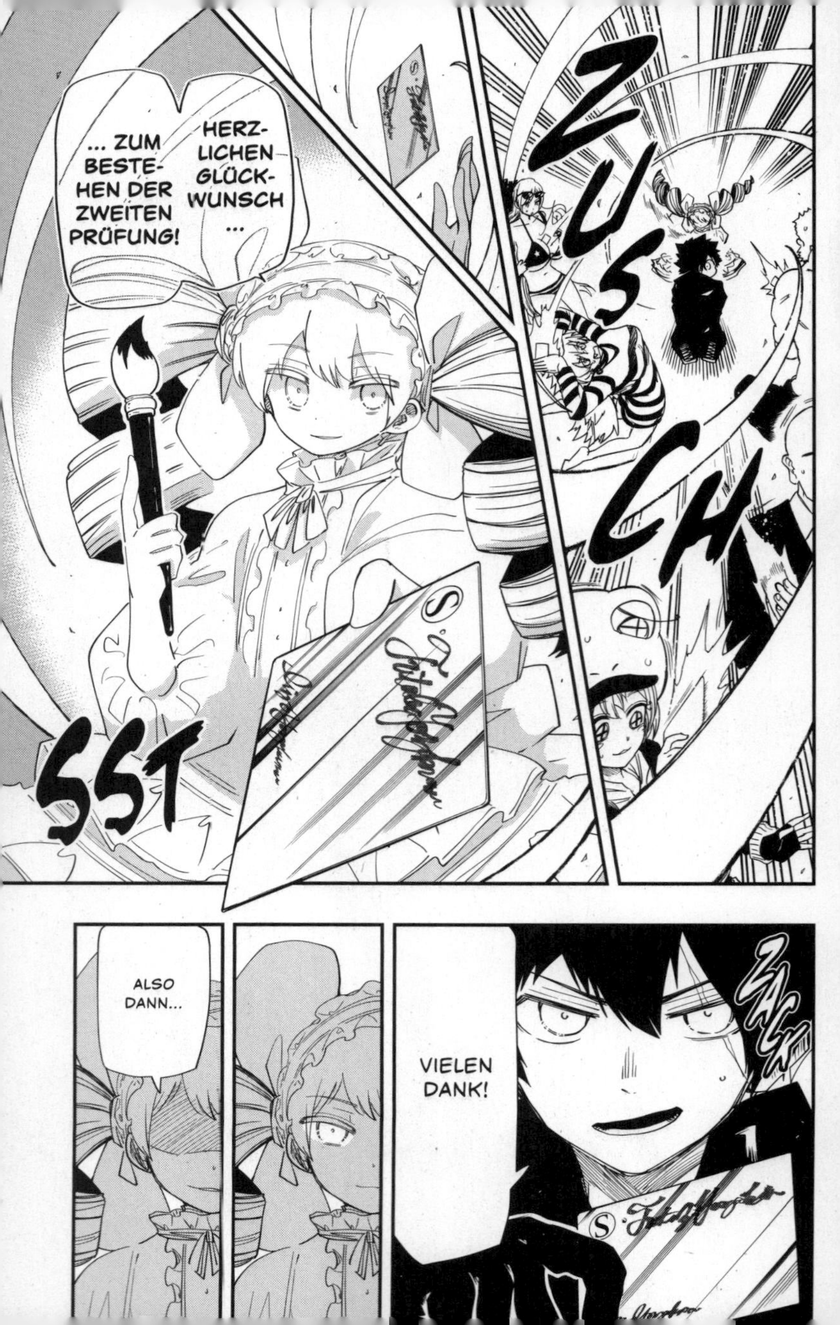
ZUSCH
HERZLICHEN GLÜCKWUNSCH ...
... ZUM BESTEHEN DER ZWEITEN PRÜFUNG!
SST
VIELEN DANK!
ALSO DANN...

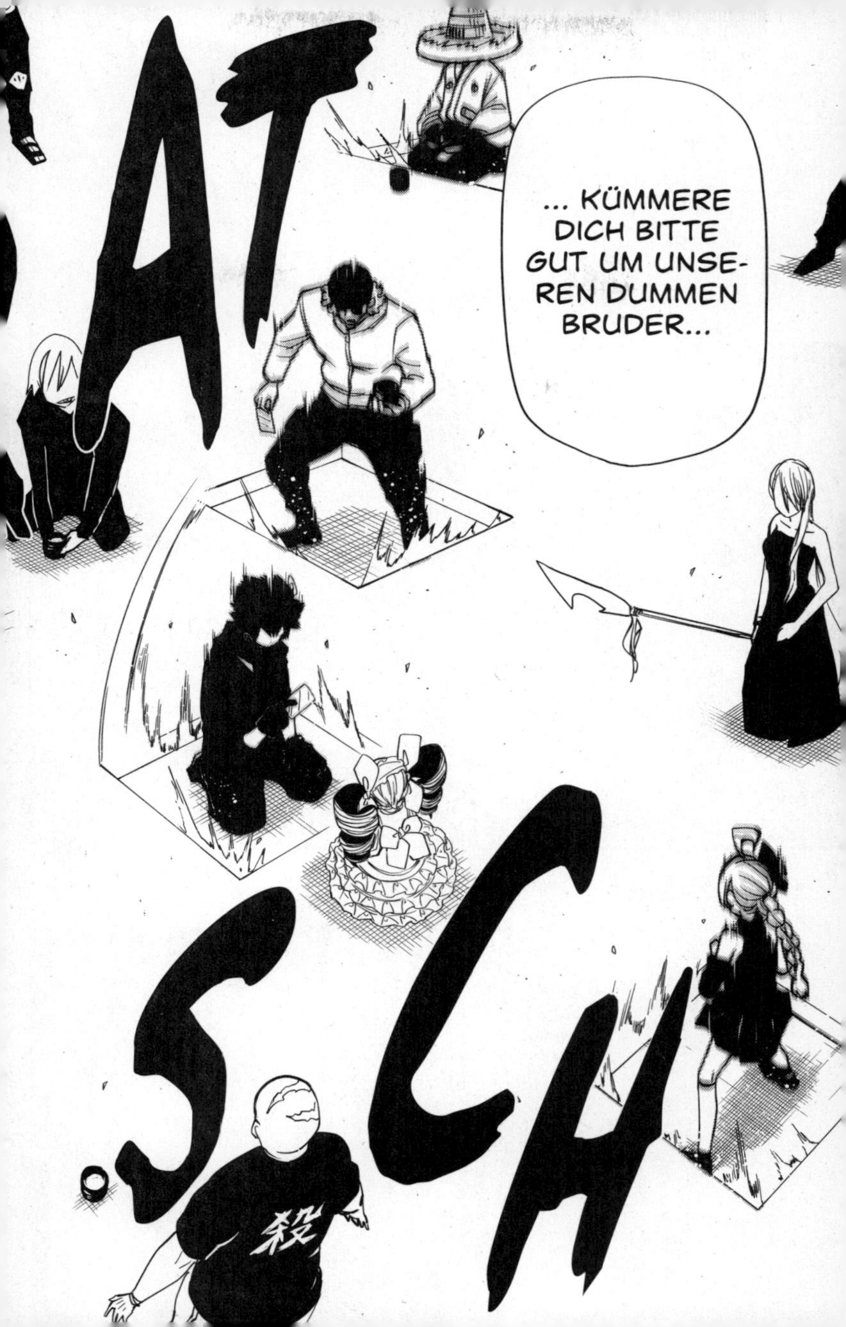
... KÜMMERE DICH BITTE GUT UM UNSE-REN DUMMEN BRUDER...
殺

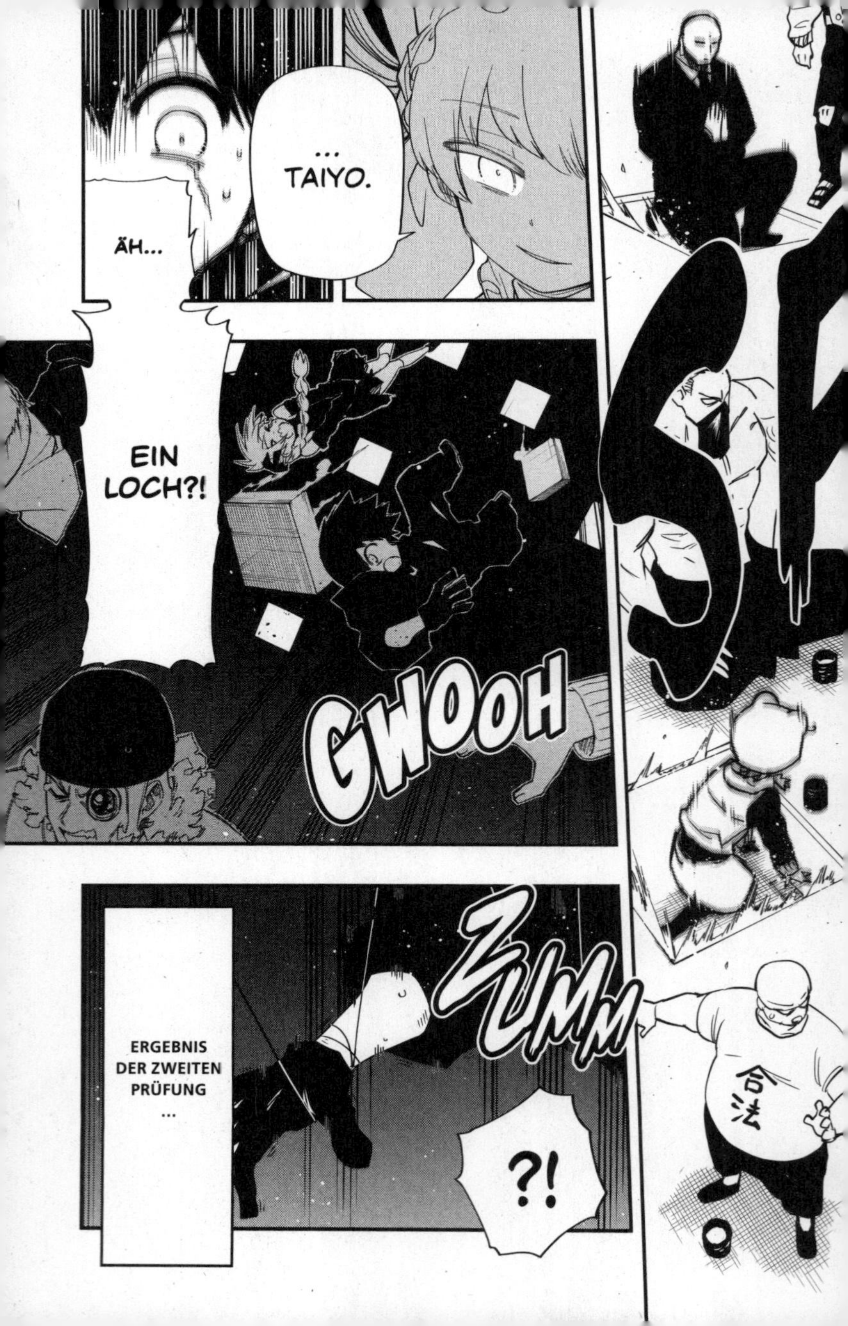
... TAIYO.
ÄH...
EIN LOCH?!
GWOOH
ZUMM
合法
?!
ERGEBNIS DER ZWEITEN PRÜFUNG ...

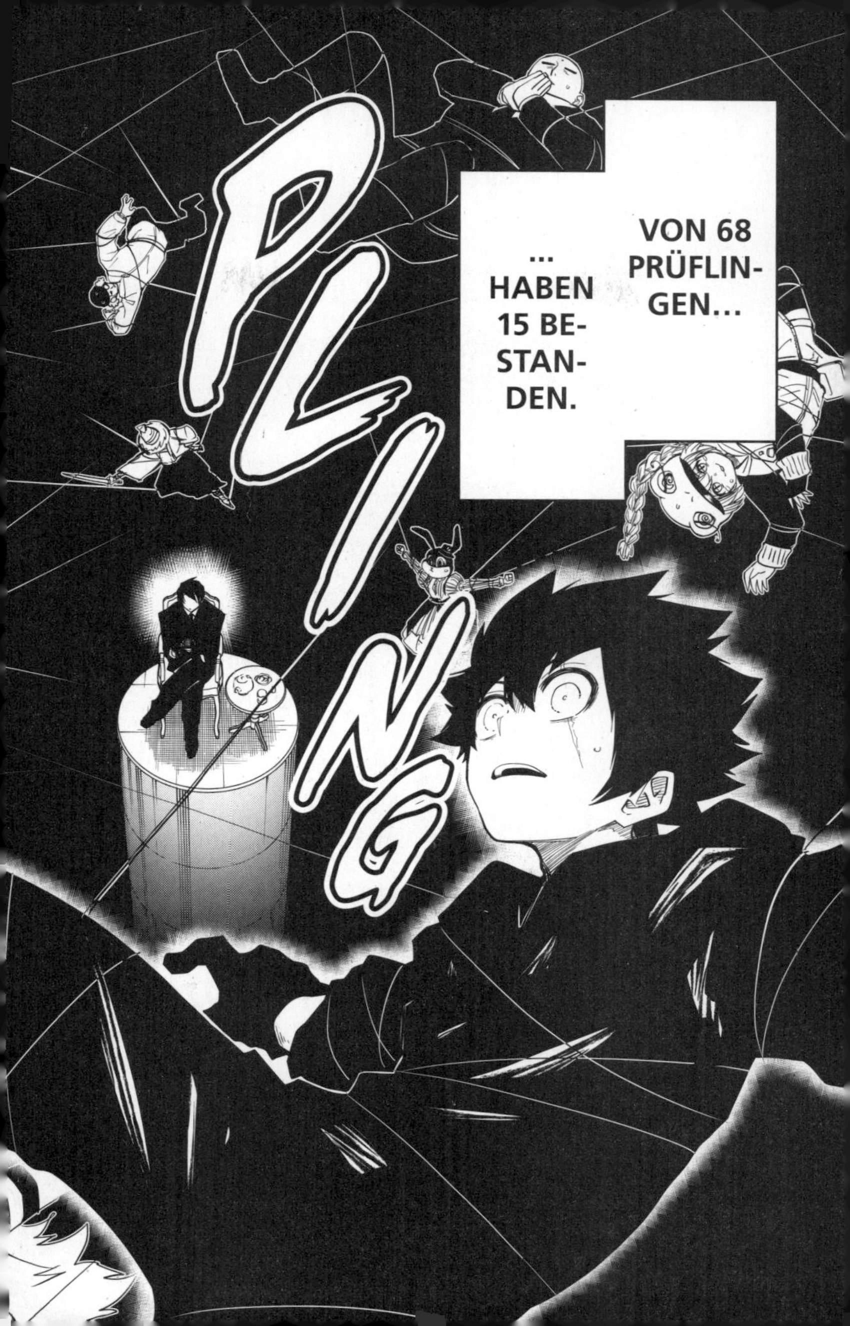
VON 68 PRÜFLINGEN...
... HABEN 15 BESTANDEN.
PLING

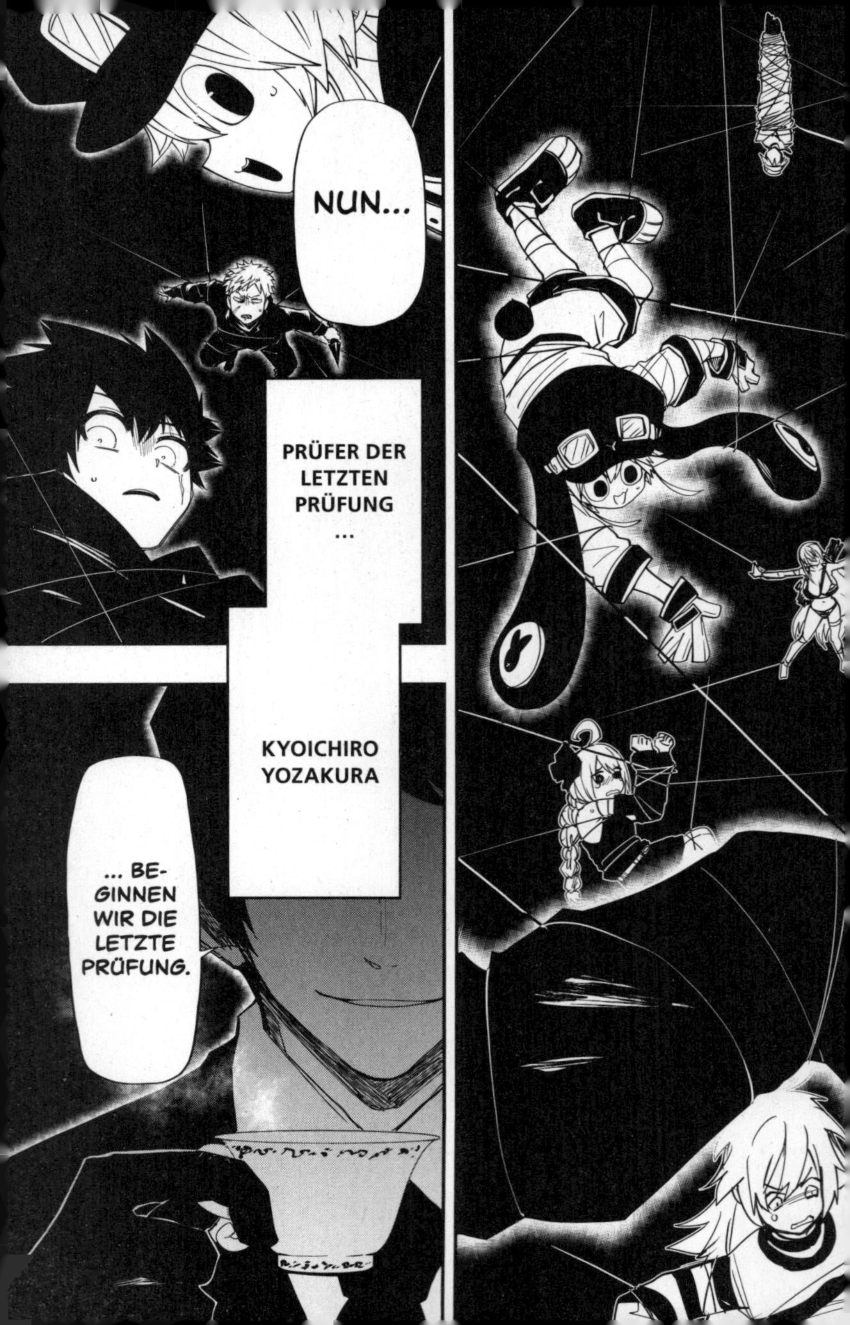
NUN...
PRÜFER DER LETZTEN PRÜFUNG ...
KYOICHIRO YOZAKURA
... BE- GINNEN WIR DIE LETZTE PRÜFUNG.

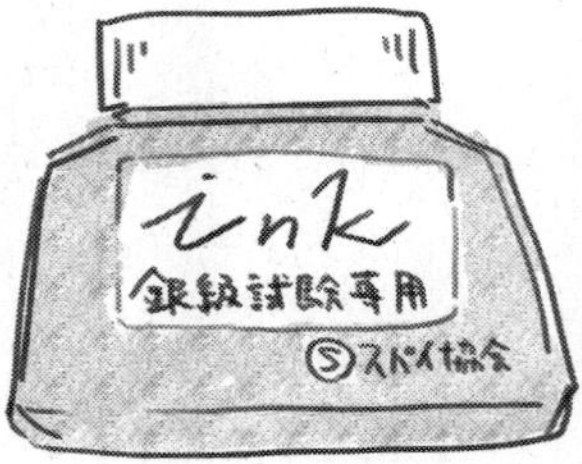

»Tinte für die Silberrang-Prüfung«

Sie besteht aus mehreren Dutzend Farben und Metallen und verändert Spionagelizenzen durch Chemie. Da der Zeitpunkt der chemischen Reaktion (und damit der Prüfungstag) ermittelt werden kann, ist eine Fälschung unmöglich.

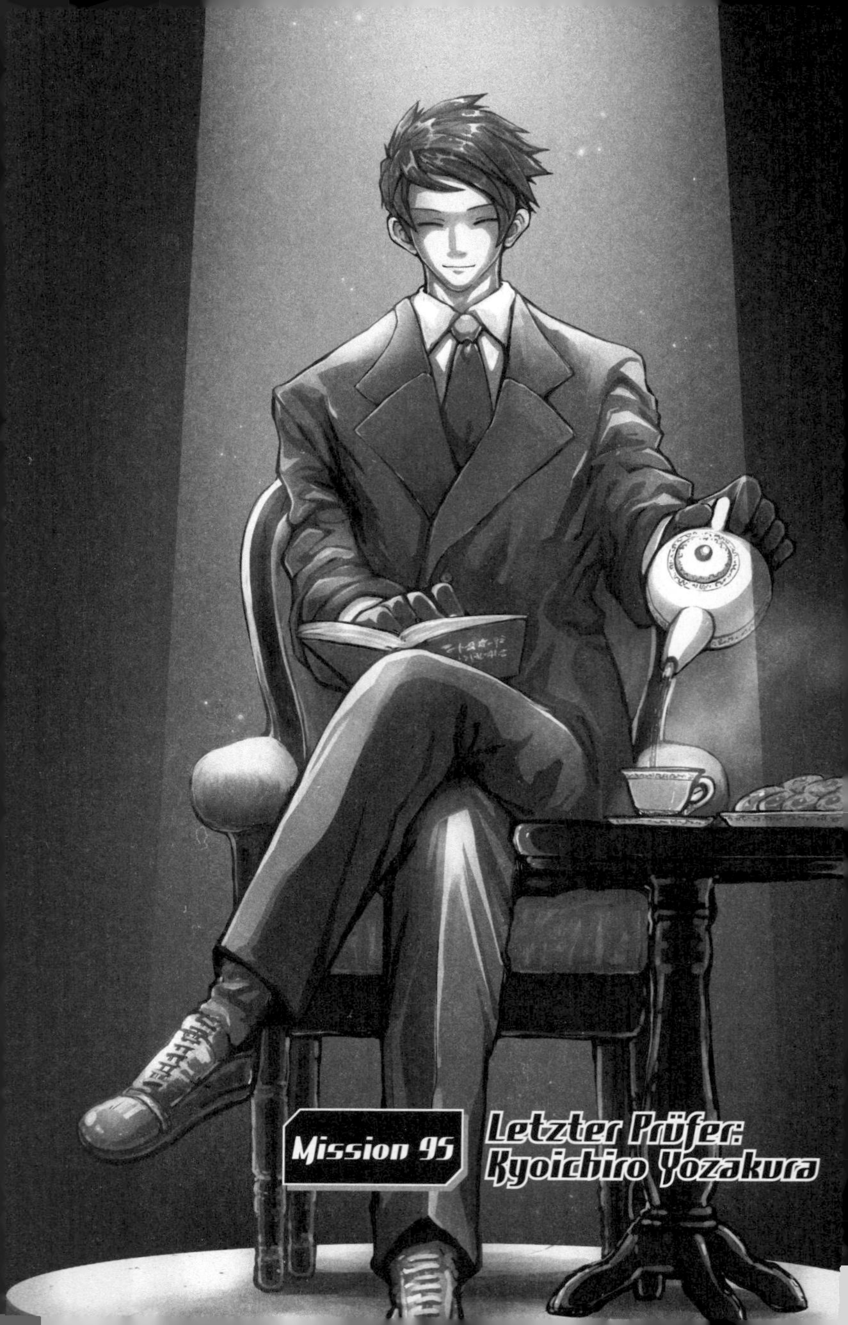
Mission 95
Letzter Prüfer:
Kyoichiro Yozakura

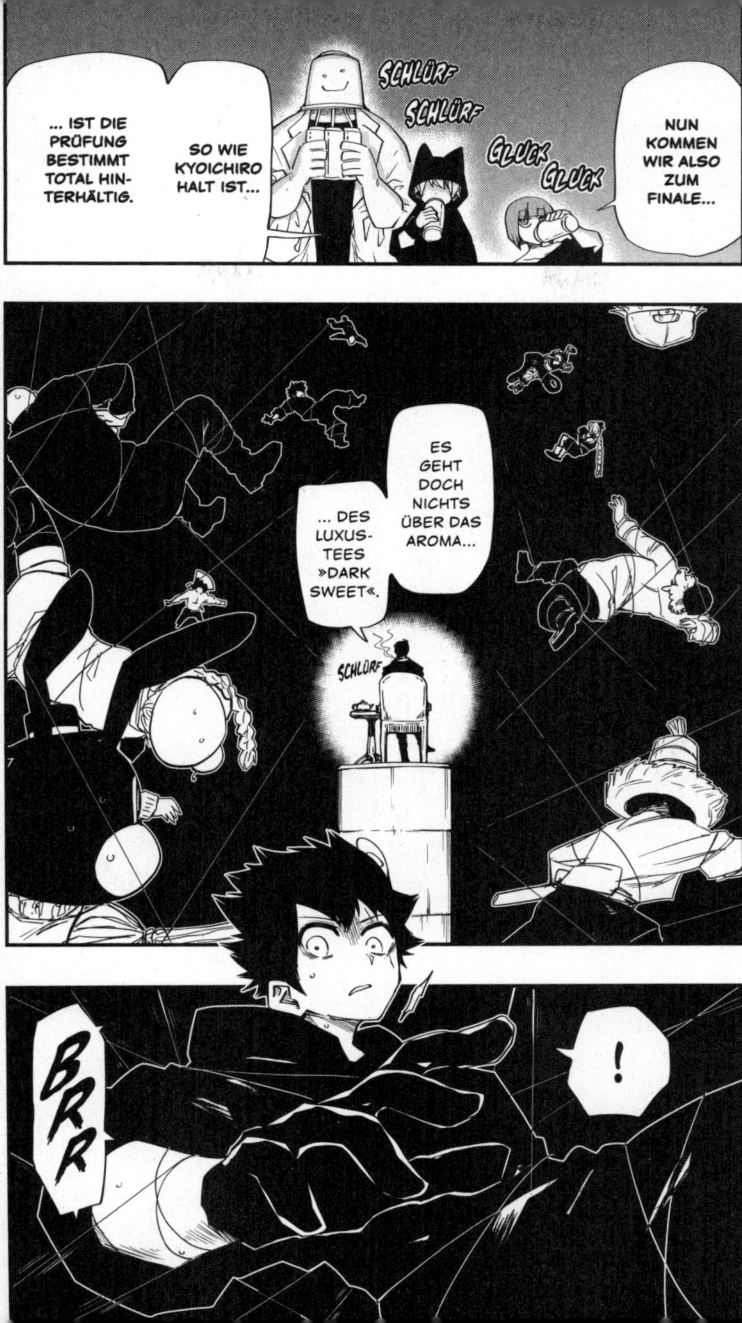
NUN KOMMEN WIR ALSO ZUM FINALE...
GLUCK GLUCK
SCHLÜRF SCHLÜRF
SO WIE KYOICHIRO HALT IST...
... IST DIE PRÜFUNG BESTIMMT TOTAL HIN-TERHÄLTIG.
ES GEHT DOCH NICHTS ÜBER DAS AROMA...
... DES LUXUS-TEES »DARK SWEET«.
SCHLÜRF
!
BRR

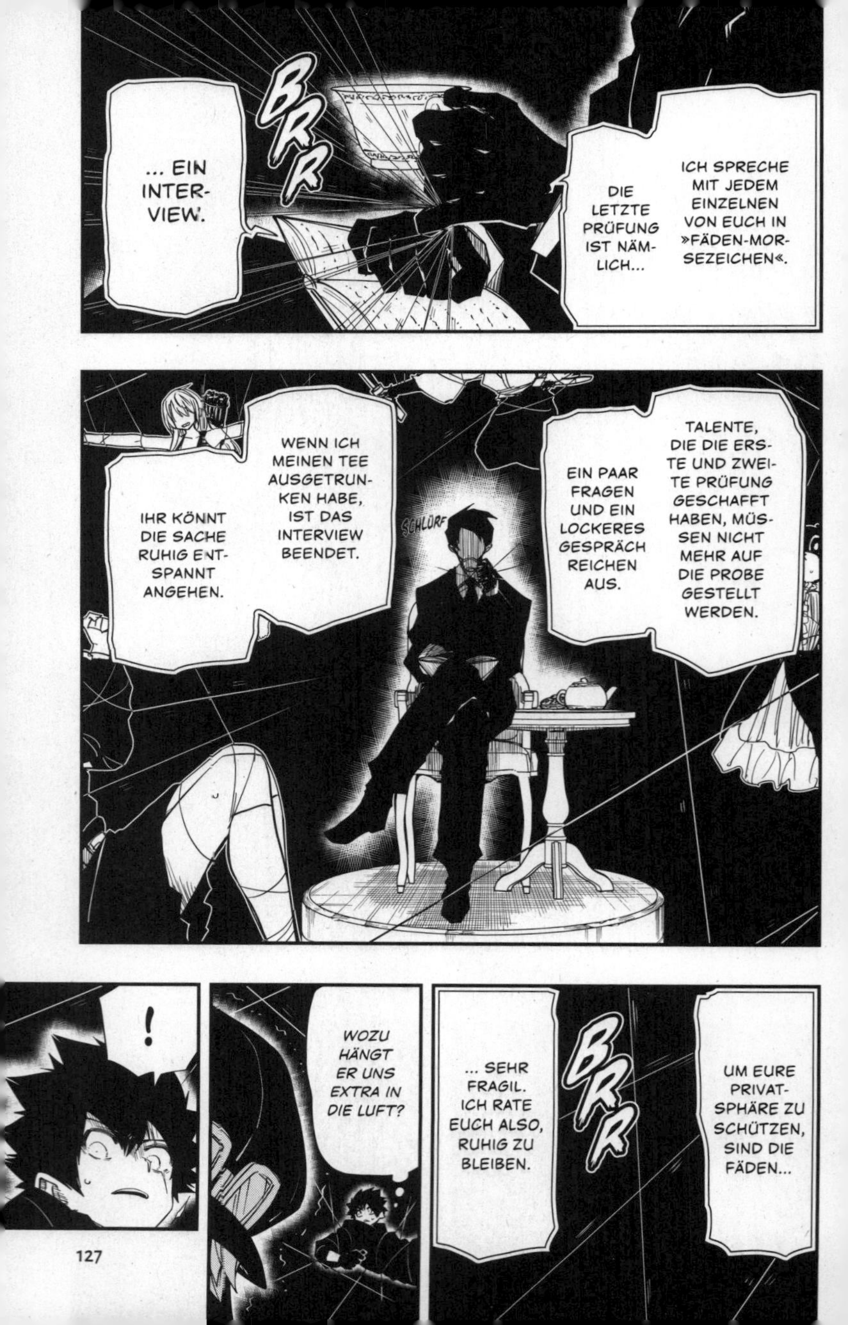
ICH SPRECHE MIT JEDEM EINZELNEN VON EUCH IN »FÄDEN-MORSEZEICHEN«.
DIE LETZTE PRÜFUNG IST NÄMLICH...
BRR
... EIN INTERVIEW.
TALENTE, DIE DIE ERSTE UND ZWEITE PRÜFUNG GESCHAFFT HABEN, MÜSSEN NICHT MEHR AUF DIE PROBE GESTELLT WERDEN.
EIN PAAR FRAGEN UND EIN LOCKERES GESPRÄCH REICHEN AUS.
SCHLÜRF
WENN ICH MEINEN TEE AUSGETRUNKEN HABE, IST DAS INTERVIEW BEENDET.
IHR KÖNNT DIE SACHE RUHIG ENTSPANNT ANGEHEN.
UM EURE PRIVATSPHÄRE ZU SCHÜTZEN, SIND DIE FÄDEN...
BRR
... SEHR FRAGIL. ICH RATE EUCH ALSO, RUHIG ZU BLEIBEN.
WOZU HÄNGT ER UNS EXTRA IN DIE LUFT?
!

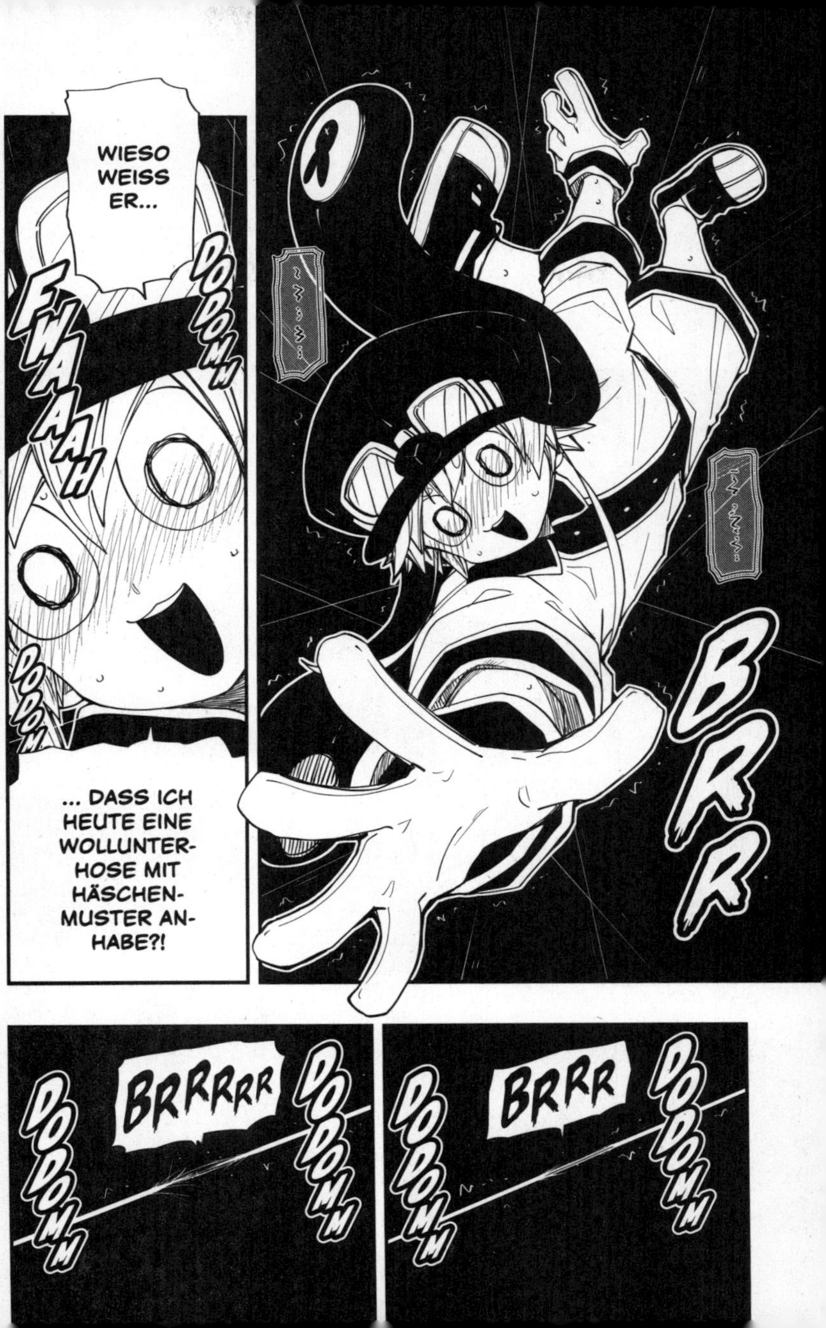
WIESO WEISS ER...
DODOMM
FWAAAAH
DODOMM
... DASS ICH HEUTE EINE WOLLUNTER-HOSE MIT HÄSCHEN-MUSTER AN-HABE?!
BRRR
BRRRRR
DODOMM
DODOMM
BRRR
DODOMM
DODOMM

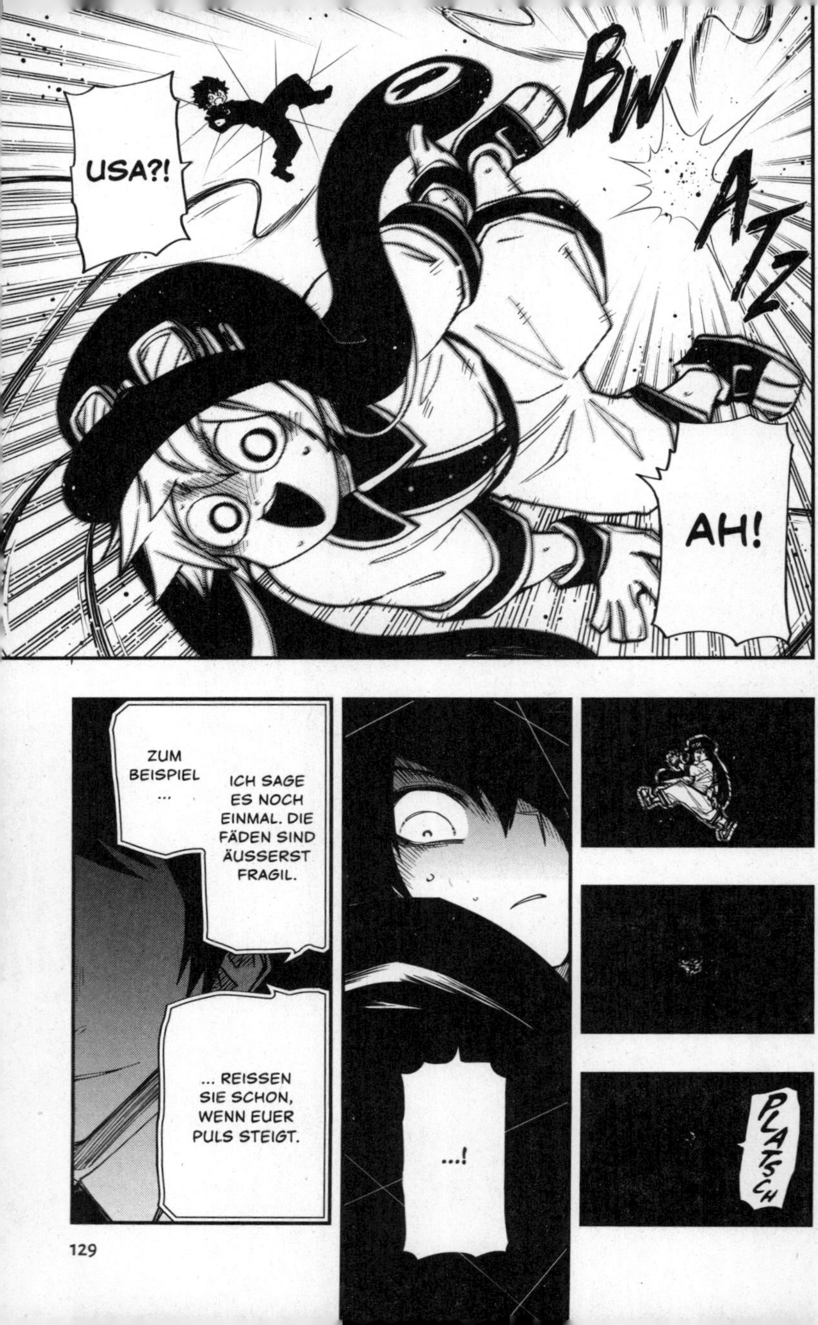
BWATZ
AH!
USA?!
PLATSCH
...!
ICH SAGE ES NOCH EINMAL. DIE FÄDEN SIND ÄUSSERST FRAGIL.
ZUM BEISPIEL ...
... REISSEN SIE SCHON, WENN EUER PULS STEIGT.

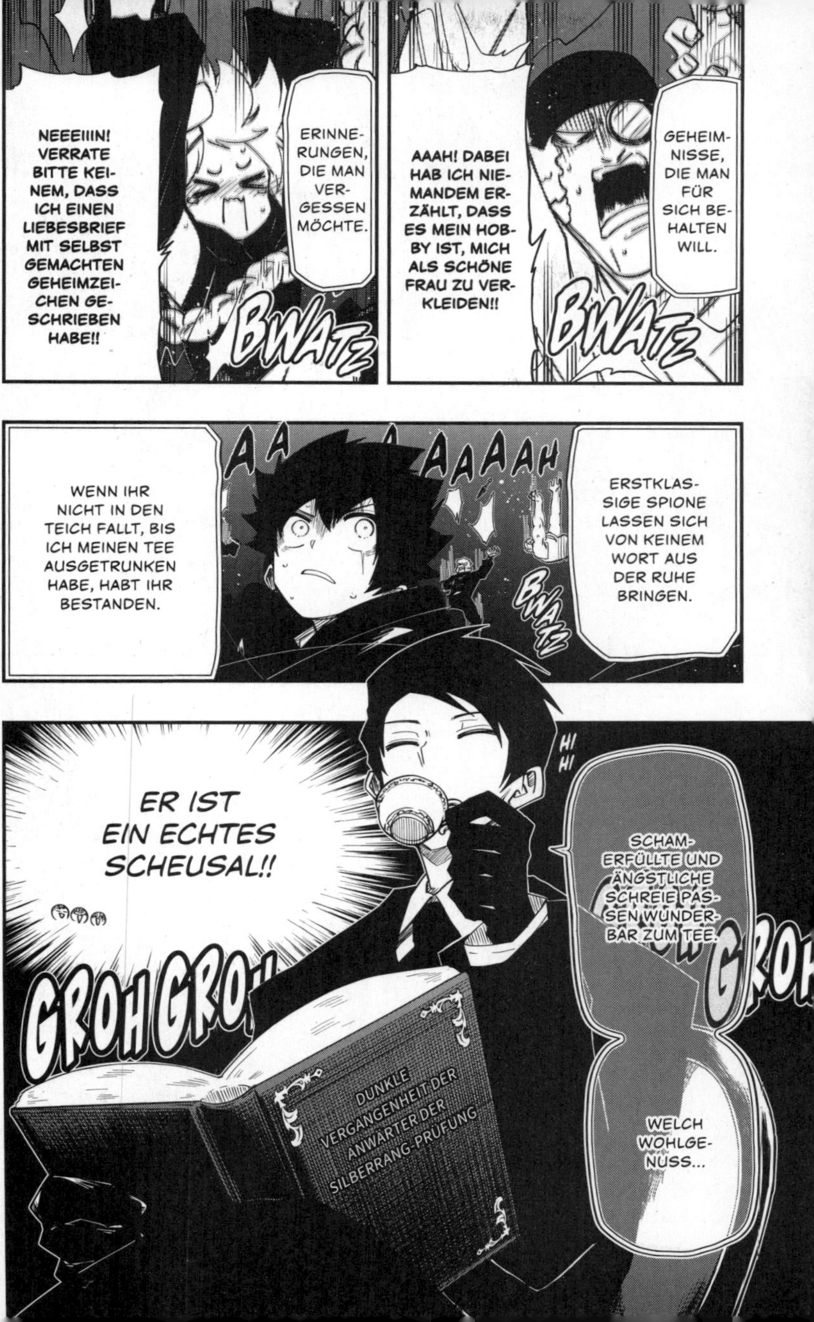

GEHEIMNISSE, DIE MAN FÜR SICH BEHALTEN WILL.
AAAH! DABEI HAB ICH NIEMANDEM ERZÄHLT, DASS ES MEIN HOBBY IST, MICH ALS SCHÖNE FRAU ZU VERKLEIDEN!!
BWATZ
ERINNERUNGEN, DIE MAN VERGESSEN MÖCHTE.
NEEEIIIN! VERRATE BITTE KEINEM, DASS ICH EINEN LIEBESBRIEF MIT SELBST GEMACHTEN GEHEIMZEICHEN GESCHRIEBEN HABE!!
BWATZ
ERSTKLASSIGE SPIONE LASSEN SICH VON KEINEM WORT AUS DER RUHE BRINGEN.
A A A AAAAH
BWATZ
WENN IHR NICHT IN DEN TEICH FALLT, BIS ICH MEINEN TEE AUSGETRUNKEN HABE, HABT IHR BESTANDEN.
HI HI
SCHAMERFÜLLTE UND ÄNGSTLICHE SCHREIE PASSEN WUNDERBAR ZUM TEE.
WELCH WOHLGENUSS...
ER IST EIN ECHTES SCHEUSAL!!
GROH GROH
GROH
DUNKLE VERGANGENHEIT DER ANWÄRTER DER SILBERRANG-PRÜFUNG

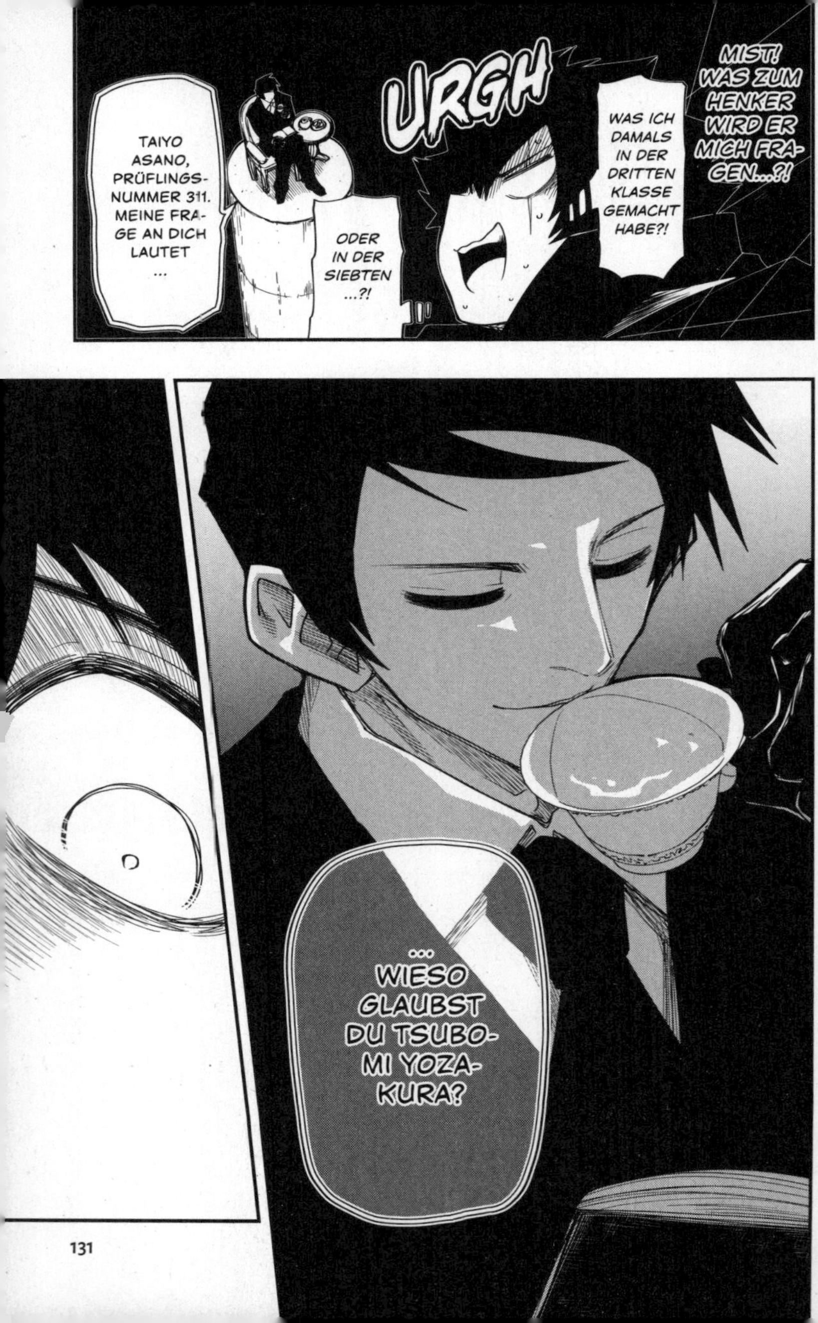
MIST! WAS ZUM HENKER WIRD ER MICH FRAGEN...?!
WAS ICH DAMALS IN DER DRITTEN KLASSE GEMACHT HABE?!
URGH
ODER IN DER SIEBTEN ...?!
TAIYO ASANO, PRÜFLINGSNUMMER 311. MEINE FRAGE AN DICH LAUTET ...
... WIESO GLAUBST DU TSUBOMI YOZAKURA?

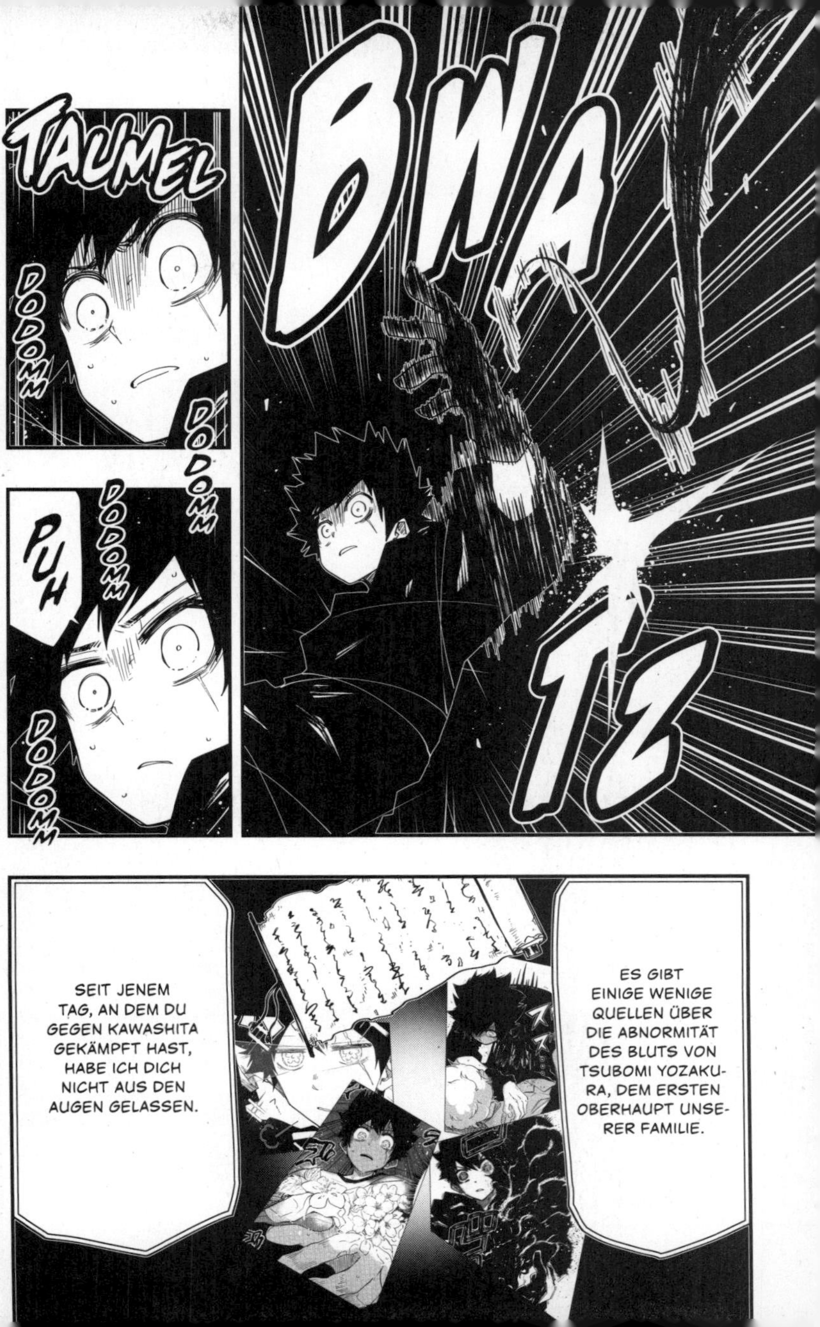
BWA
TZ
TAUMEL
DODOMM
DODOMM
DODOMM
PUH
DODOMM
ES GIBT EINIGE WENIGE QUELLEN ÜBER DIE ABNORMITÄT DES BLUTS VON TSUBOMI YOZAKU-RA, DEM ERSTEN OBERHAUPT UNSE-RER FAMILIE.
SEIT JENEM TAG, AN DEM DU GEGEN KAWASHITA GEKÄMPFT HAST, HABE ICH DICH NICHT AUS DEN AUGEN GELASSEN.

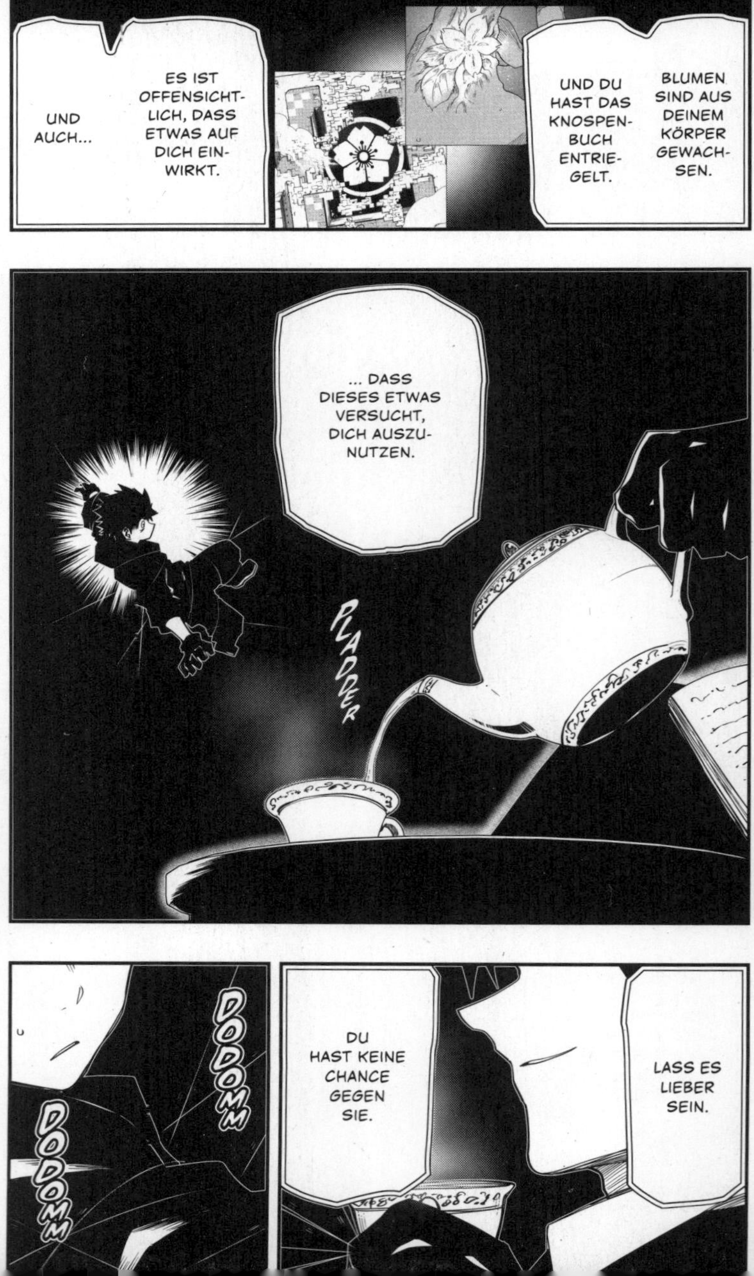
BLUMEN SIND AUS DEINEM KÖRPER GEWACHSEN.
UND DU HAST DAS KNOSPENBUCH ENTRIEGELT.
ES IST OFFENSICHTLICH, DASS ETWAS AUF DICH EINWIRKT.
UND AUCH...
... DASS DIESES ETWAS VERSUCHT, DICH AUSZUNUTZEN.
PLADDER
LASS ES LIEBER SEIN.
DU HAST KEINE CHANCE GEGEN SIE.
DODOMM
DODOMM

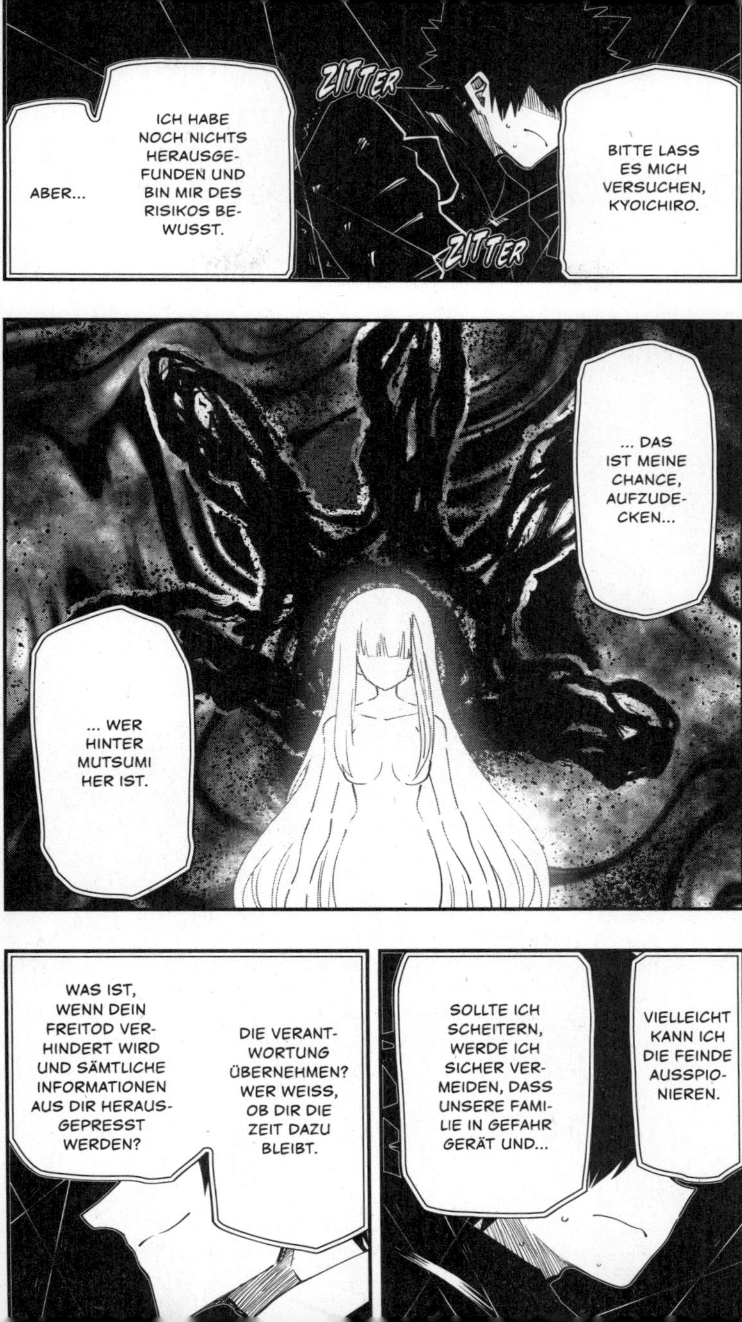
ZITTER
BITTE LASS ES MICH VERSUCHEN, KYOICHIRO.
ICH HABE NOCH NICHTS HERAUSGE- FUNDEN UND BIN MIR DES RISIKOS BE- WUSST.
ABER...
ZITTER
... DAS IST MEINE CHANCE, AUFZUDE- CKEN...
... WER HINTER MUTSUMI HER IST.
VIELLEICHT KANN ICH DIE FEINDE AUSSPIO- NIEREN.
SOLLTE ICH SCHEITERN, WERDE ICH SICHER VER- MEIDEN, DASS UNSERE FAMI- LIE IN GEFAHR GERÄT UND...
DIE VERANT- WORTUNG ÜBERNEHMEN? WER WEISS, OB DIR DIE ZEIT DAZU BLEIBT.
WAS IST, WENN DEIN FREITOD VER- HINDERT WIRD UND SÄMTLICHE INFORMATIONEN AUS DIR HERAUS- GEPRESST WERDEN?

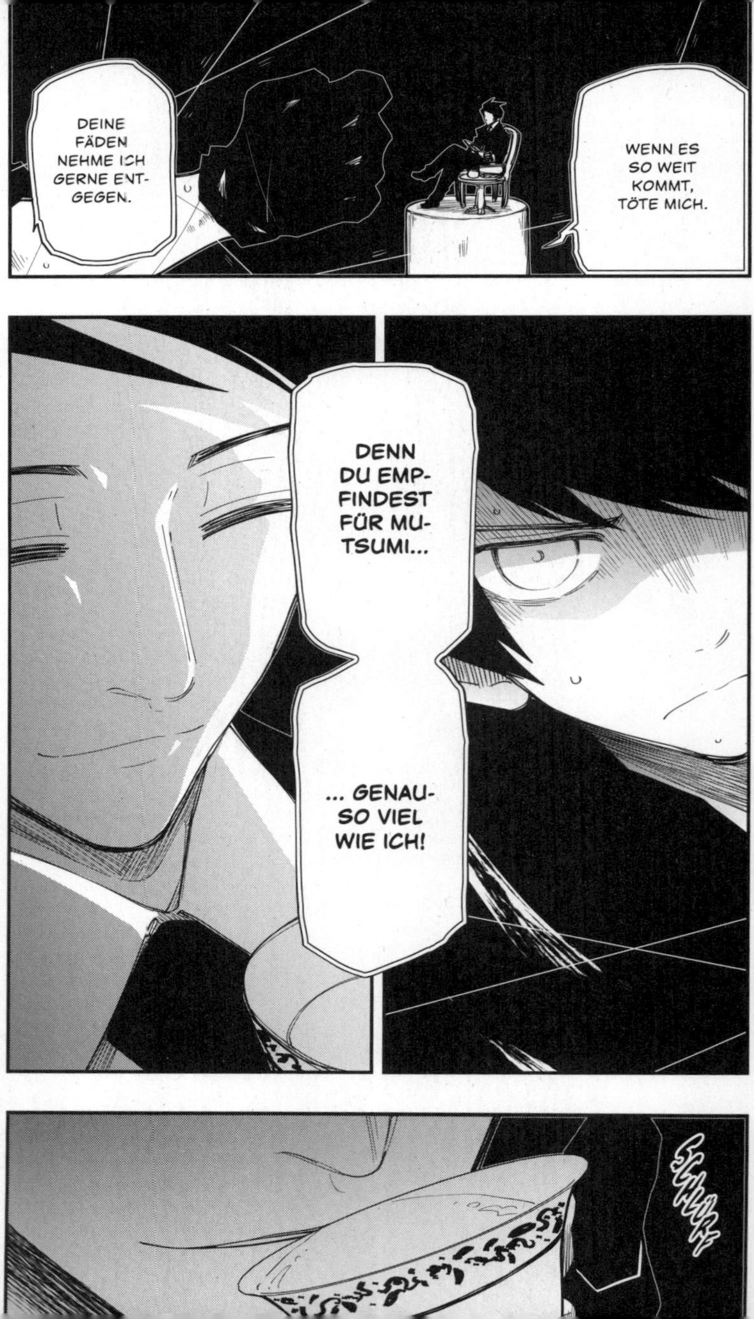
WENN ES SO WEIT KOMMT, TÖTE MICH.
DEINE FÄDEN NEHME ICH GERNE ENT-GEGEN.
DENN DU EMP-FINDEST FÜR MU-TSUMI...
... GENAU-SO VIEL WIE ICH!
SCHLÜRF

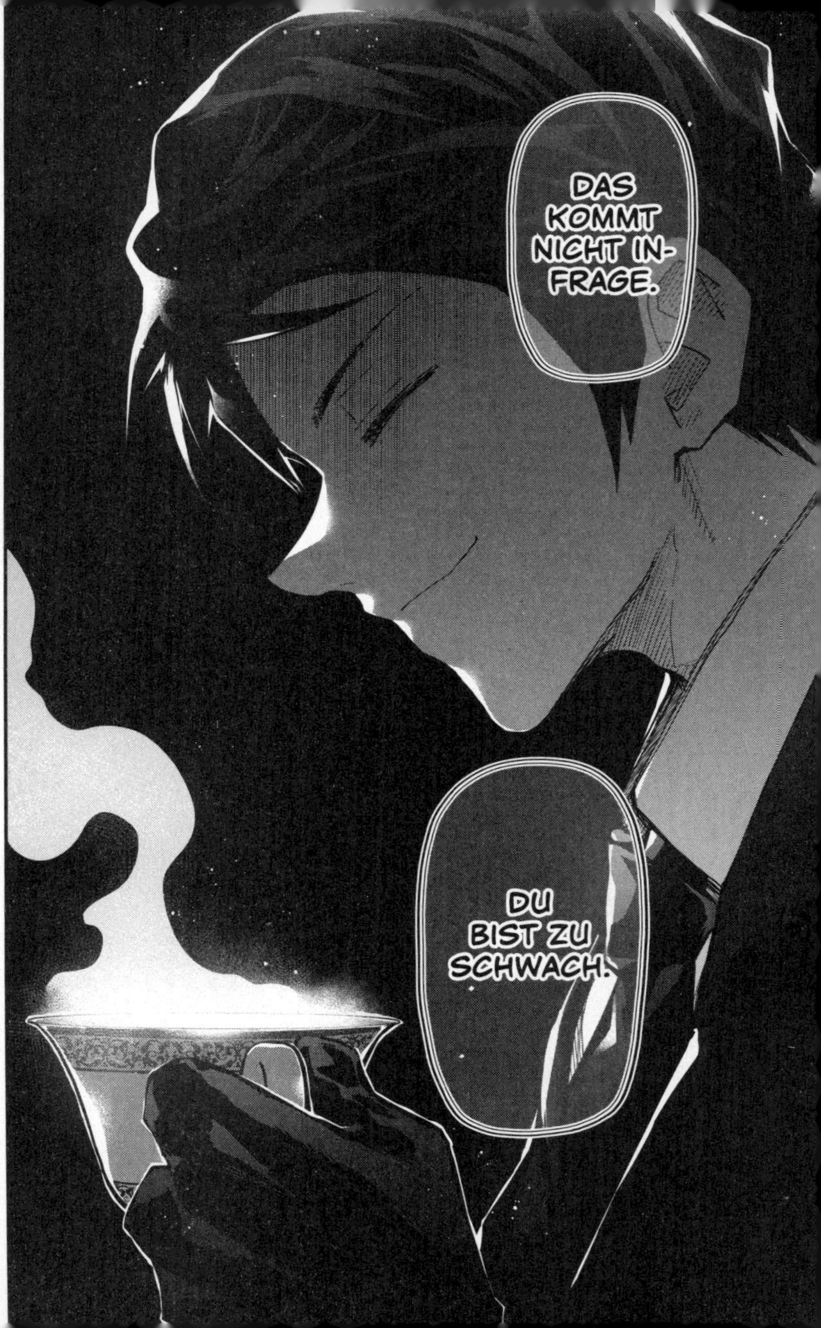
DAS KOMMT NICHT IN-FRAGE.
DU BIST ZU SCHWACH.

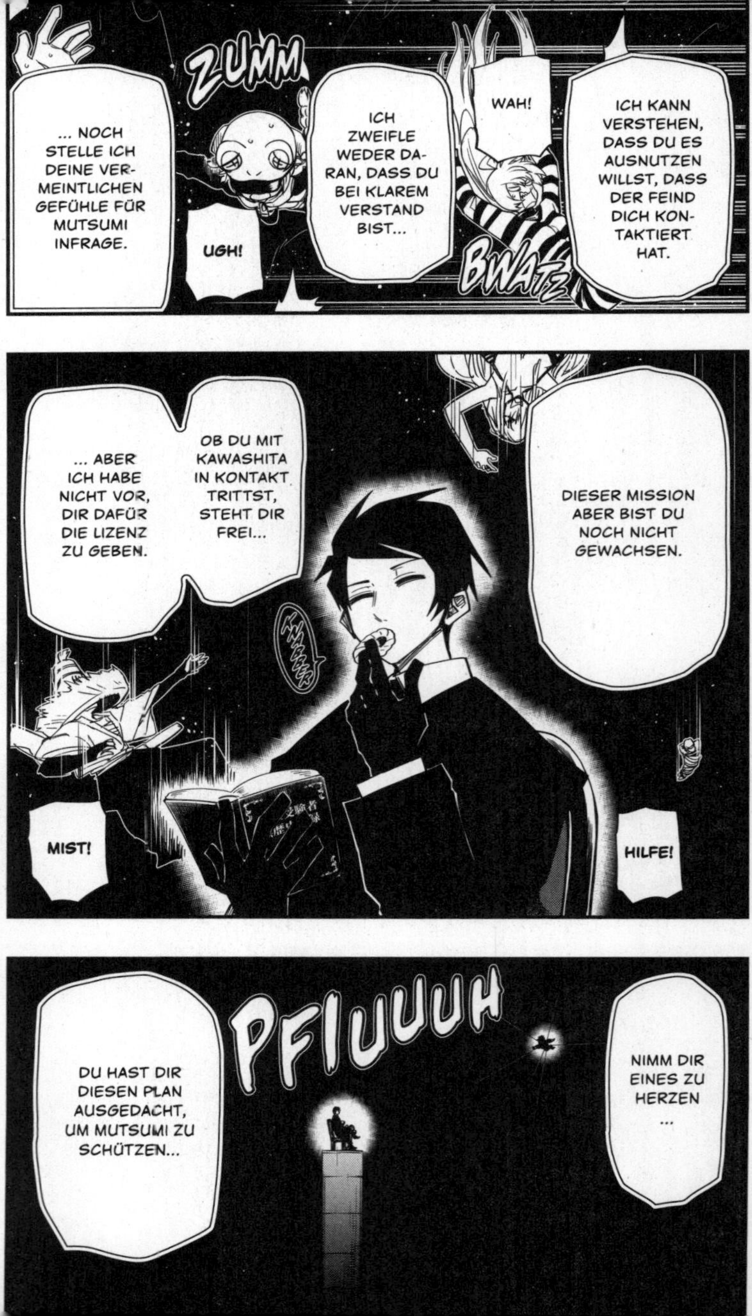
ICH KANN VERSTEHEN, DASS DU ES AUSNUTZEN WILLST, DASS DER FEIND DICH KONTAKTIERT HAT.
BWATZ
WAH!
ICH ZWEIFLE WEDER DARAN, DASS DU BEI KLAREM VERSTAND BIST...
ZUMM
UGH!
... NOCH STELLE ICH DEINE VERMEINTLICHEN GEFÜHLE FÜR MUTSUMI INFRAGE.
DIESER MISSION ABER BIST DU NOCH NICHT GEWACHSEN.
OB DU MIT KAWASHITA IN KONTAKT TRITTST, STEHT DIR FREI...
... ABER ICH HABE NICHT VOR, DIR DAFÜR DIE LIZENZ ZU GEBEN.
KNABBER
HILFE!
MIST!
NIMM DIR EINES ZU HERZEN ...
PFIUUUH
DU HAST DIR DIESEN PLAN AUSGEDACHT, UM MUTSUMI ZU SCHÜTZEN...

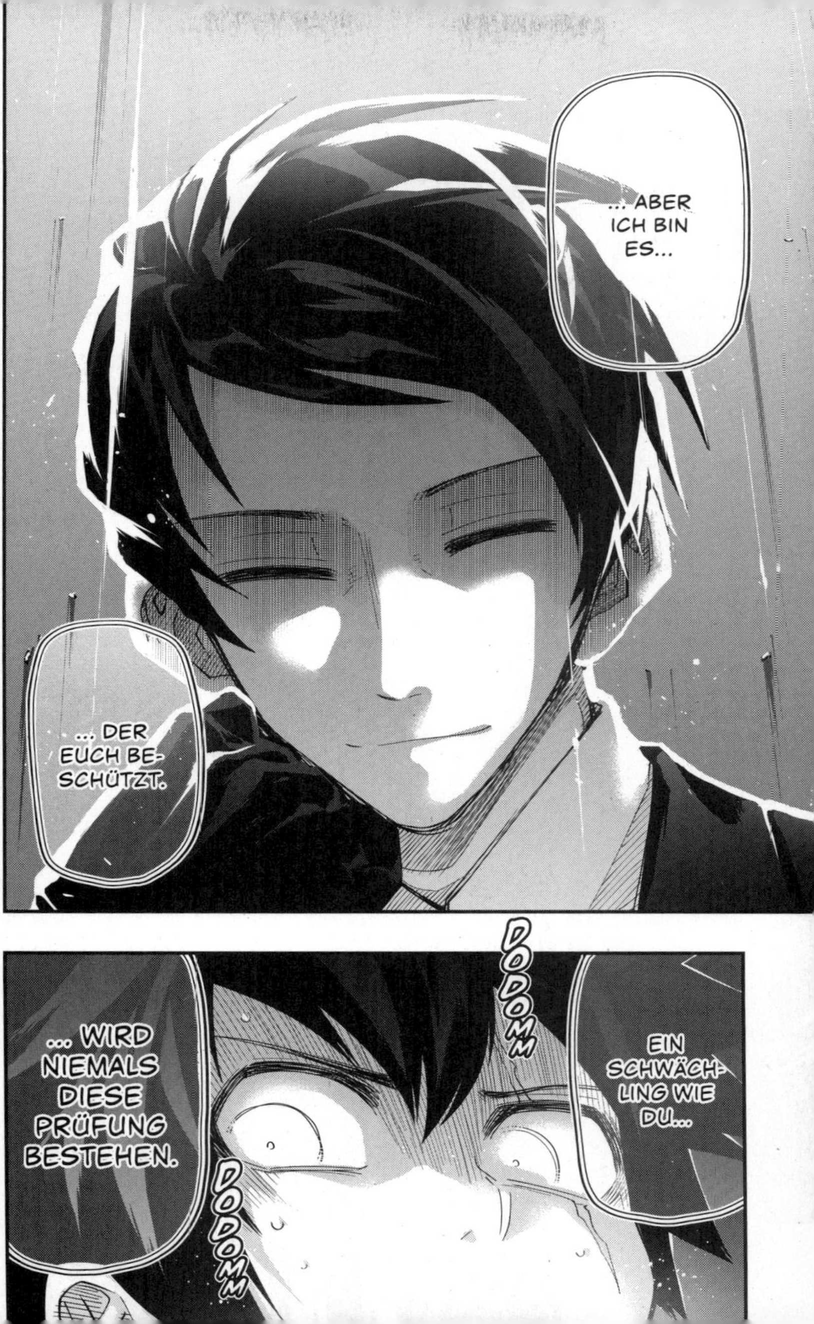
... ABER ICH BIN ES...
... DER EUCH BE-SCHÜTZT.
EIN SCHWÄCH-LING WIE DU...
DODOMM
... WIRD NIEMALS DIESE PRÜFUNG BESTEHEN.
DODOMM

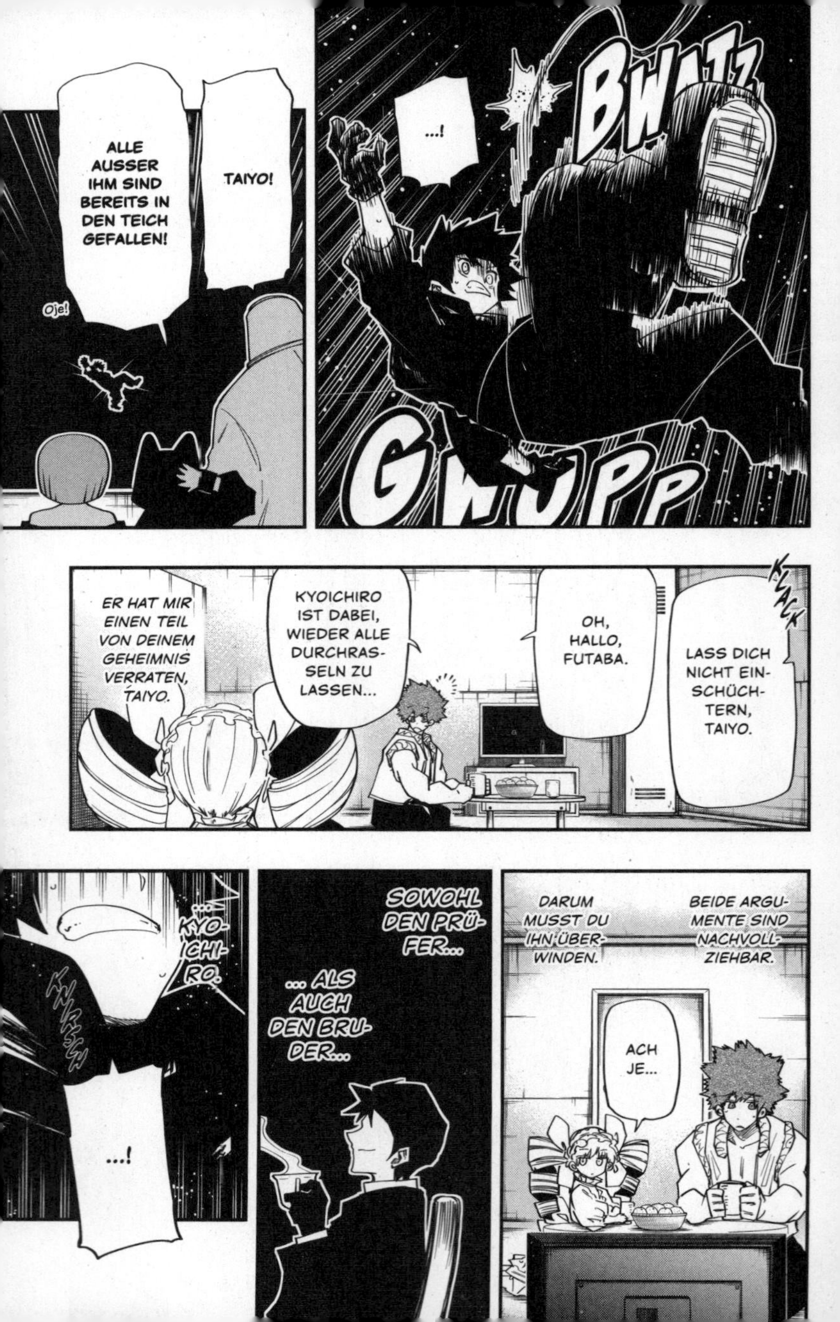
BWATZ
...!
GNUPP
TAIYO!
ALLE AUSSER IHM SIND BEREITS IN DEN TEICH GEFALLEN!
Oje!
KLACK
LASS DICH NICHT EIN- SCHÜCH- TERN, TAIYO.
OH, HALLO, FUTABA.
KYOICHIRO IST DABEI, WIEDER ALLE DURCHRAS- SELN ZU LASSEN...
ER HAT MIR EINEN TEIL VON DEINEM GEHEIMNIS VERRATEN, TAIYO.
BEIDE ARGU- MENTE SIND NACHVOLL- ZIEHBAR.
DARUM MUSST DU IHN ÜBER- WINDEN.
ACH JE...
SOWOHL DEN PRÜ- FER...
... ALS AUCH DEN BRU- DER...
... KYO- ICHI- RO.
KNIRSCH
...!

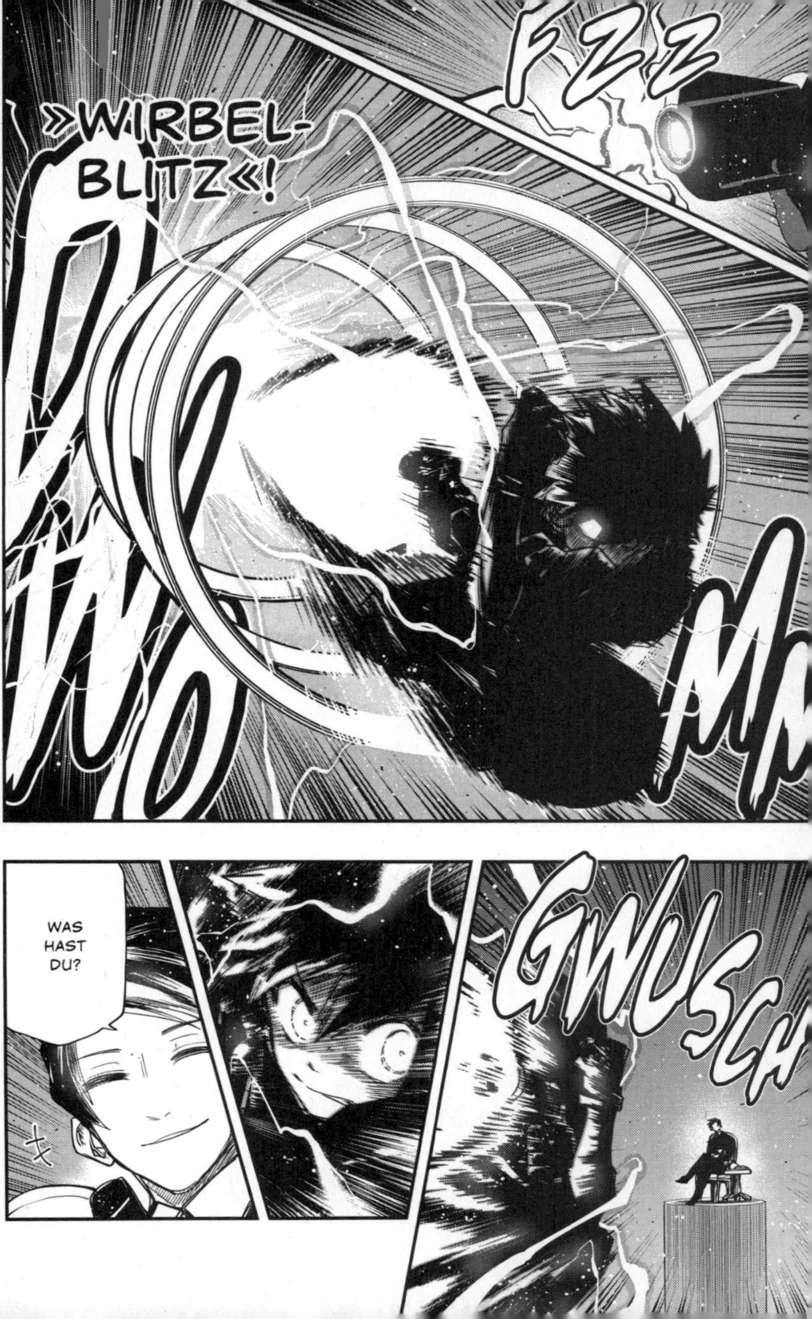
FZZ
»WIRBEL-
BLITZ«!
GWUSCH
WAS
HAST
DU?

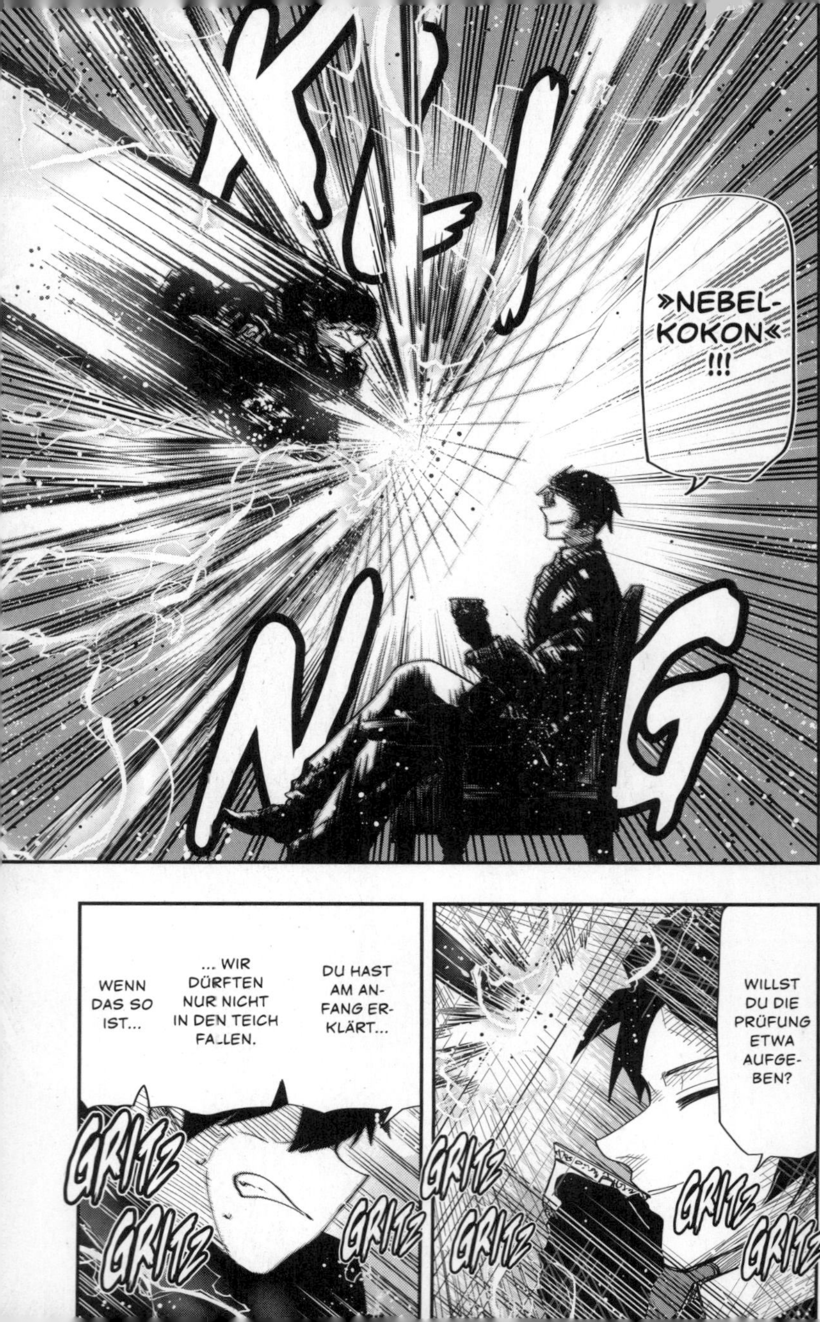
»NEBEL-KOKON« !!!
WILLST DU DIE PRÜFUNG ETWA AUFGEBEN?
GRITZ GRITZ
GRITZ GRITZ
DU HAST AM ANFANG ERKLÄRT...
... WIR DÜRFTEN NUR NICHT IN DEN TEICH FALLEN.
WENN DAS SO IST...
GRITZ GRITZ
GRITZ GRITZ

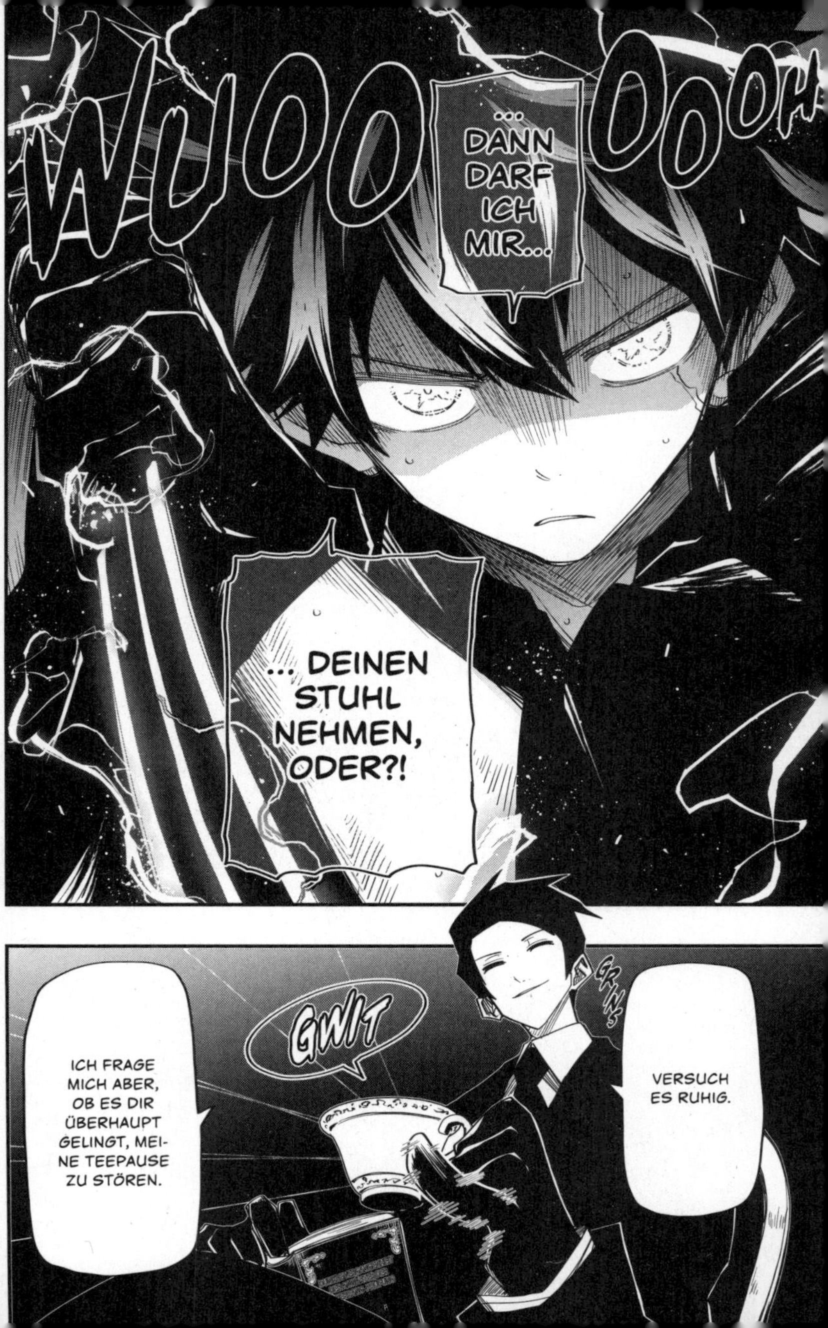
WUOOOOOOH
... DANN DARF ICH MIR...
... DEINEN STUHL NEHMEN, ODER?!
GRINS
VERSUCH ES RUHIG.
GWIT
ICH FRAGE MICH ABER, OB ES DIR ÜBERHAUPT GELINGT, MEI-NE TEEPAUSE ZU STÖREN.

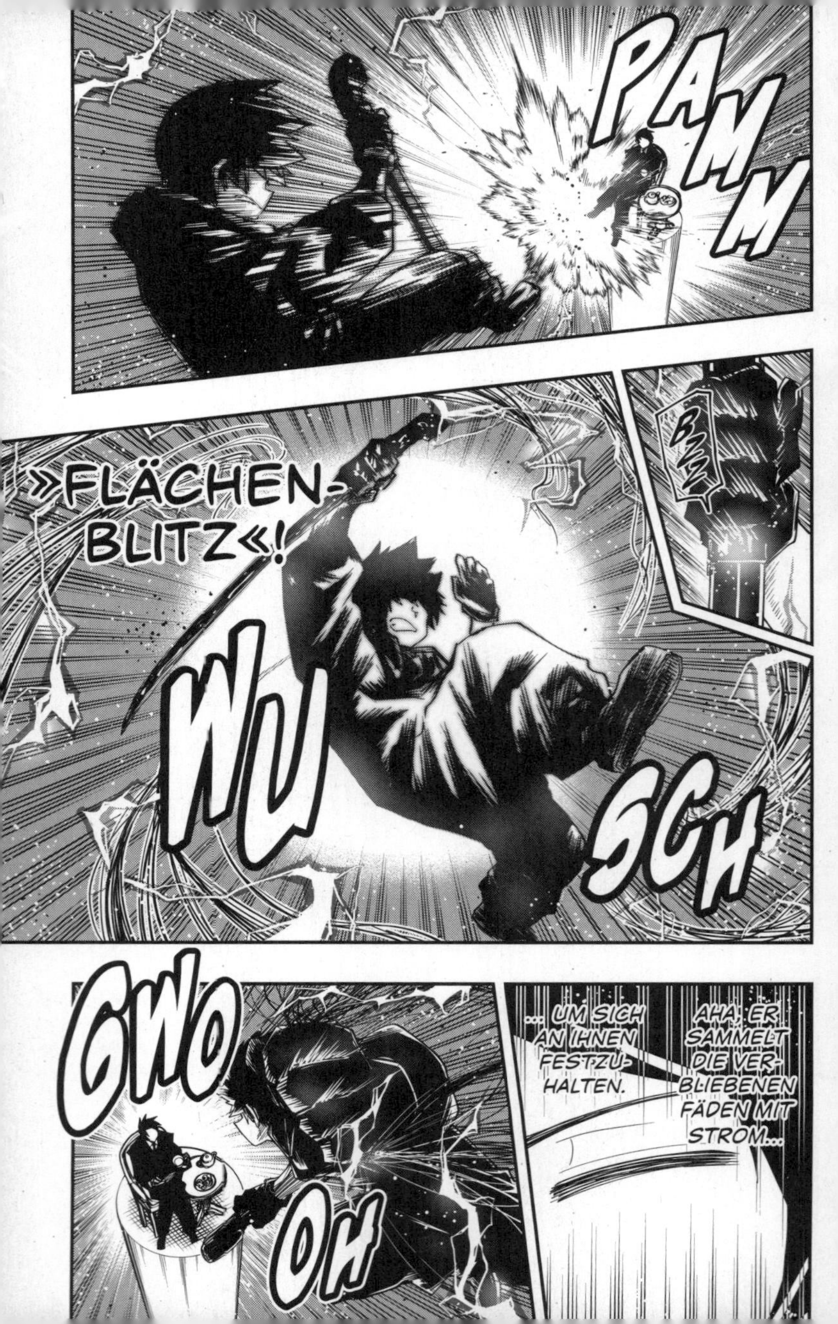
PAMM
BZZ
»FLÄCHEN-
BLITZ«!
WU
SCH
AHA, ER SAMMELT DIE VER-BLIEBENEN FÄDEN MIT STROM...
... UM SICH AN IHNEN FESTZU-HALTEN.
GWO
OH

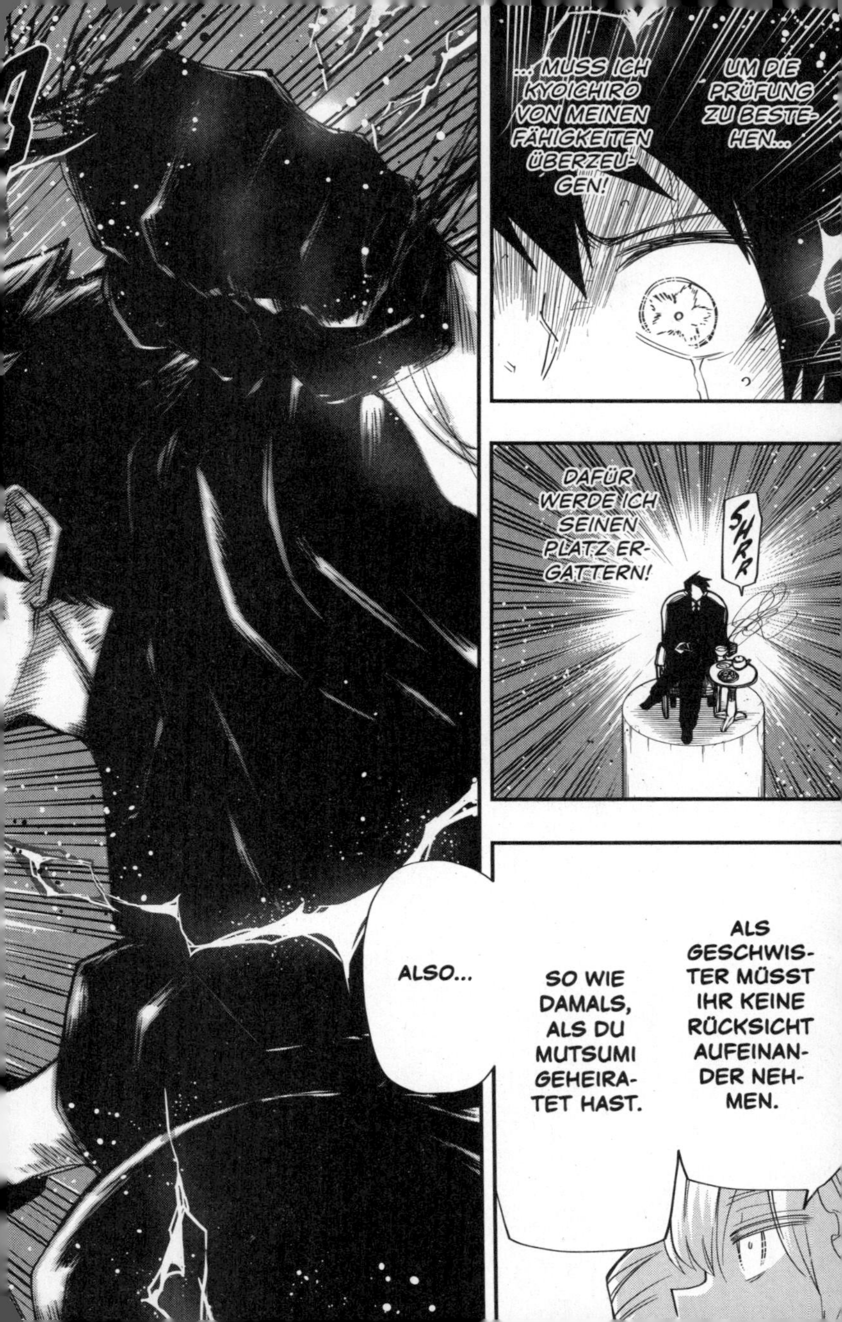
UM DIE PRÜFUNG ZU BESTEHEN...
... MUSS ICH KYOICHIRO VON MEINEN FÄHIGKEITEN ÜBERZEUGEN!
SHRR
DAFÜR WERDE ICH SEINEN PLATZ ERGATTERN!
ALS GESCHWISTER MÜSST IHR KEINE RÜCKSICHT AUFEINANDER NEHMEN.
SO WIE DAMALS, ALS DU MUTSUMI GEHEIRATET HAST.
ALSO...

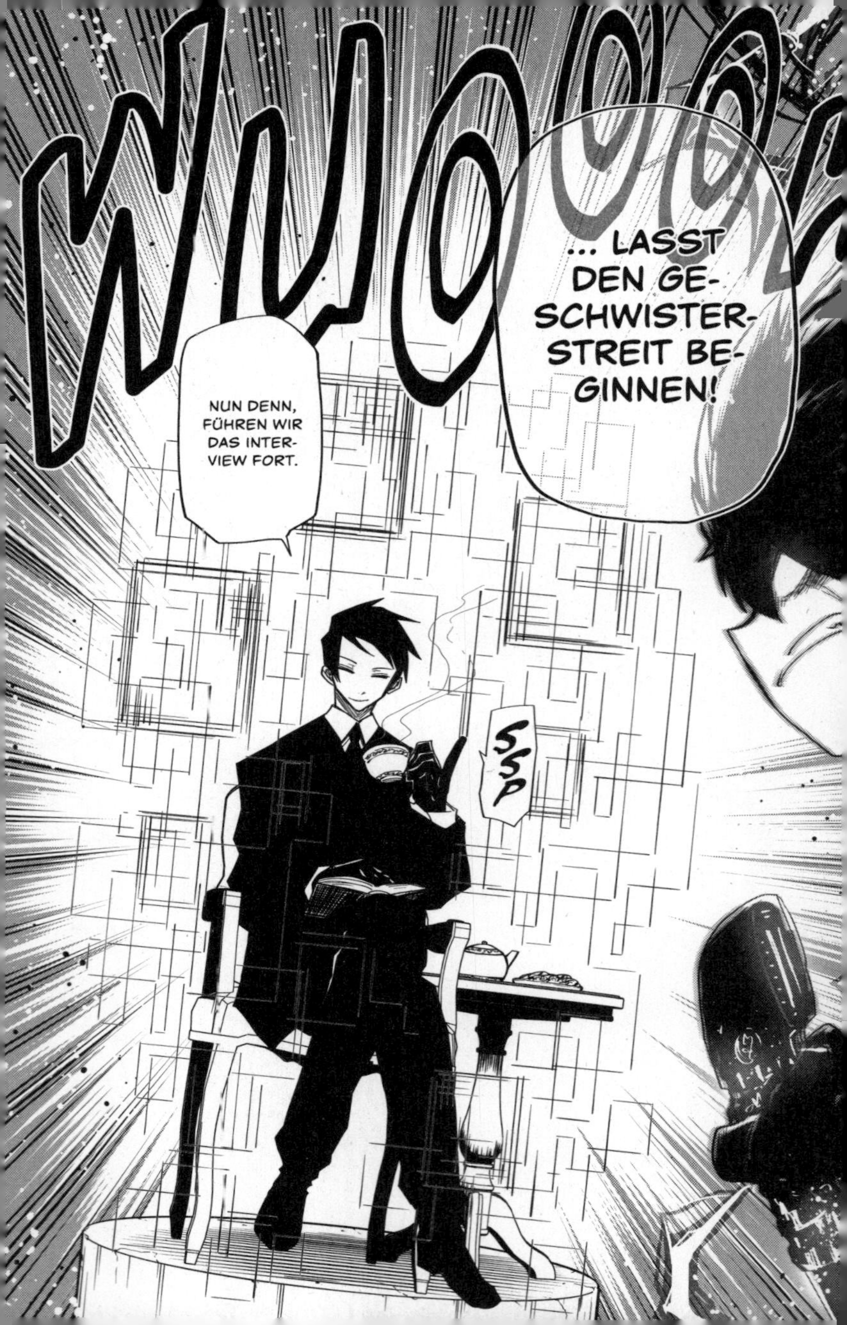
... LASST DEN GE- SCHWISTER- STREIT BE- GINNEN!
NUN DENN, FÜHREN WIR DAS INTER- VIEW FORT.
SSP

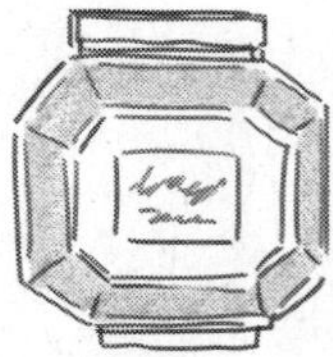

»Byakuya«

Ein Entspannungstee, hauptsächlich aus Kamille und Mohn. Trinkt ein normaler Mensch eine Tasse, wirkt der Tee so entspannend, dass dieser zehn Tage lang nicht mehr aus dem Schlaf erwacht.

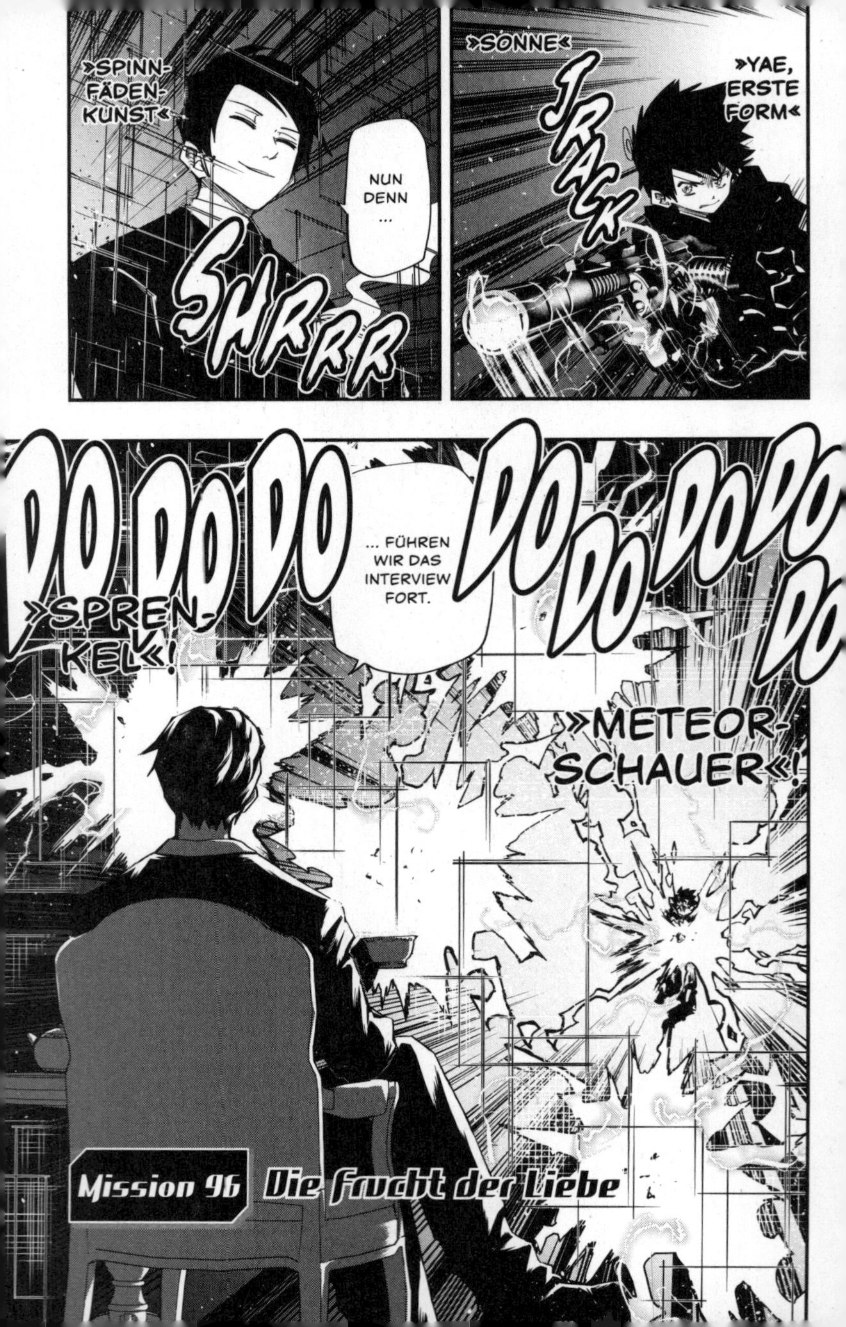
»SONNE«
JRACK
»YAE, ERSTE FORM«
»SPINN-FÄDEN-KUNST«
NUN DENN …
SHRRRR
DO DO DO
… FÜHREN WIR DAS INTERVIEW FORT.
DO DO DO DO DO DO
»SPRENKEL«!
»METEOR-SCHAUER«!
Mission 96
Die Frucht der Liebe

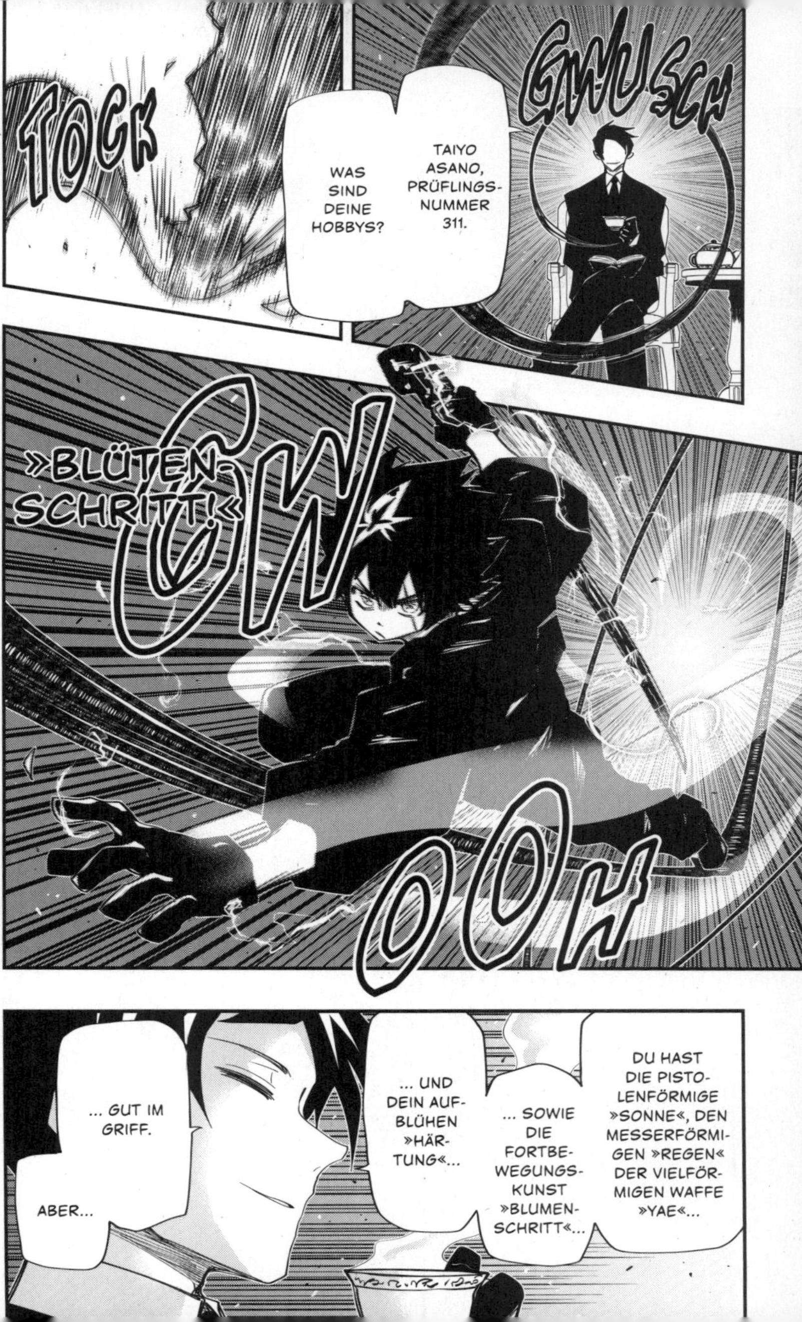

GWUSCH
TAIYO ASANO, PRÜFLINGSNUMMER 311.
WAS SIND DEINE HOBBYS?
TOCK
GWOOOH
»BLÜTENSCHRITT!«
DU HAST DIE PISTOLENFÖRMIGE »SONNE«, DEN MESSERFÖRMIGEN »REGEN« DER VIELFÖRMIGEN WAFFE »YAE«...
... SOWIE DIE FORTBEWEGUNGSKUNST »BLUMENSCHRITT«...
... UND DEIN AUFBLÜHEN »HÄRTUNG«...
... GUT IM GRIFF.
ABER...

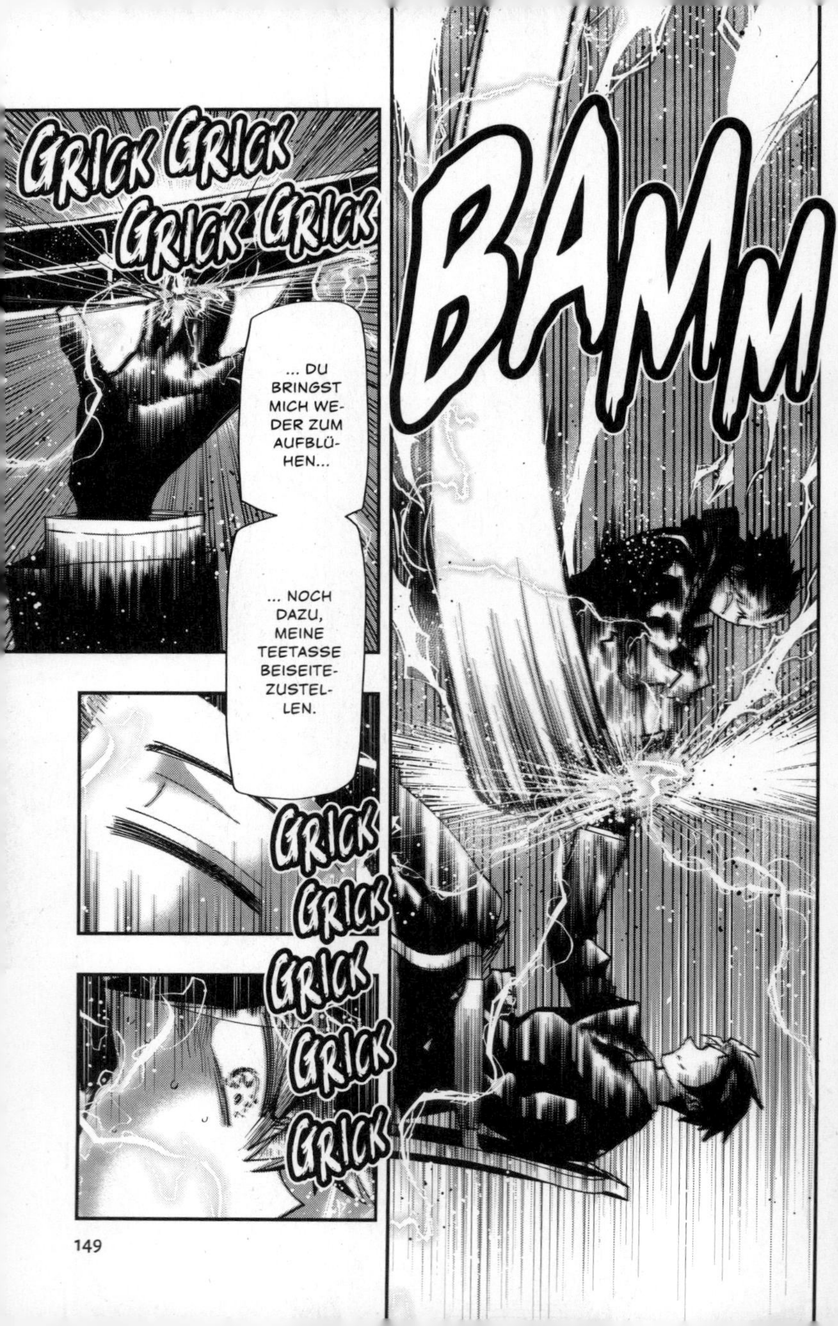
BAMM
GRICK GRICK GRICK GRICK
... DU BRINGST MICH WEDER ZUM AUFBLÜHEN...
... NOCH DAZU, MEINE TEETASSE BEISEITEZUSTELLEN.
GRICK GRICK GRICK GRICK GRICK

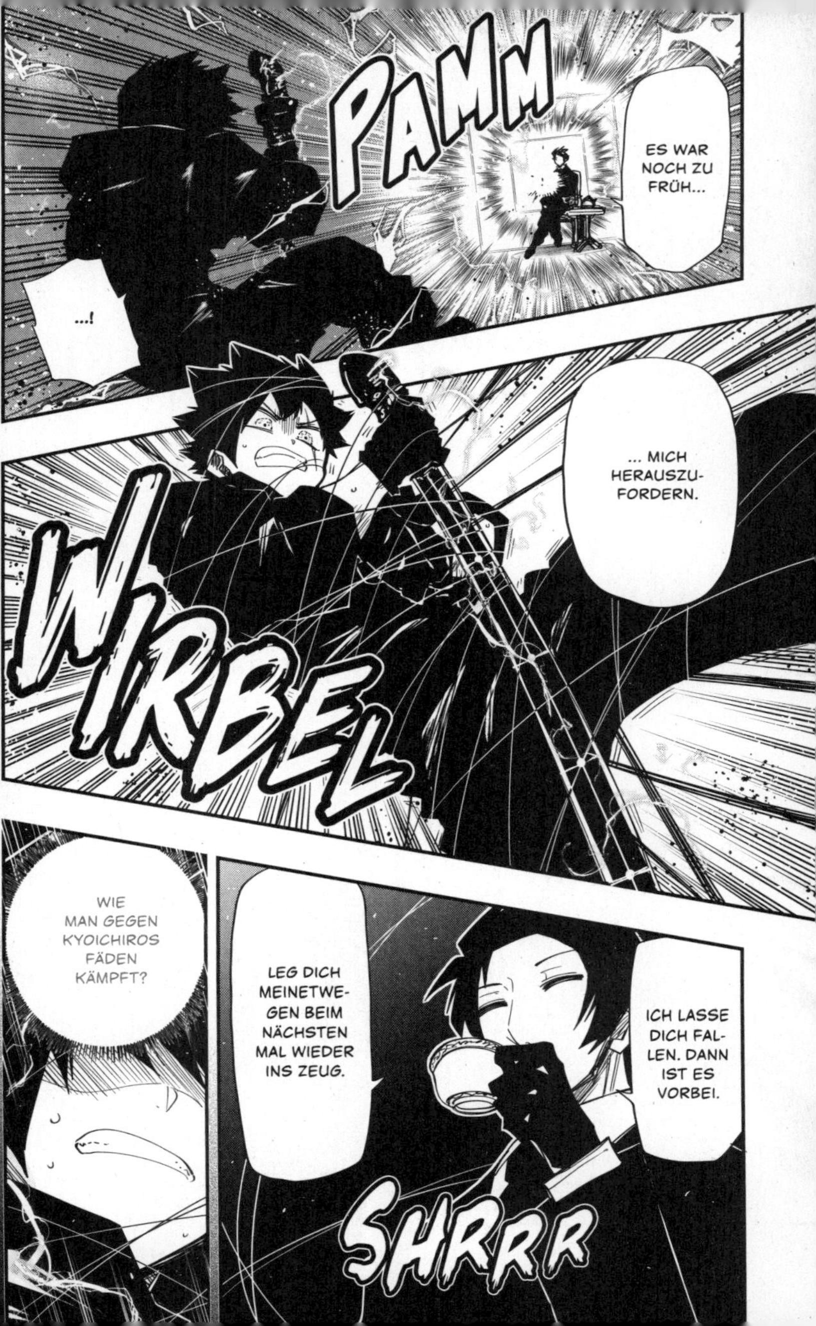
PAMM
ES WAR NOCH ZU FRÜH...
...!
... MICH HERAUSZU-FORDERN.
WIRBEL
ICH LASSE DICH FAL-LEN. DANN IST ES VORBEI.
LEG DICH MEINETWE-GEN BEIM NÄCHSTEN MAL WIEDER INS ZEUG.
SHRRR
WIE MAN GEGEN KYOICHIROS FÄDEN KÄMPFT?

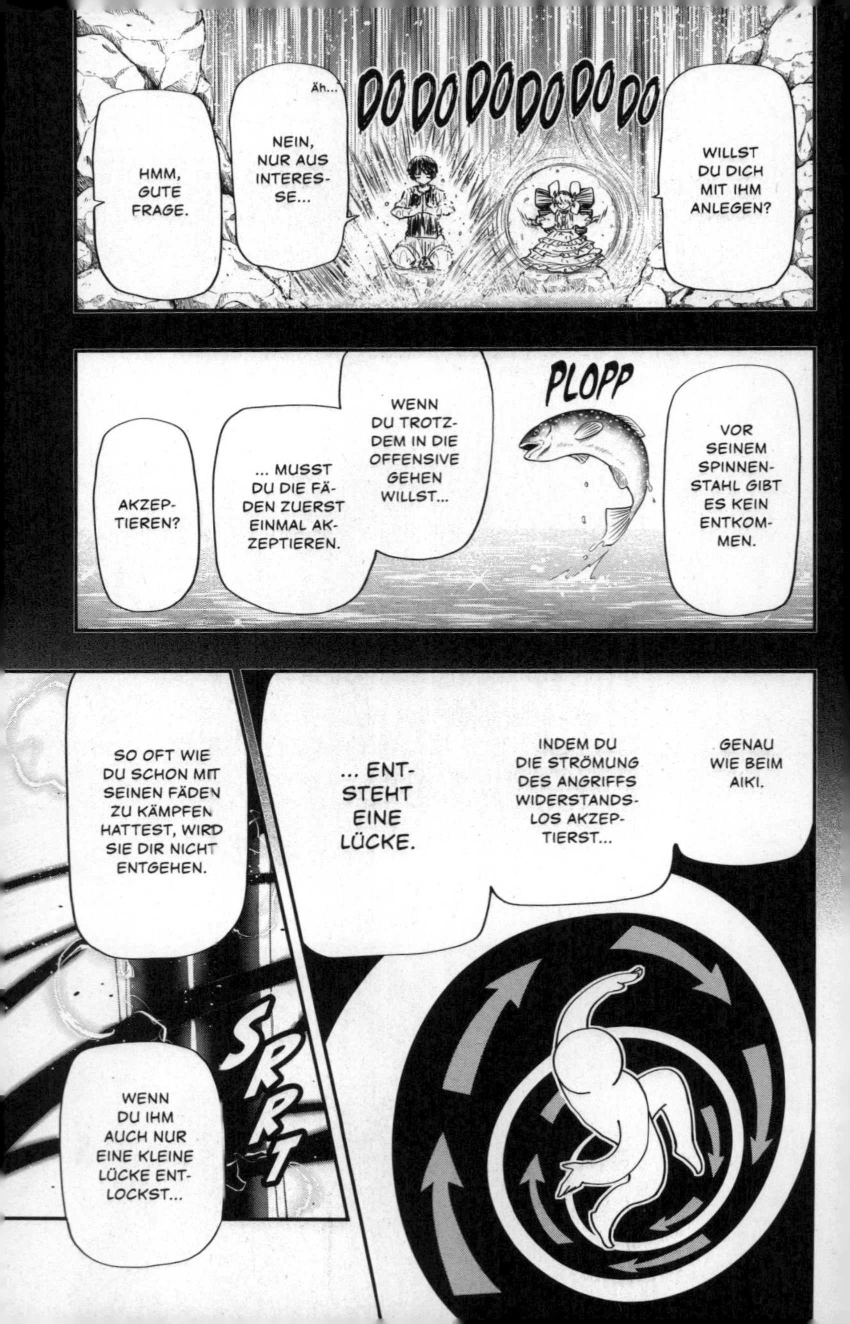
WILLST DU DICH MIT IHM ANLEGEN?
DO DO DO DO DO DO DO DO
Äh...
NEIN, NUR AUS INTERES-SE...
HMM, GUTE FRAGE.
VOR SEINEM SPINNEN-STAHL GIBT ES KEIN ENTKOM-MEN.
PLOPP
WENN DU TROTZ-DEM IN DIE OFFENSIVE GEHEN WILLST...
... MUSST DU DIE FÄ-DEN ZUERST EINMAL AK-ZEPTIEREN.
AKZEP-TIEREN?
GENAU WIE BEIM AIKI.
INDEM DU DIE STRÖMUNG DES ANGRIFFS WIDERSTANDS-LOS AKZEP-TIERST...
... ENT-STEHT EINE LÜCKE.
SO OFT WIE DU SCHON MIT SEINEN FÄDEN ZU KÄMPFEN HATTEST, WIRD SIE DIR NICHT ENTGEHEN.
SRRT
WENN DU IHM AUCH NUR EINE KLEINE LÜCKE ENT-LOCKST...

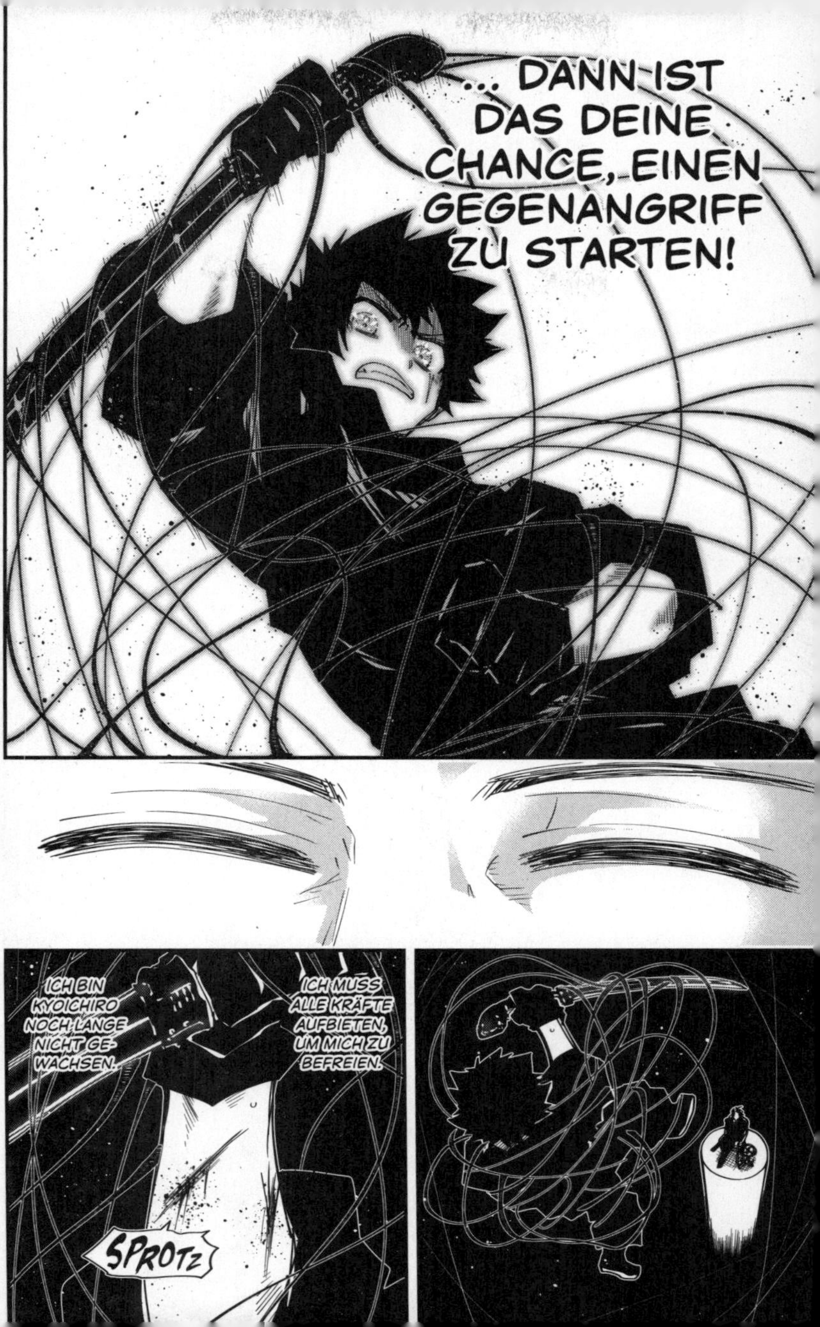
... DANN IST DAS DEINE CHANCE, EINEN GEGENANGRIFF ZU STARTEN!
ICH MUSS ALLE KRÄFTE AUFBIETEN, UM MICH ZU BEFREIEN.
ICH BIN KYOICHIRO NOCH LANGE NICHT GE-WACHSEN.
SPROTZ

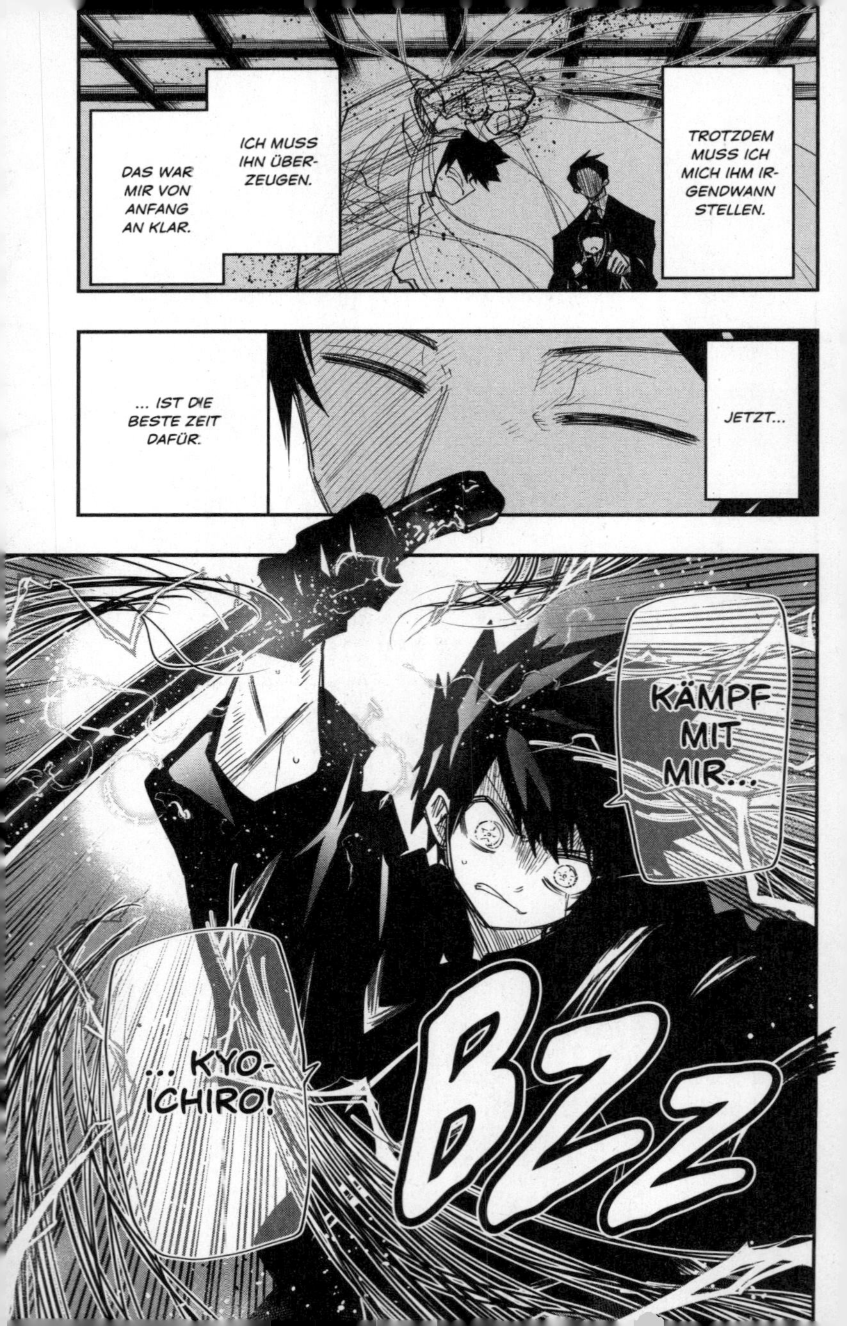

TROTZDEM MUSS ICH MICH IHM IRGENDWANN STELLEN.
ICH MUSS IHN ÜBERZEUGEN.
DAS WAR MIR VON ANFANG AN KLAR.
JETZT...
... IST DIE BESTE ZEIT DAFÜR.
KÄMPF MIT MIR...
... KYOICHIRO!
BZZ

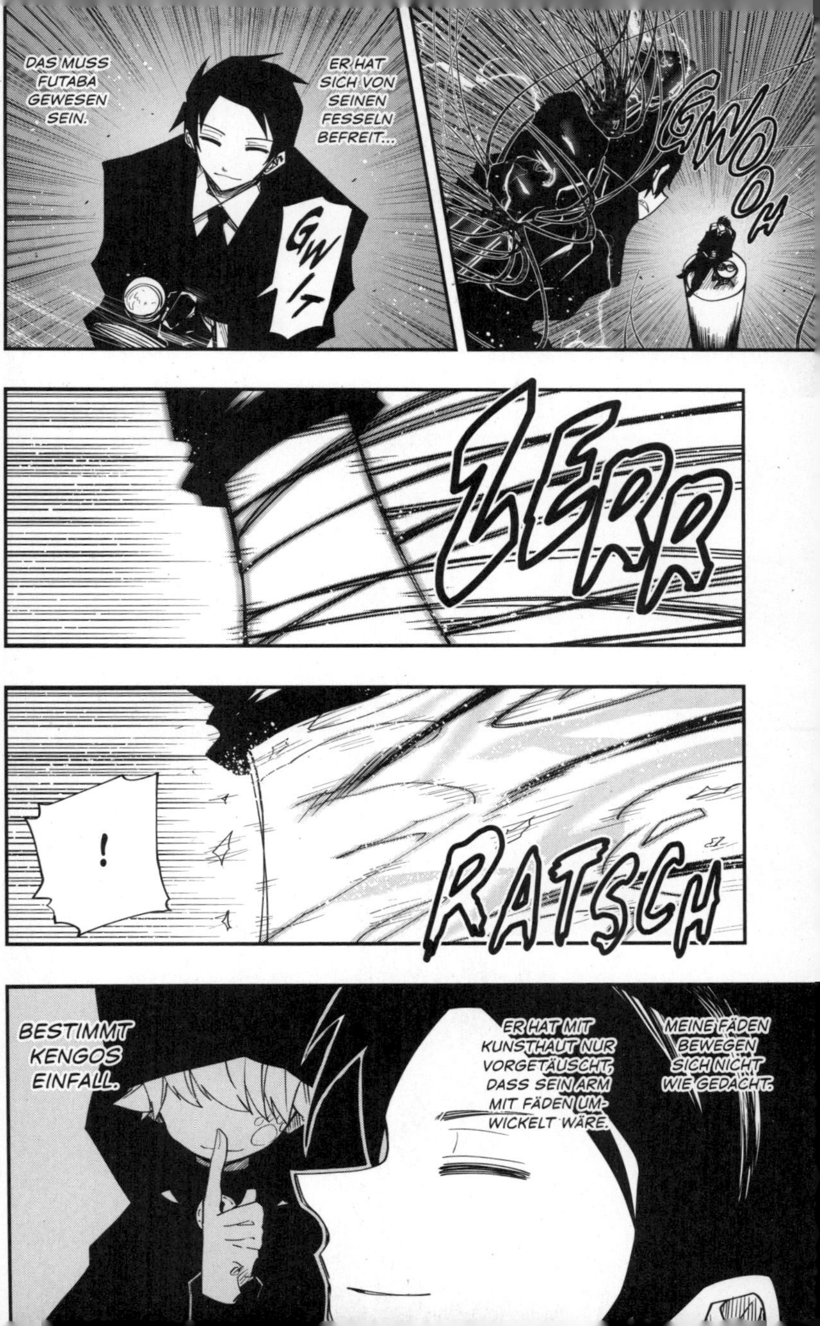

ER HAT SICH VON SEINEN FESSELN BEFREIT...
DAS MUSS FUTABA GEWESEN SEIN.
GWIT
GWOOH
ZERR
RATSCH
!
MEINE FÄDEN BEWEGEN SICH NICHT WIE GEDACHT.
ER HAT MIT KUNSTHAUT NUR VORGETÄUSCHT, DASS SEIN ARM MIT FÄDEN UMWICKELT WÄRE.
BESTIMMT KENGOS EINFALL.

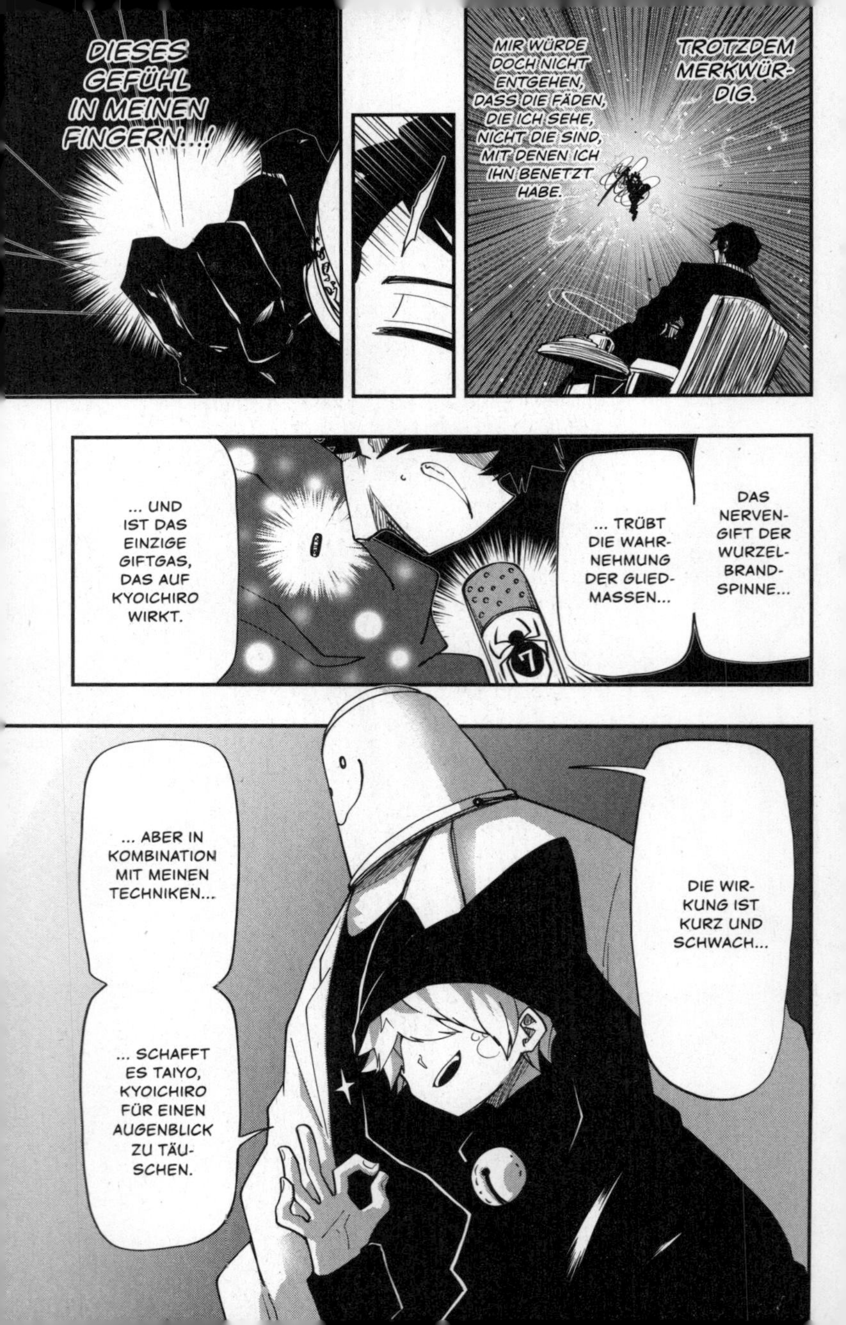
TROTZDEM MERKWÜRDIG.
MIR WÜRDE DOCH NICHT ENTGEHEN, DASS DIE FÄDEN, DIE ICH SEHE, NICHT DIE SIND, MIT DENEN ICH IHN BENETZT HABE.
DIESES GEFÜHL IN MEINEN FINGERN...!
DAS NERVENGIFT DER WURZELBRANDSPINNE...
... TRÜBT DIE WAHRNEHMUNG DER GLIEDMASSEN...
... UND IST DAS EINZIGE GIFTGAS, DAS AUF KYOICHIRO WIRKT.
DIE WIRKUNG IST KURZ UND SCHWACH...
... ABER IN KOMBINATION MIT MEINEN TECHNIKEN...
... SCHAFFT ES TAIYO, KYOICHIRO FÜR EINEN AUGENBLICK ZU TÄUSCHEN.

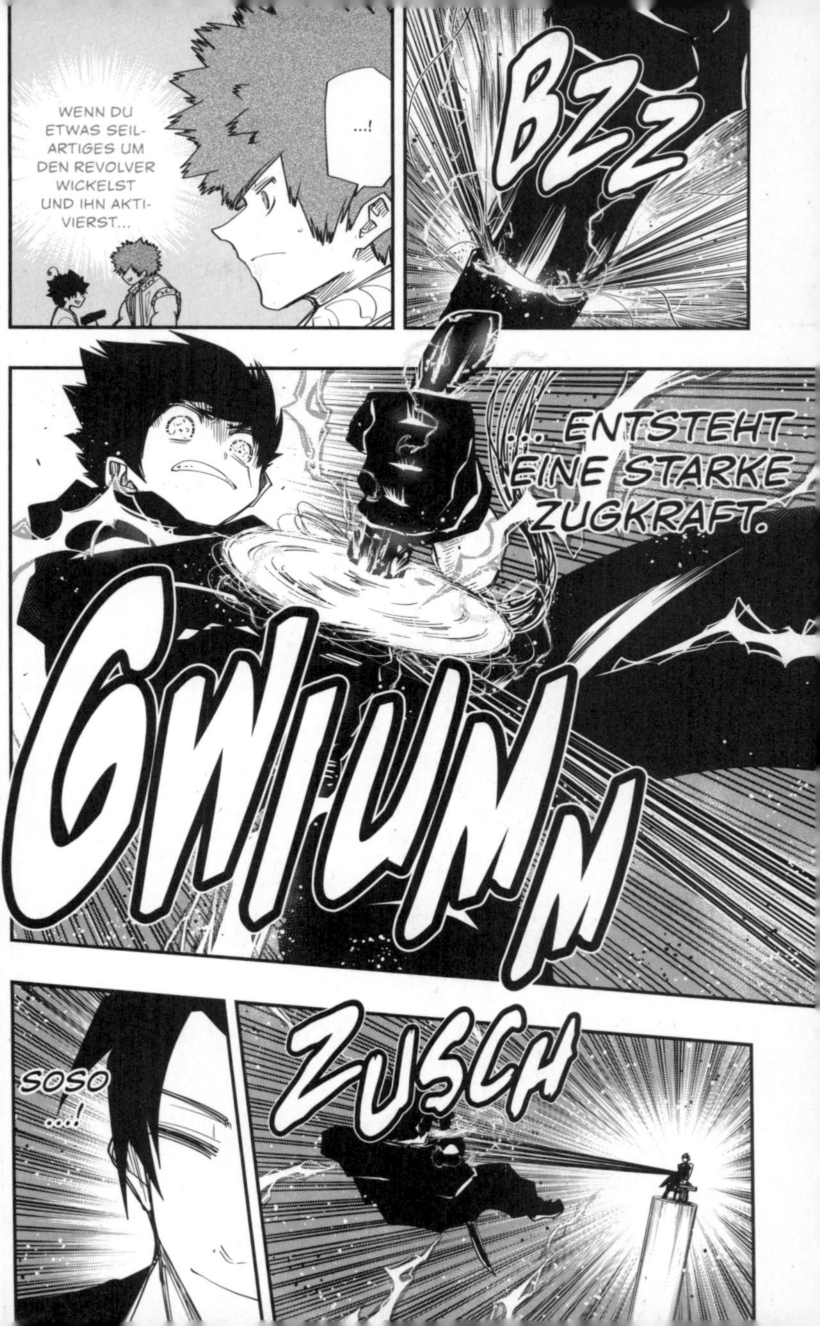
WENN DU ETWAS SEIL-ARTIGES UM DEN REVOLVER WICKELST UND IHN AKTI-VIERST...
...!
BZZ
... ENTSTEHT EINE STARKE ZUGKRAFT.
GWUUMM
SOSO ...!
ZUSCH

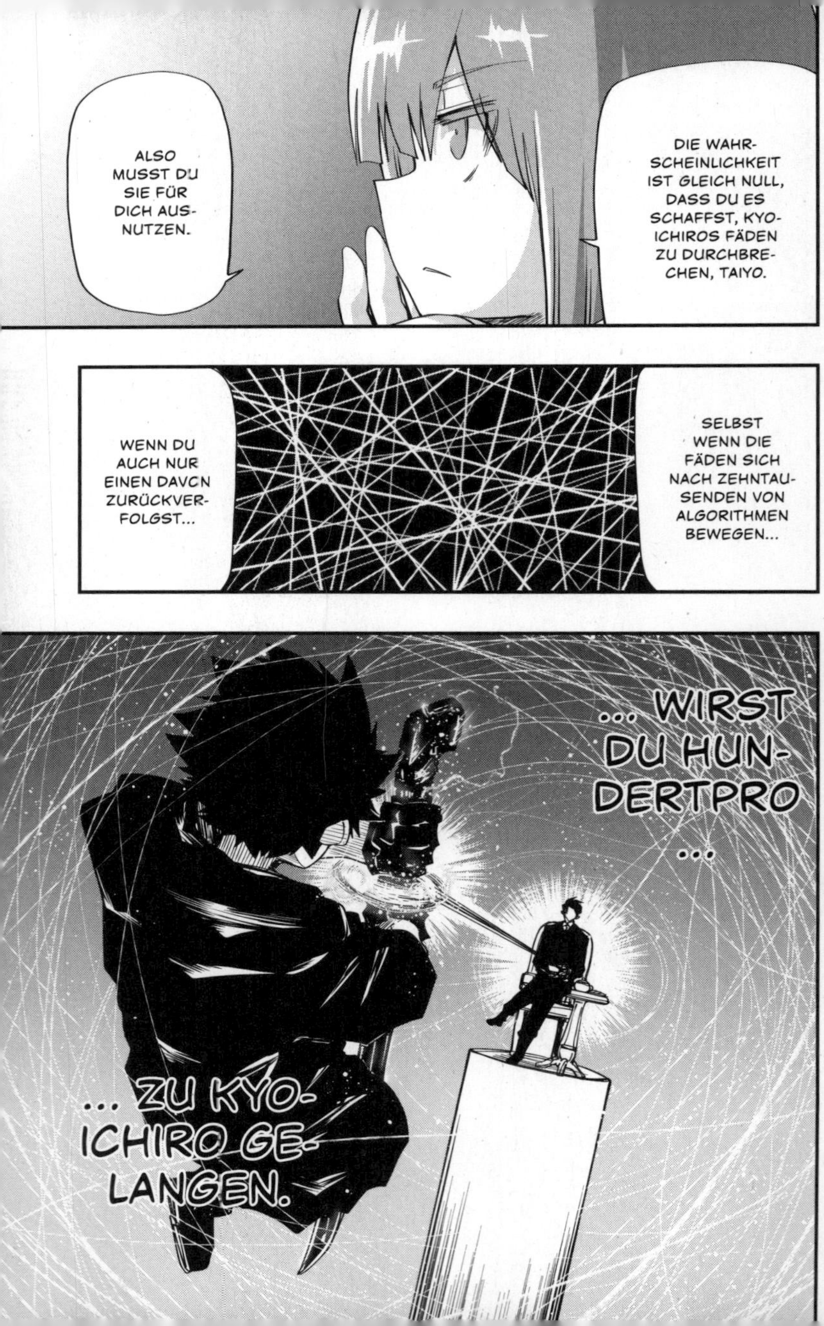
DIE WAHRSCHEINLICHKEIT IST GLEICH NULL, DASS DU ES SCHAFFST, KYOICHIROS FÄDEN ZU DURCHBRECHEN, TAIYO.
ALSO MUSST DU SIE FÜR DICH AUSNUTZEN.
SELBST WENN DIE FÄDEN SICH NACH ZEHNTAUSENDEN VON ALGORITHMEN BEWEGEN...
WENN DU AUCH NUR EINEN DAVON ZURÜCKVERFOLGST...
... WIRST DU HUNDERTPRO ...
... ZU KYOICHIRO GELANGEN.

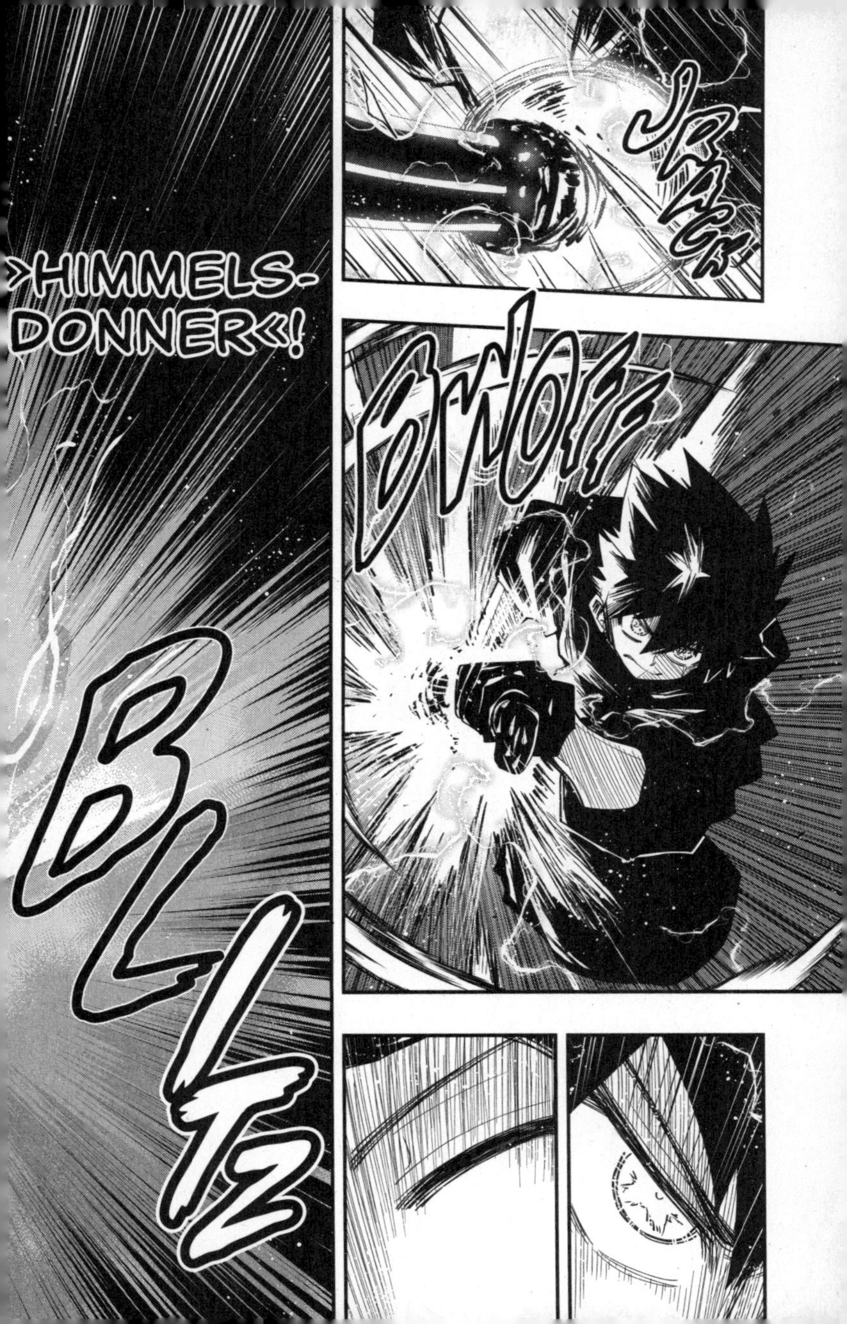
»HIMMELS-DONNER«!
BLITZ

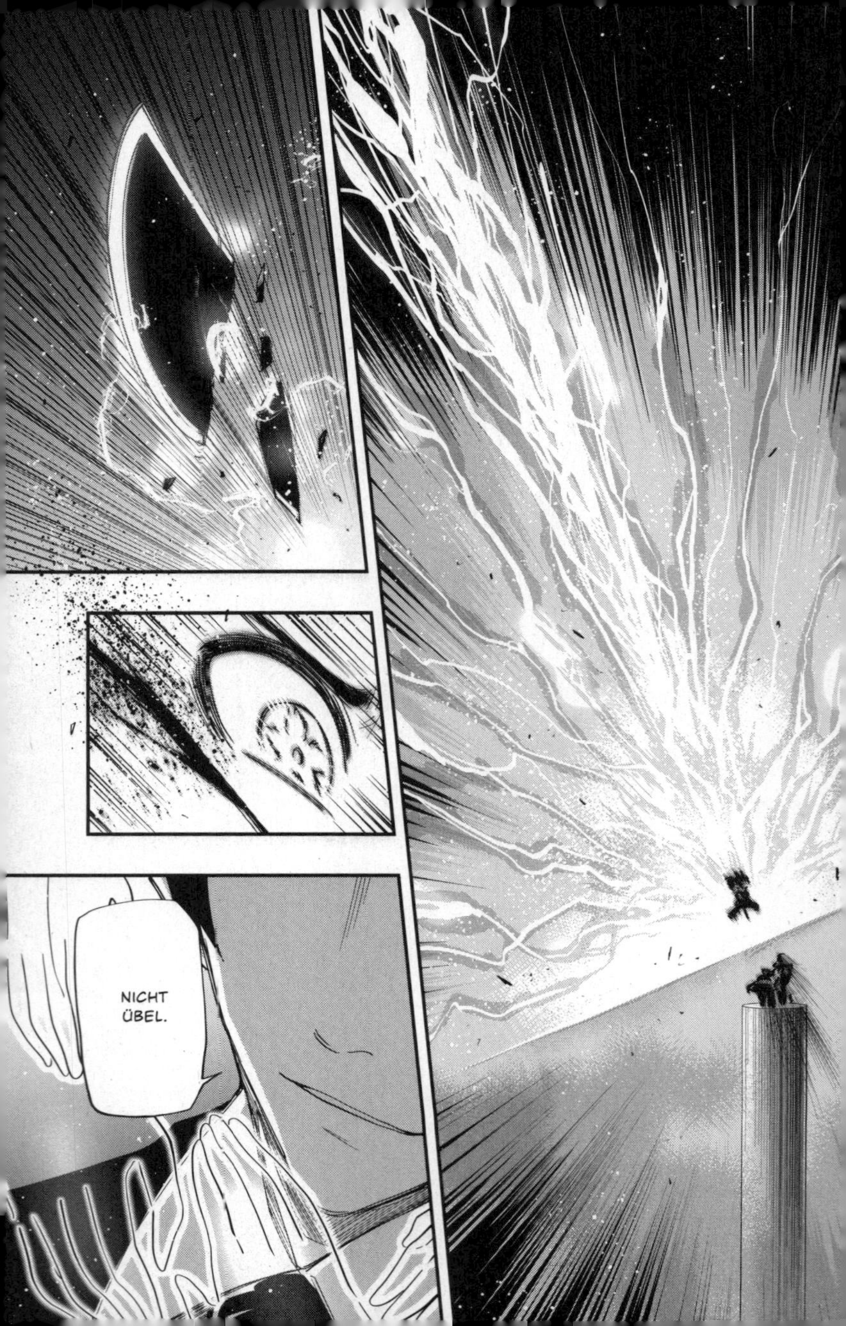
NICHT ÜBEL.

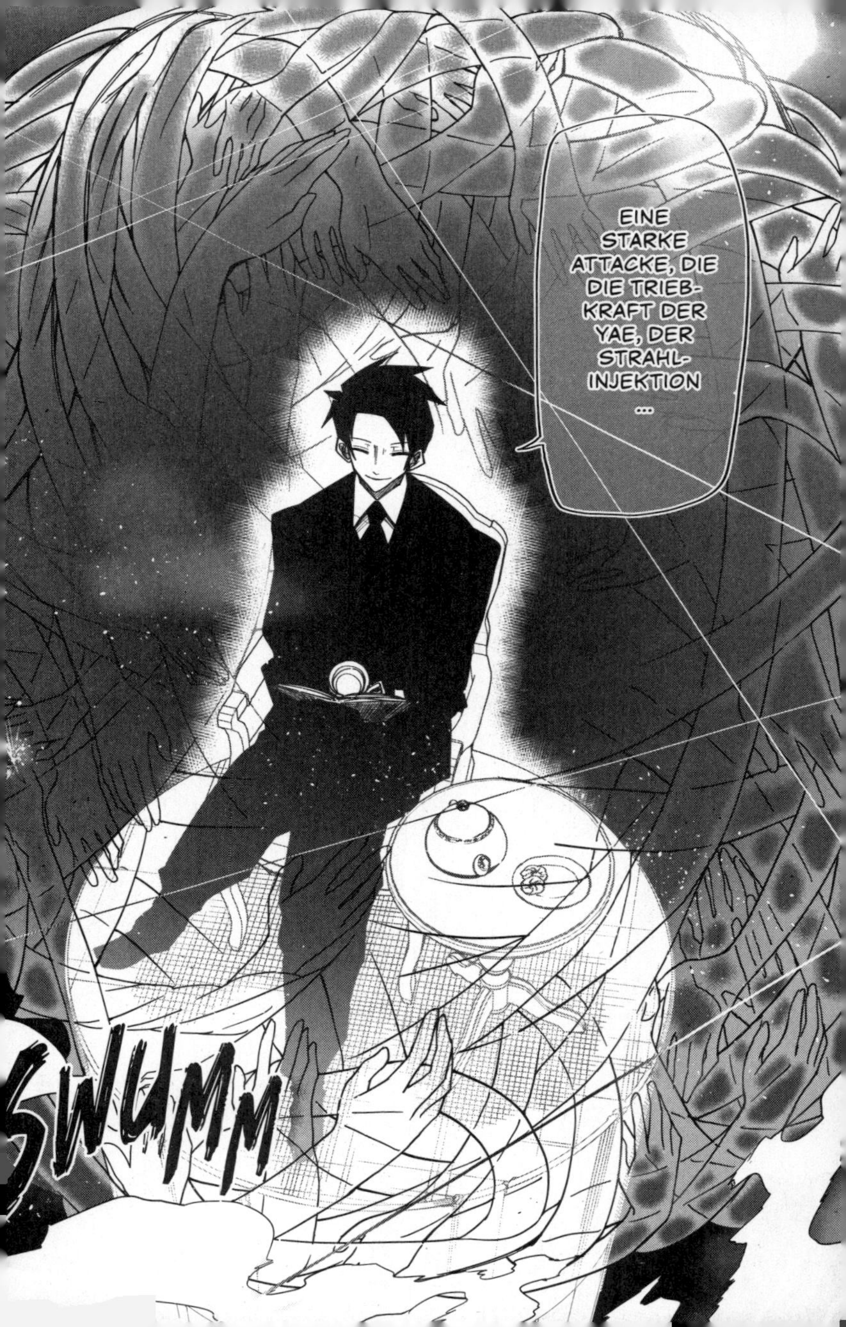
EINE STARKE ATTACKE, DIE DIE TRIEB-KRAFT DER YAE, DER STRAHL-INJEKTION ...
SWUMM

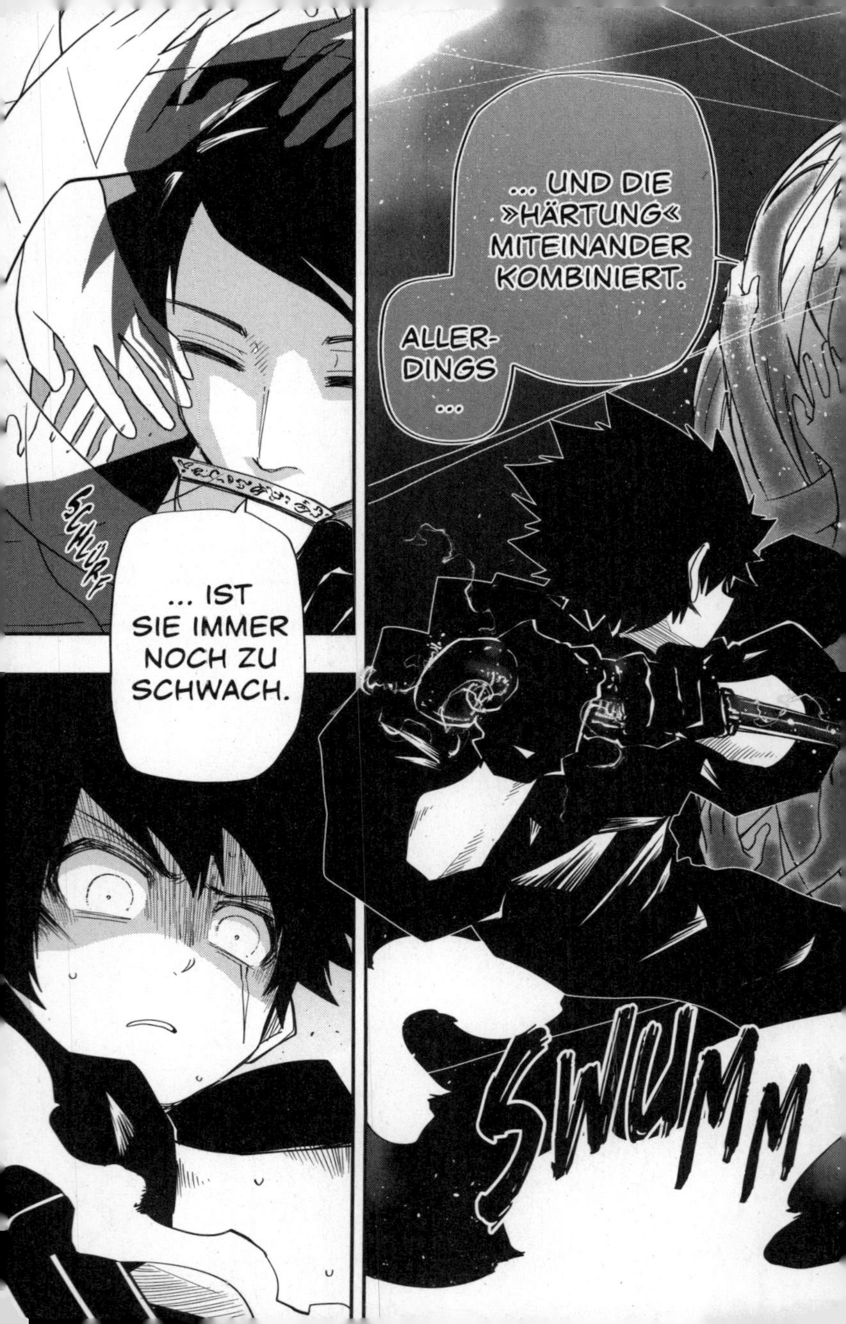
... UND DIE »HÄRTUNG« MITEINANDER KOMBINIERT.
ALLER-DINGS ...
... IST SIE IMMER NOCH ZU SCHWACH.
SWUMM

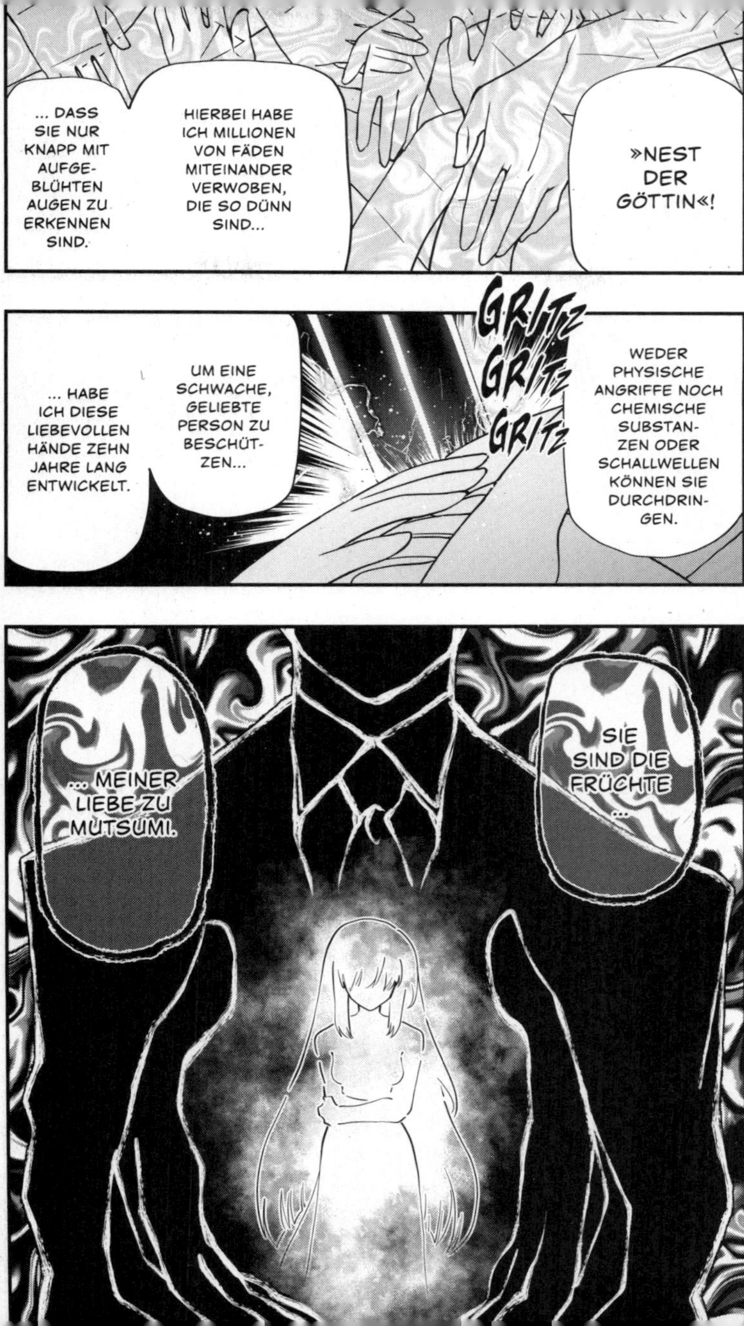
»NEST DER GÖTTIN«!
HIERBEI HABE ICH MILLIONEN VON FÄDEN MITEINANDER VERWOBEN, DIE SO DÜNN SIND...
... DASS SIE NUR KNAPP MIT AUFGEBLÜHTEN AUGEN ZU ERKENNEN SIND.
GRITZ GRITZ GRITZ
WEDER PHYSISCHE ANGRIFFE NOCH CHEMISCHE SUBSTANZEN ODER SCHALLWELLEN KÖNNEN SIE DURCHDRINGEN.
UM EINE SCHWACHE, GELIEBTE PERSON ZU BESCHÜTZEN...
... HABE ICH DIESE LIEBEVOLLEN HÄNDE ZEHN JAHRE LANG ENTWICKELT.
SIE SIND DIE FRÜCHTE ...
... MEINER LIEBE ZU MUTSUMI.

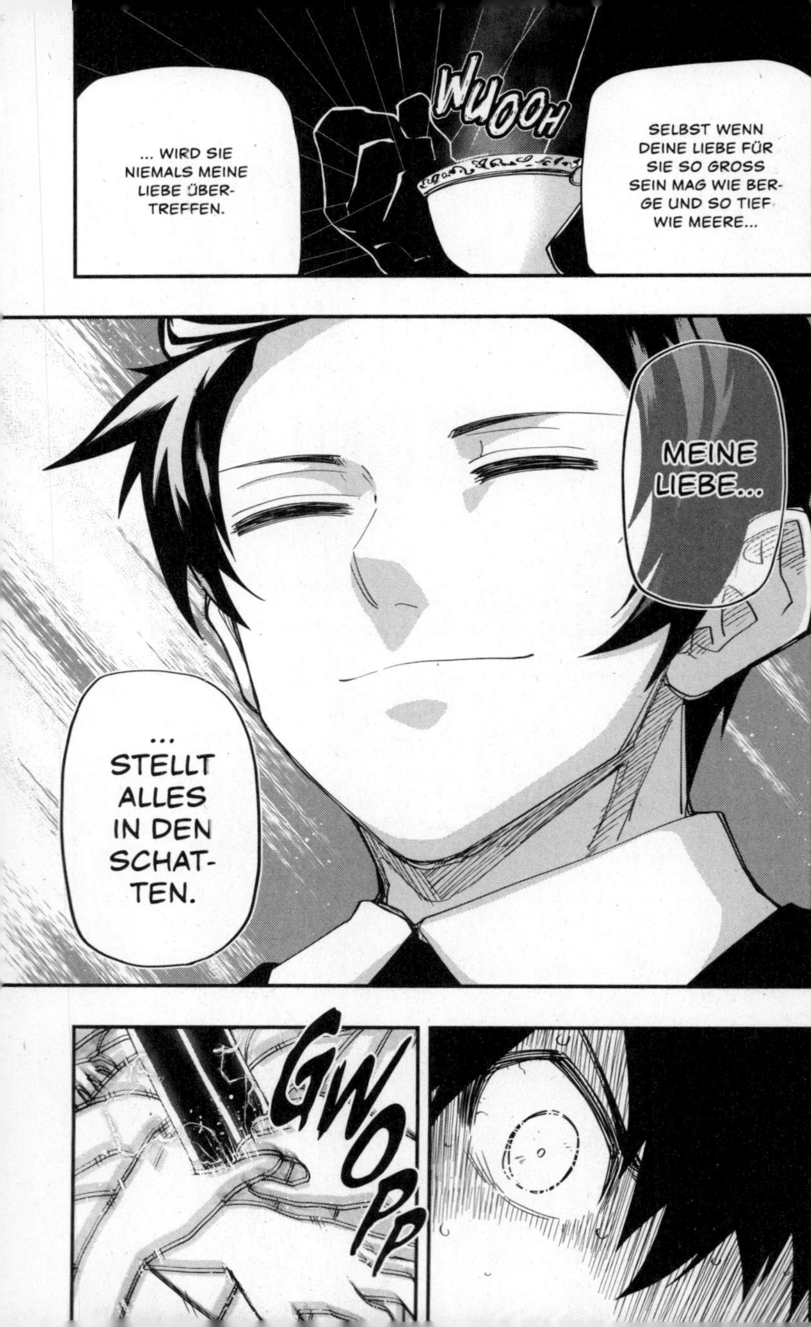
SELBST WENN DEINE LIEBE FÜR SIE SO GROSS SEIN MAG WIE BERGE UND SO TIEF WIE MEERE...
WUOOH
... WIRD SIE NIEMALS MEINE LIEBE ÜBERTREFFEN.
MEINE LIEBE...
... STELLT ALLES IN DEN SCHATTEN.
GWOPP

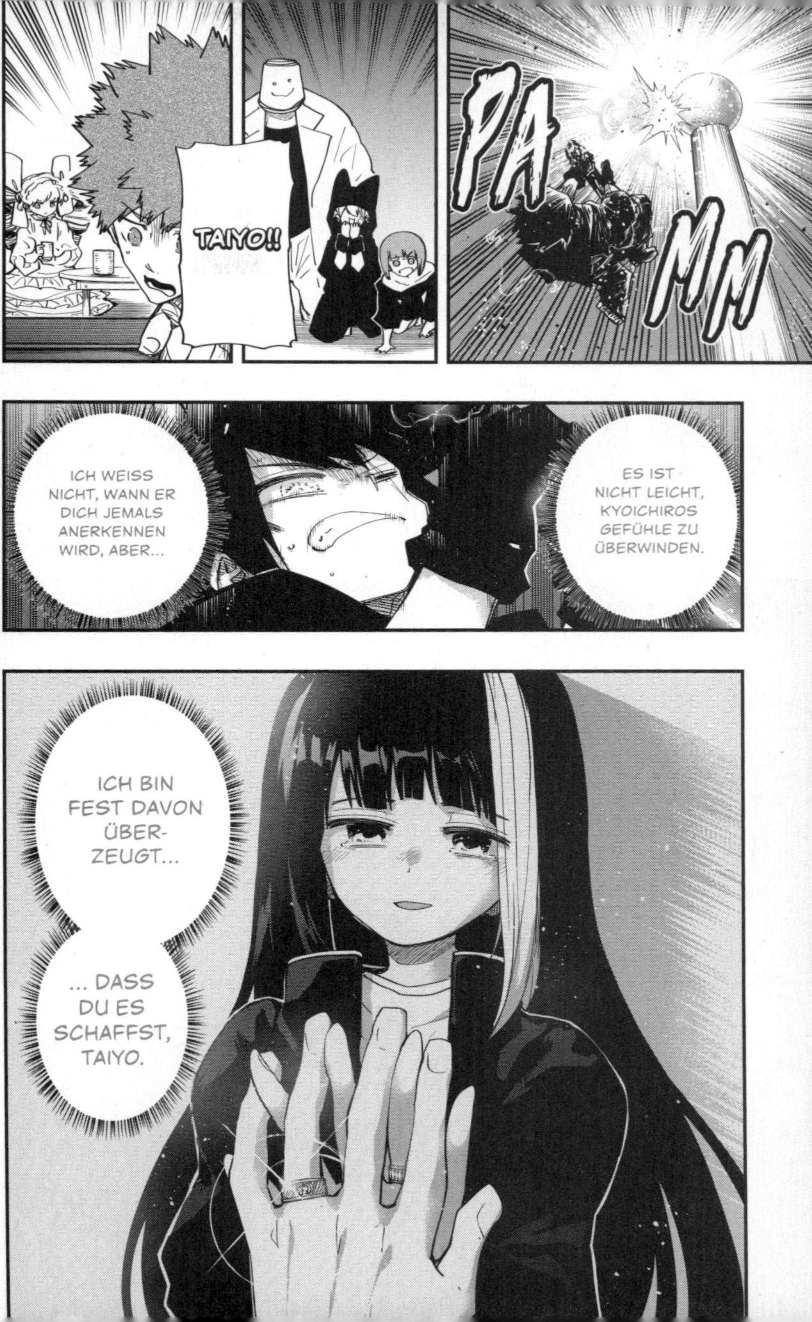
TAIYO!!
PAMM
ES IST NICHT LEICHT, KYOICHIROS GEFÜHLE ZU ÜBERWINDEN.
ICH WEISS NICHT, WANN ER DICH JEMALS ANERKENNEN WIRD, ABER...
ICH BIN FEST DAVON ÜBER-ZEUGT...
... DASS DU ES SCHAFFST, TAIYO.

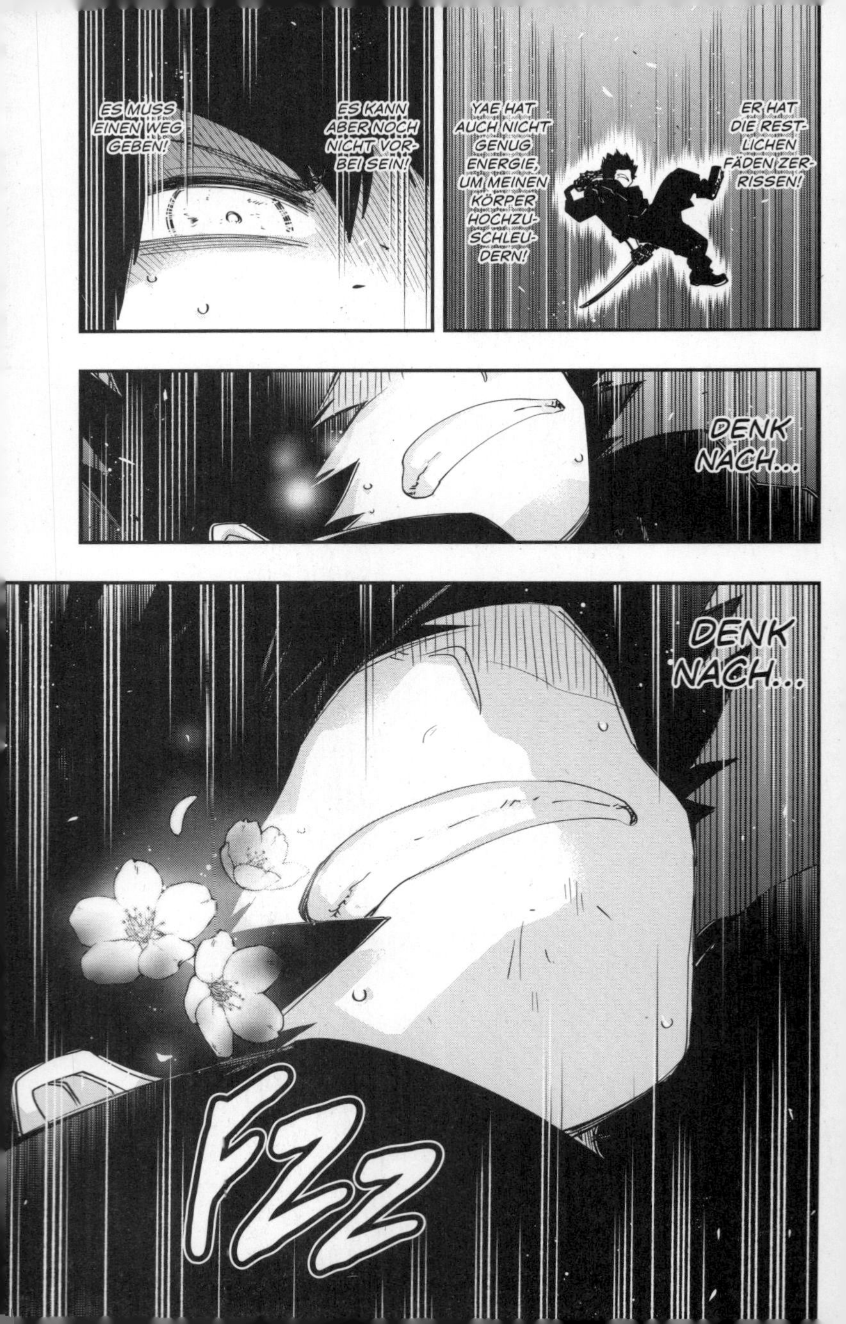
ER HAT DIE RESTLICHEN FÄDEN ZERRISSEN!
YAE HAT AUCH NICHT GENUG ENERGIE, UM MEINEN KÖRPER HOCHZUSCHLEUDERN!
ES KANN ABER NOCH NICHT VORBEI SEIN!
ES MUSS EINEN WEG GEBEN!
DENK NACH...
DENK NACH...
FZZ

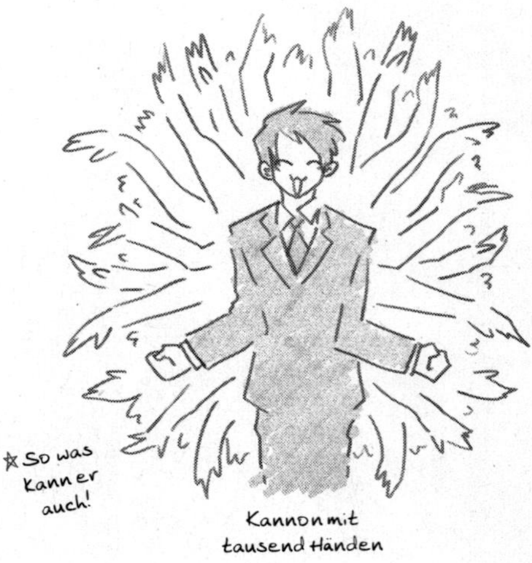
☆So was kann er auch!
Kannon mit tausend Händen

Mission 97 Prüfungsende

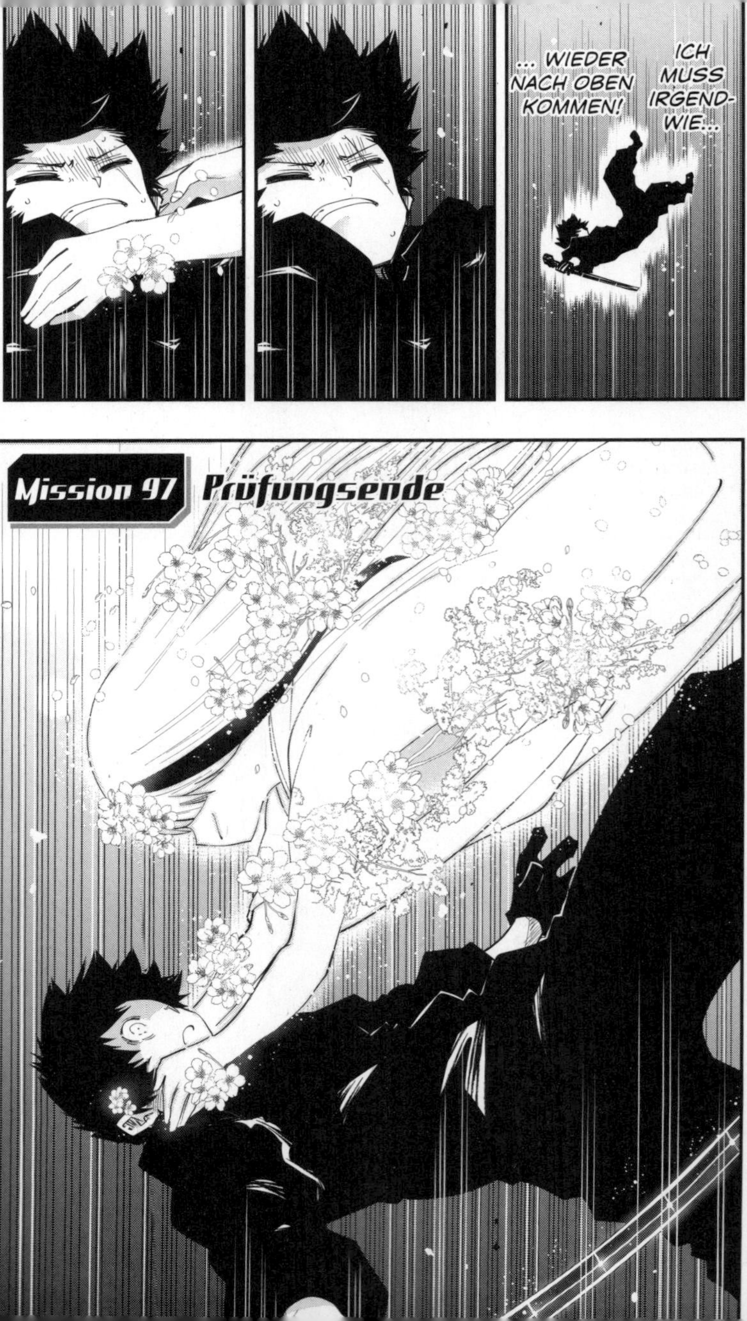

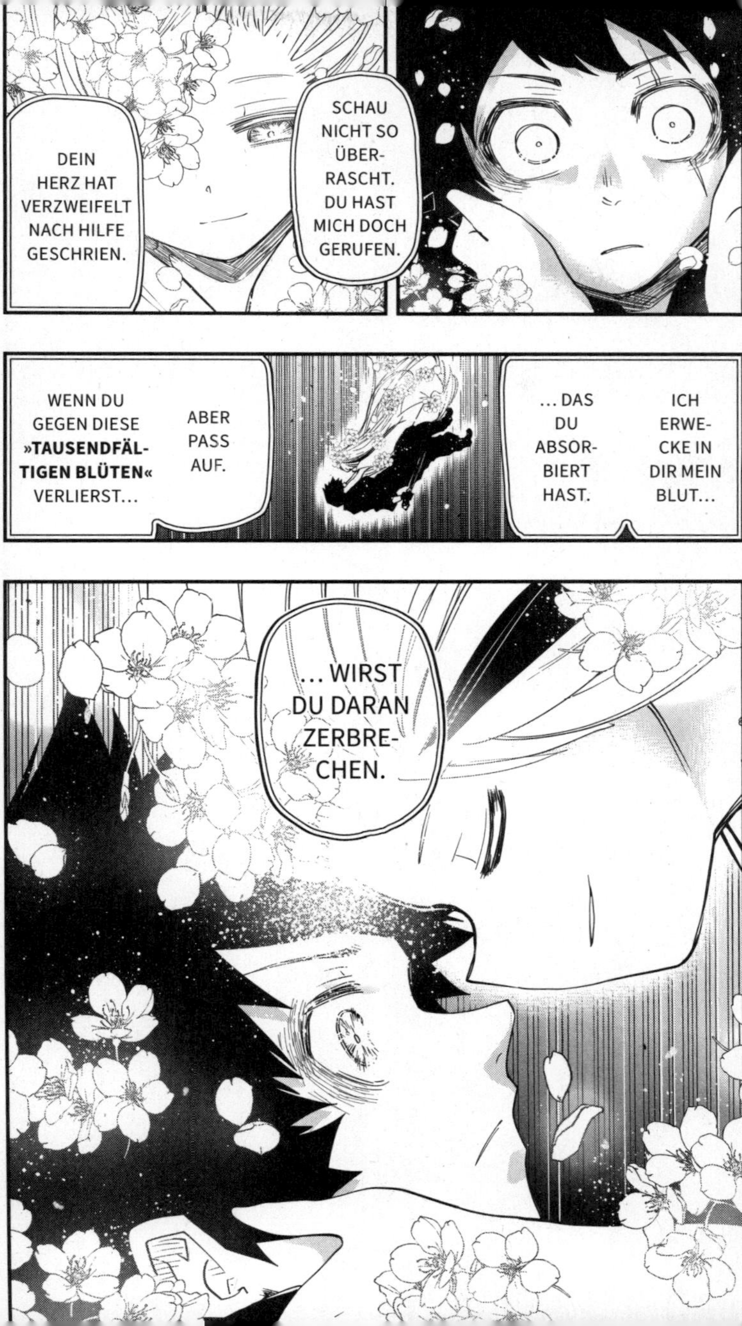
SCHAU NICHT SO ÜBERRASCHT. DU HAST MICH DOCH GERUFEN.
DEIN HERZ HAT VERZWEIFELT NACH HILFE GESCHRIEN.
ICH ERWECKE IN DIR MEIN BLUT…
… DAS DU ABSORBIERT HAST.
ABER PASS AUF.
WENN DU GEGEN DIESE **»TAUSENDFÄLTIGEN BLÜTEN«** VERLIERST…
… WIRST DU DARAN ZERBRECHEN.

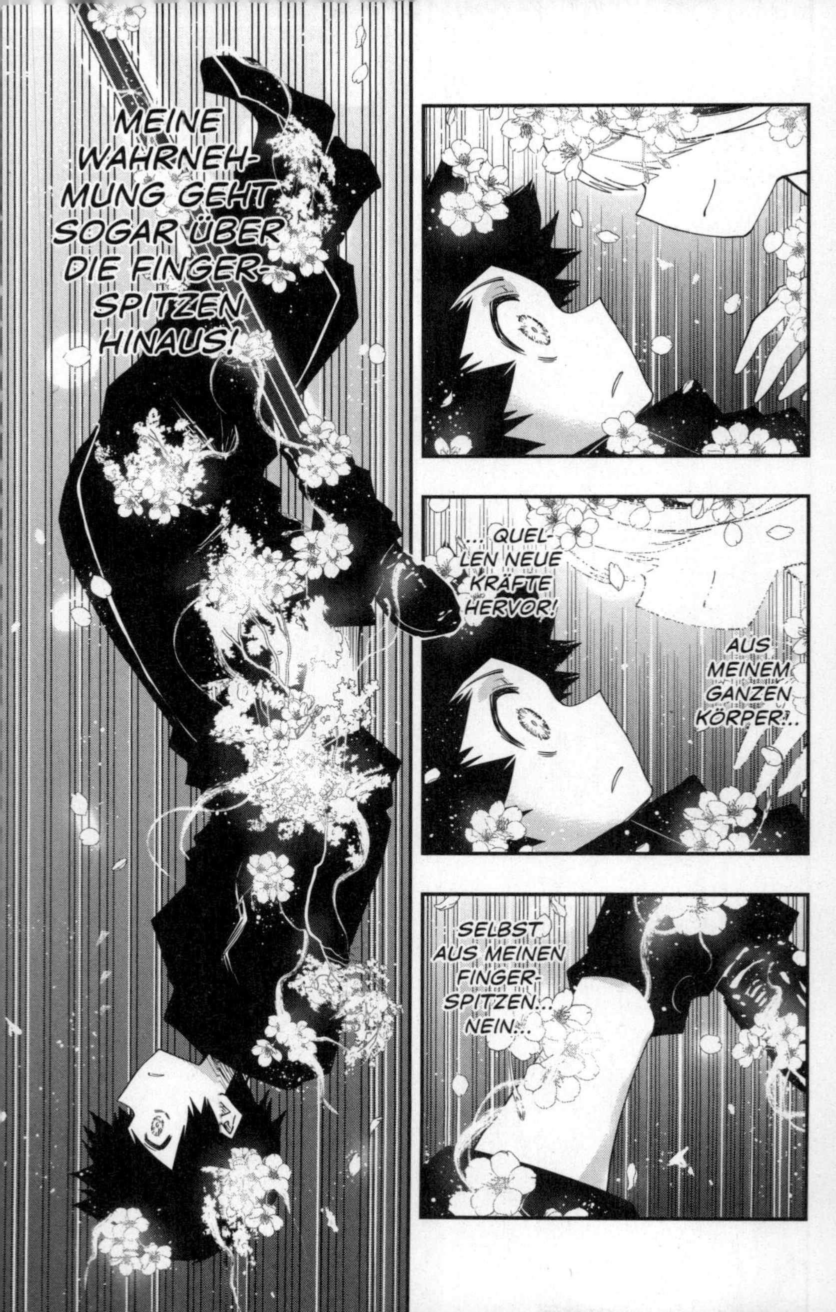
AUS MEINEM GANZEN KÖRPER ...
... QUELLEN NEUE KRÄFTE HERVOR!
SELBST AUS MEINEN FINGERSPITZEN ... NEIN ...
MEINE WAHRNEHMUNG GEHT SOGAR ÜBER DIE FINGERSPITZEN HINAUS!

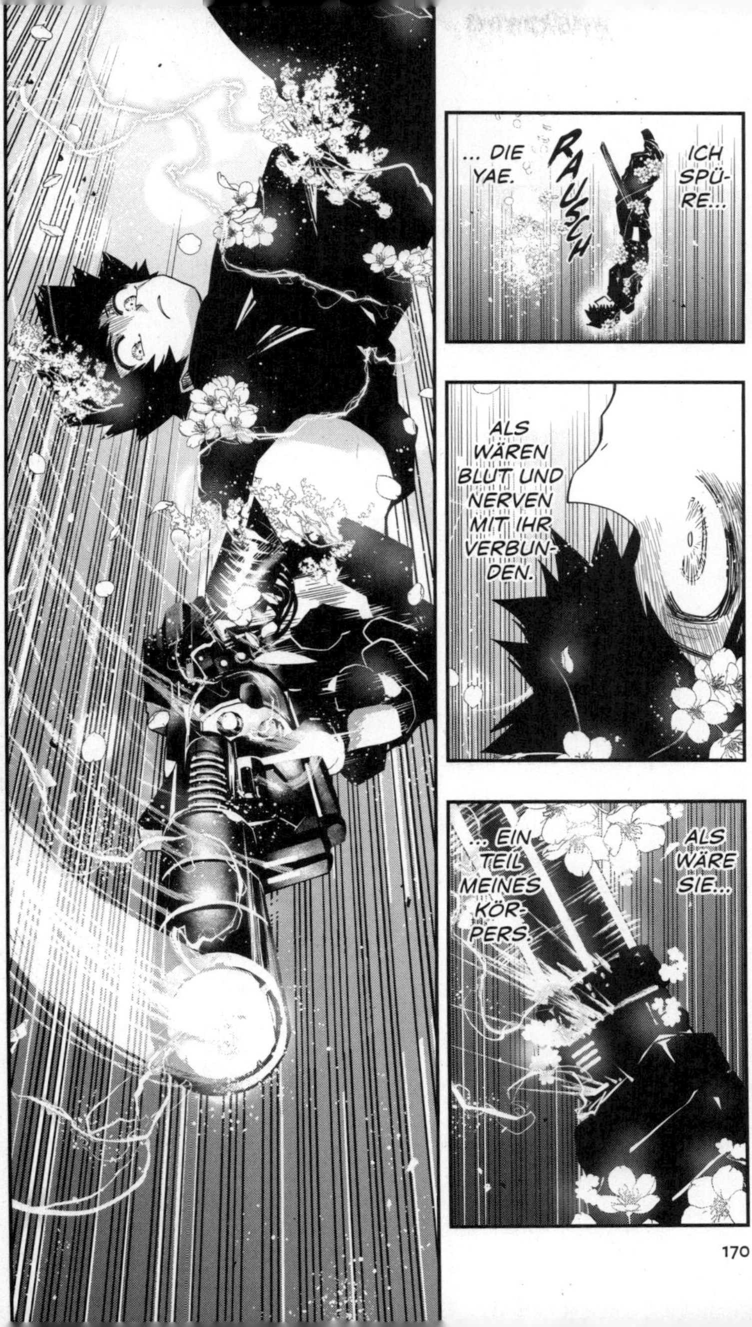
ICH SPÜ-RE...
RAUSCH
... DIE YAE.
ALS WÄREN BLUT UND NERVEN MIT IHR VERBUNDEN.
ALS WÄRE SIE...
... EIN TEIL MEINES KÖRPERS.

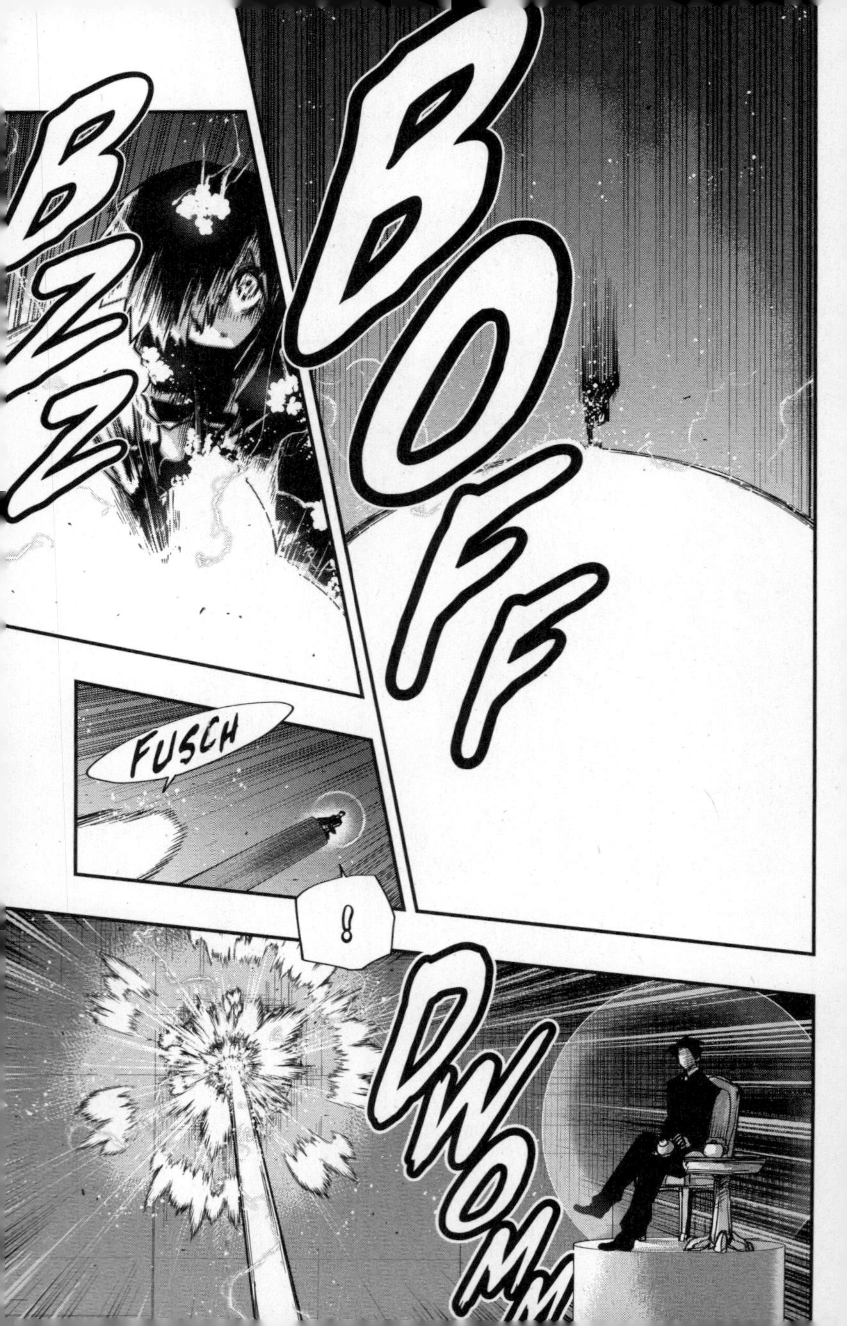
BOFF
BZZZ
FUSCH
!
DWOMM

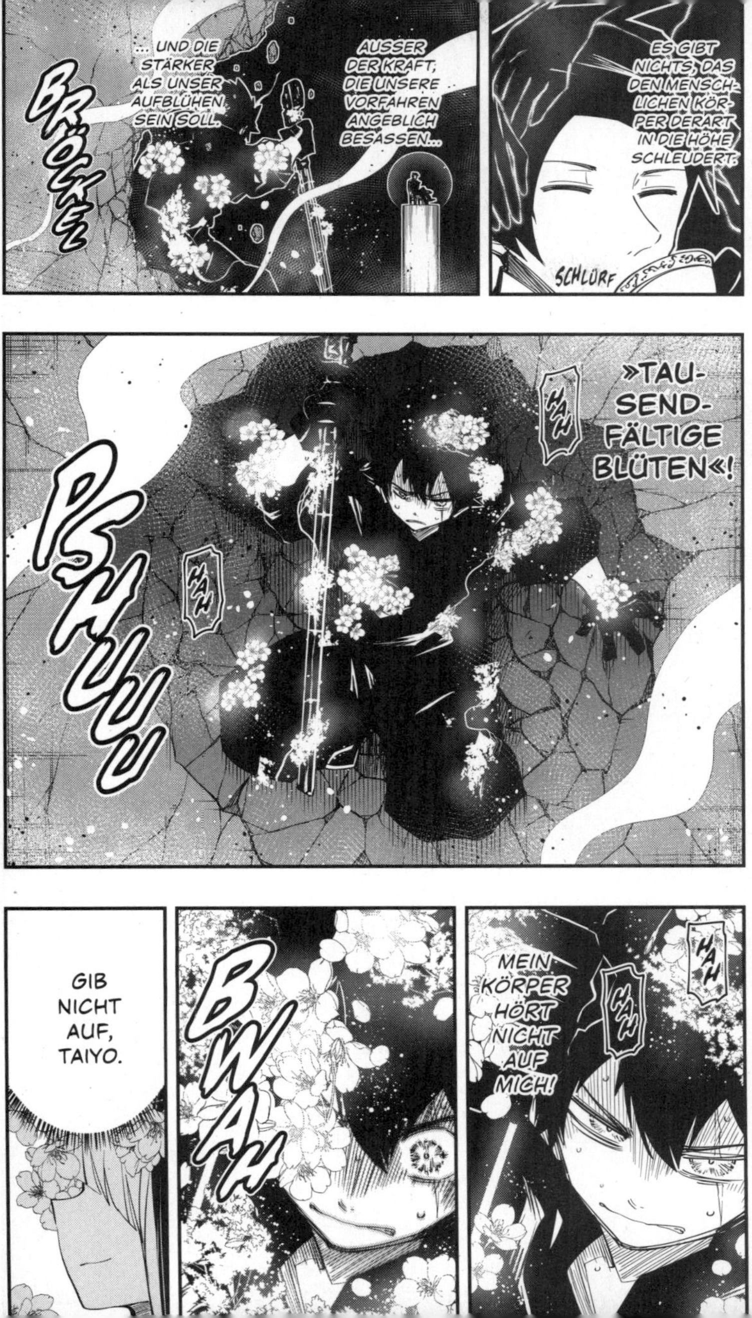
ES GIBT NICHTS, DAS DEN MENSCHLICHEN KÖRPER DERART IN DIE HÖHE SCHLEUDERT.
SCHLÜRF
AUSSER DER KRAFT, DIE UNSERE VORFAHREN ANGEBLICH BESASSEN ...
... UND DIE STÄRKER ALS UNSER AUFBLÜHEN SEIN SOLL.
BRÖCKEL
»TAUSENDFÄLTIGE BLÜTEN«!
HAH
HAH
PSHUUU
HAH
HAH
MEIN KÖRPER HÖRT NICHT AUF MICH!
BWAH
GIB NICHT AUF, TAIYO.

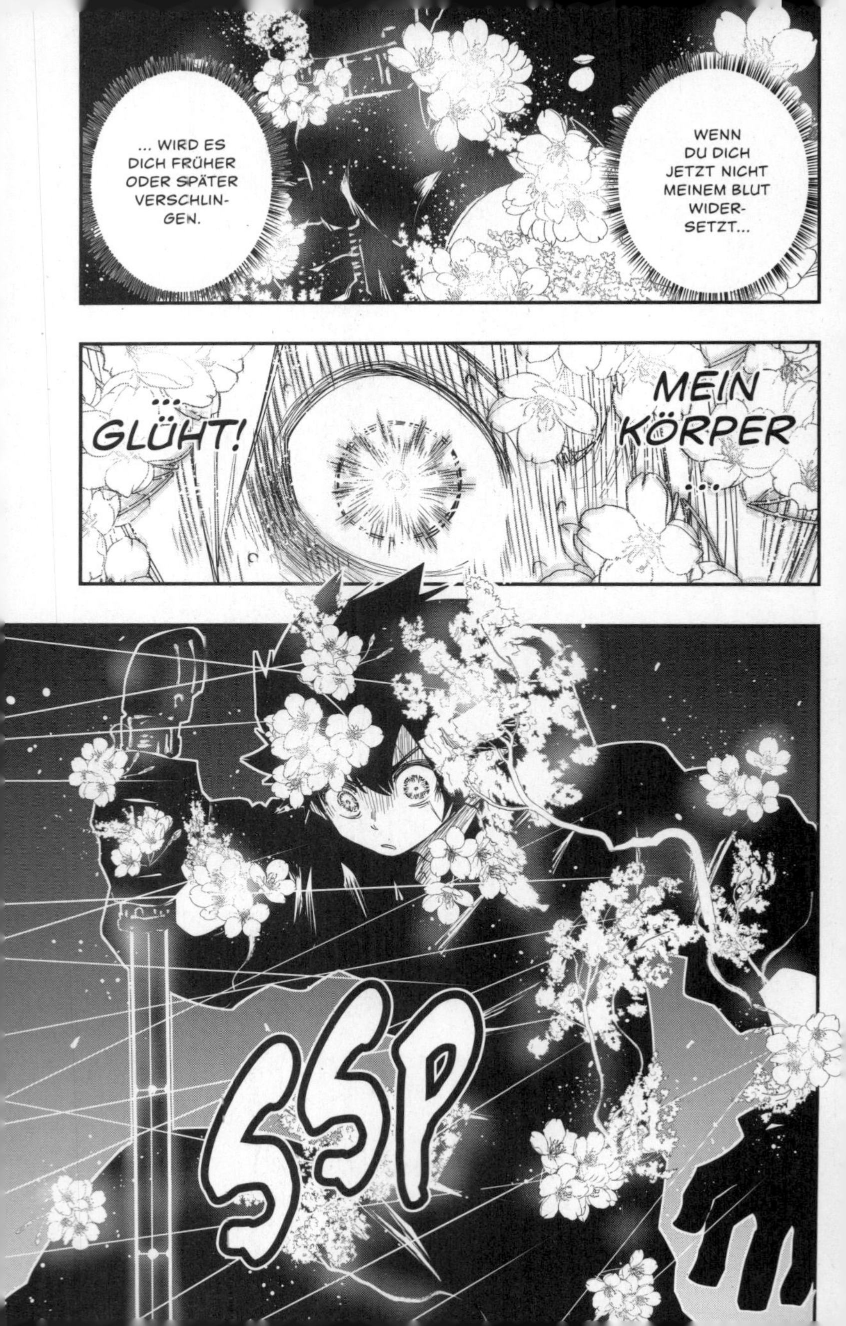
WENN DU DICH JETZT NICHT MEINEM BLUT WIDER-SETZT...
... WIRD ES DICH FRÜHER ODER SPÄTER VERSCHLIN-GEN.
MEIN KÖRPER ...
... GLÜHT!
SSP

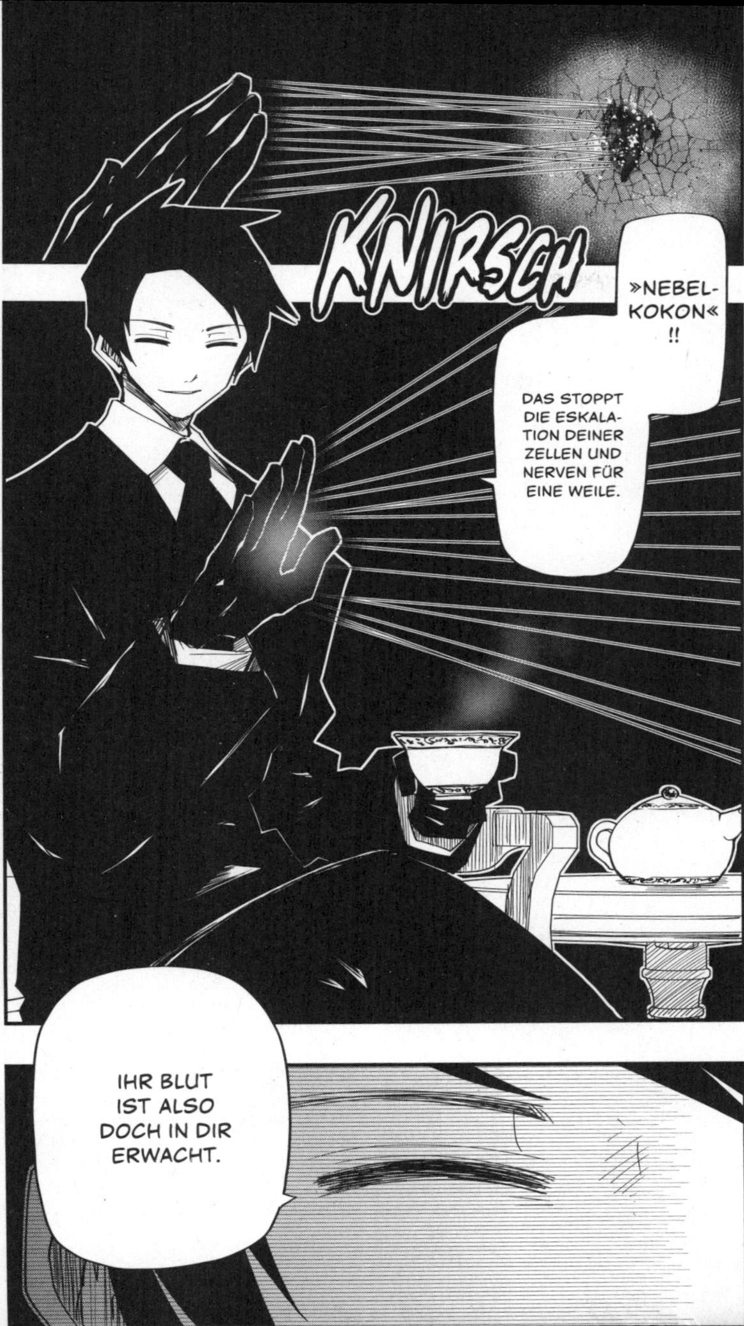
KNIRSCH
»NEBEL-
KOKON«
!!
DAS STOPPT
DIE ESKALA-
TION DEINER
ZELLEN UND
NERVEN FÜR
EINE WEILE.
IHR BLUT
IST ALSO
DOCH IN DIR
ERWACHT.

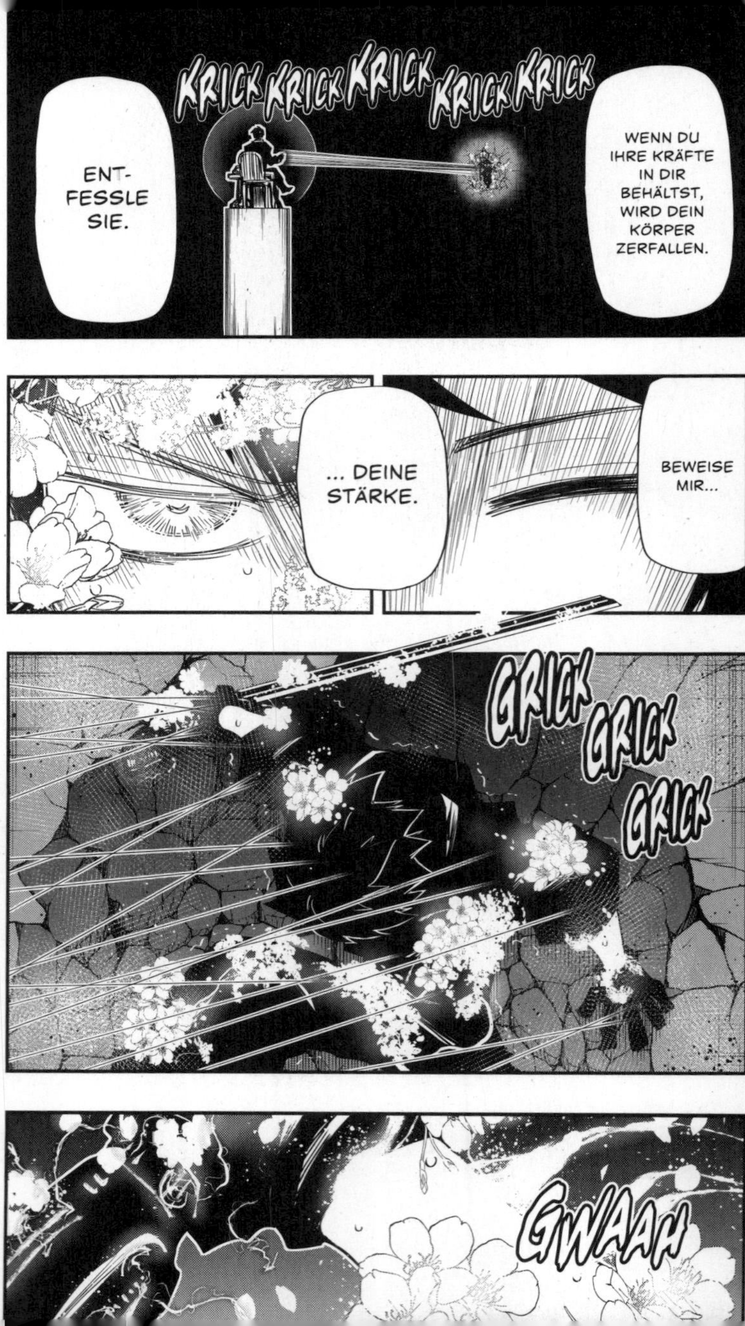
KRICK KRICK KRICK KRICK KRICK
WENN DU IHRE KRÄFTE IN DIR BEHÄLTST, WIRD DEIN KÖRPER ZERFALLEN.
ENT-FESSLE SIE.
BEWEISE MIR...
... DEINE STÄRKE.
GRICK GRICK GRICK
GWAAH

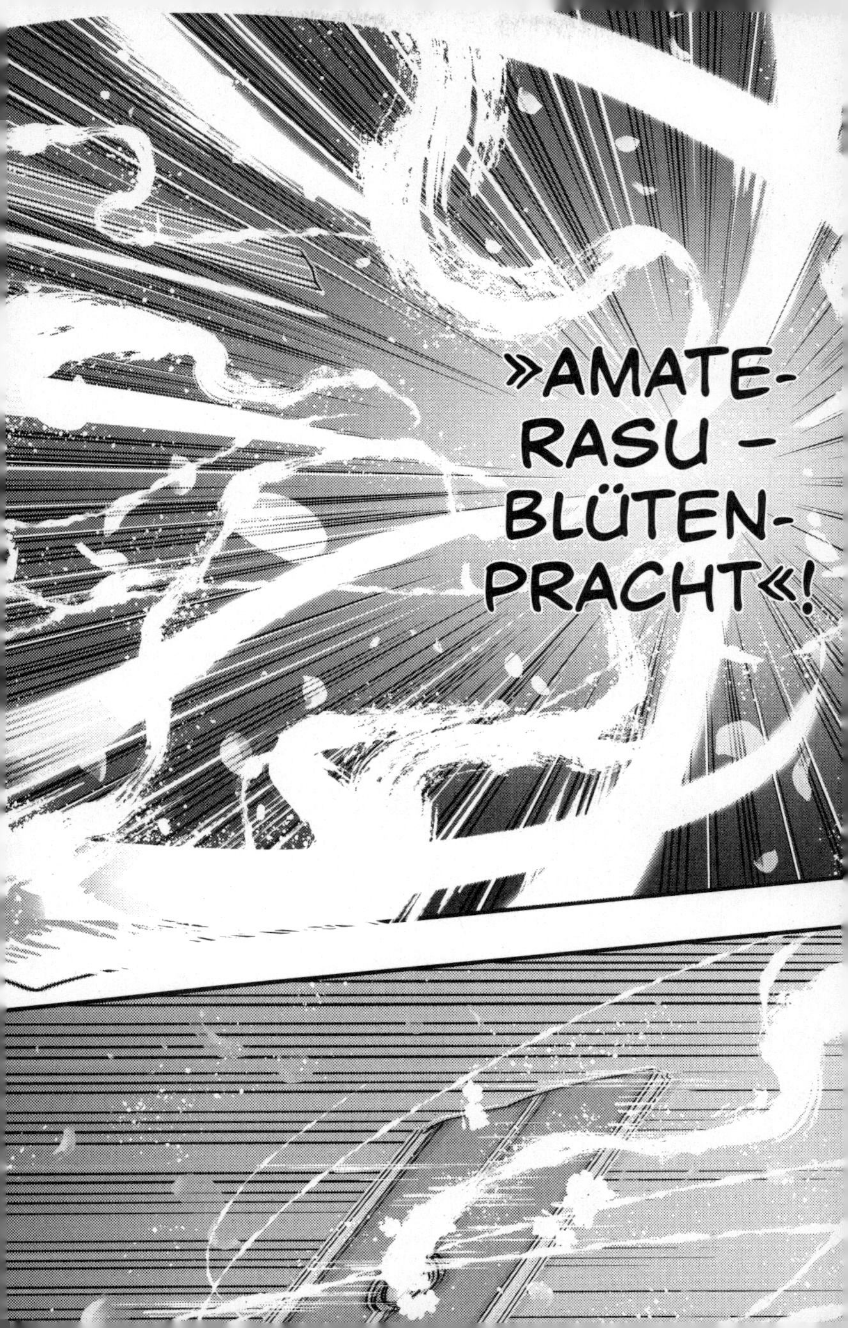
»AMATE-
RASU –
BLÜTEN-
PRACHT«!

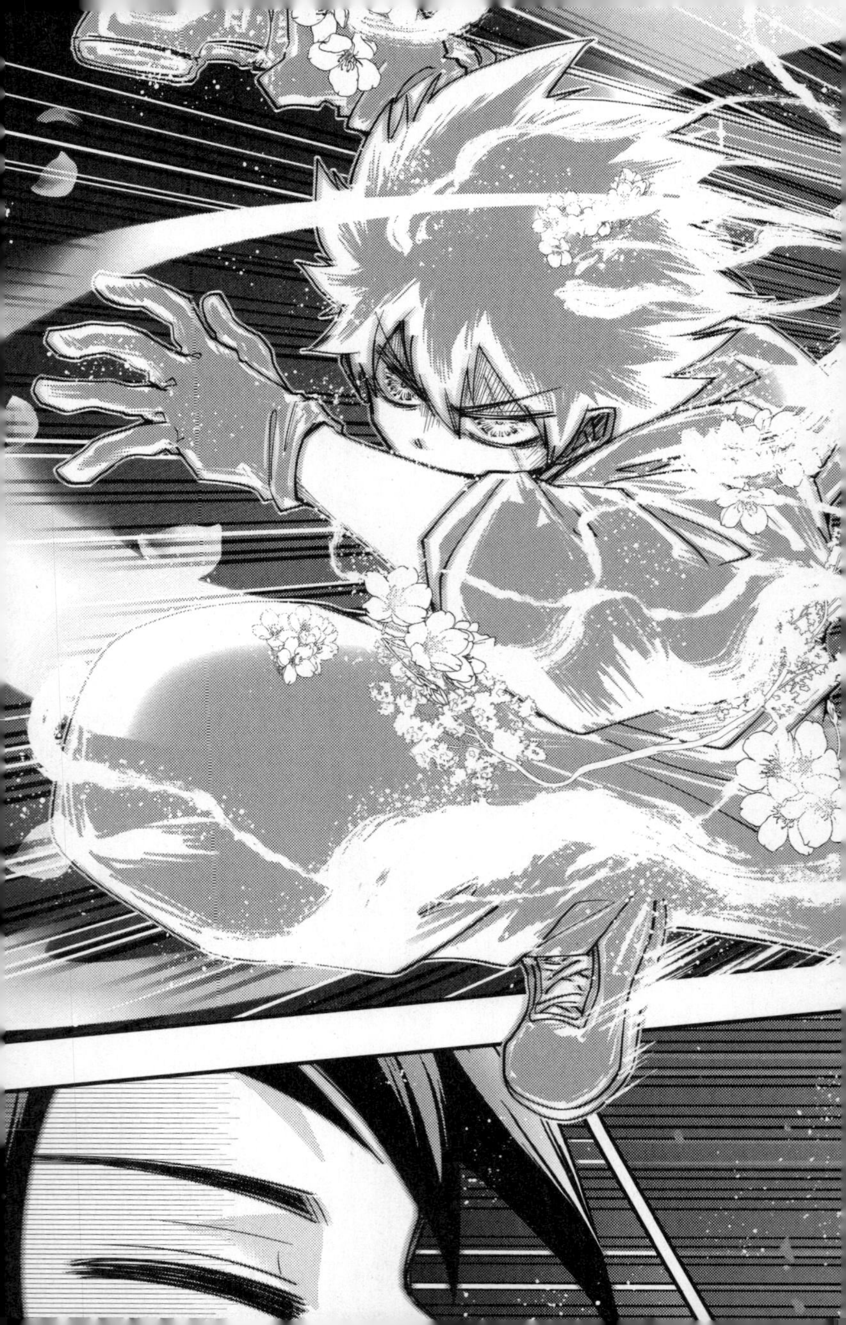

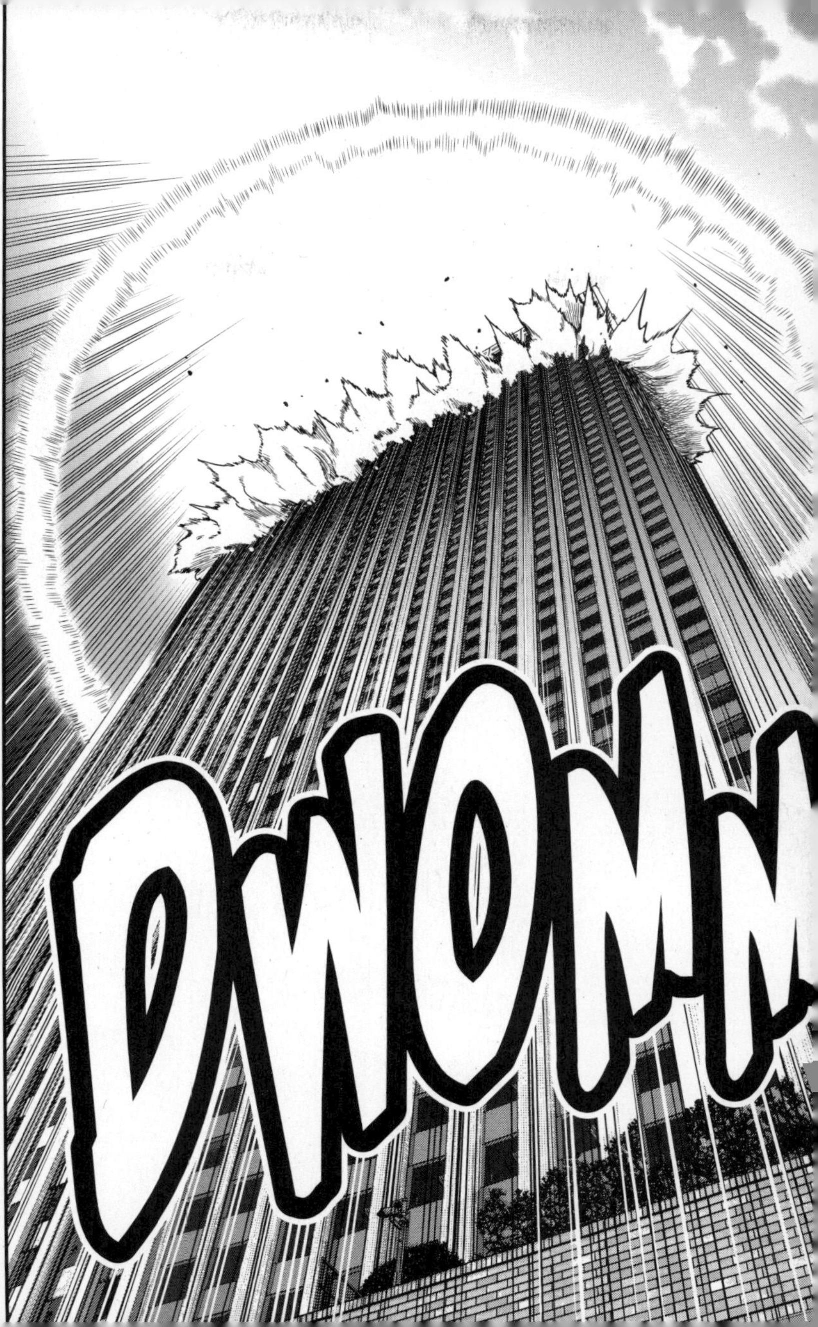
DWOMM

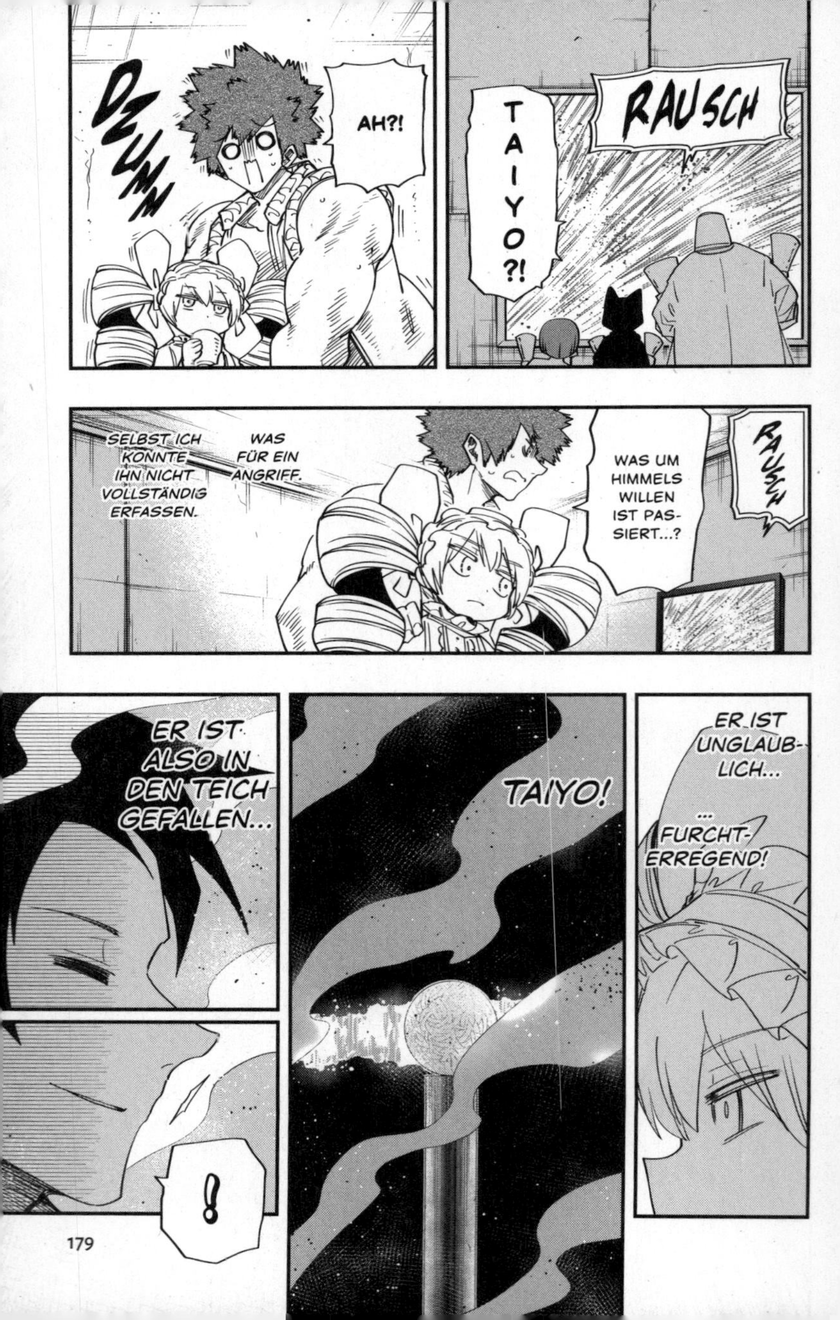
RAUSCH
TAIYO?!
AH?!
DZUMM
RAUSCH
WAS UM HIMMELS WILLEN IST PASSIERT...?
WAS FÜR EIN ANGRIFF.
SELBST ICH KONNTE IHN NICHT VOLLSTÄNDIG ERFASSEN.
ER IST UNGLAUBLICH...
... FURCHTERREGEND!
TAIYO!
ER IST ALSO IN DEN TEICH GEFALLEN...
!

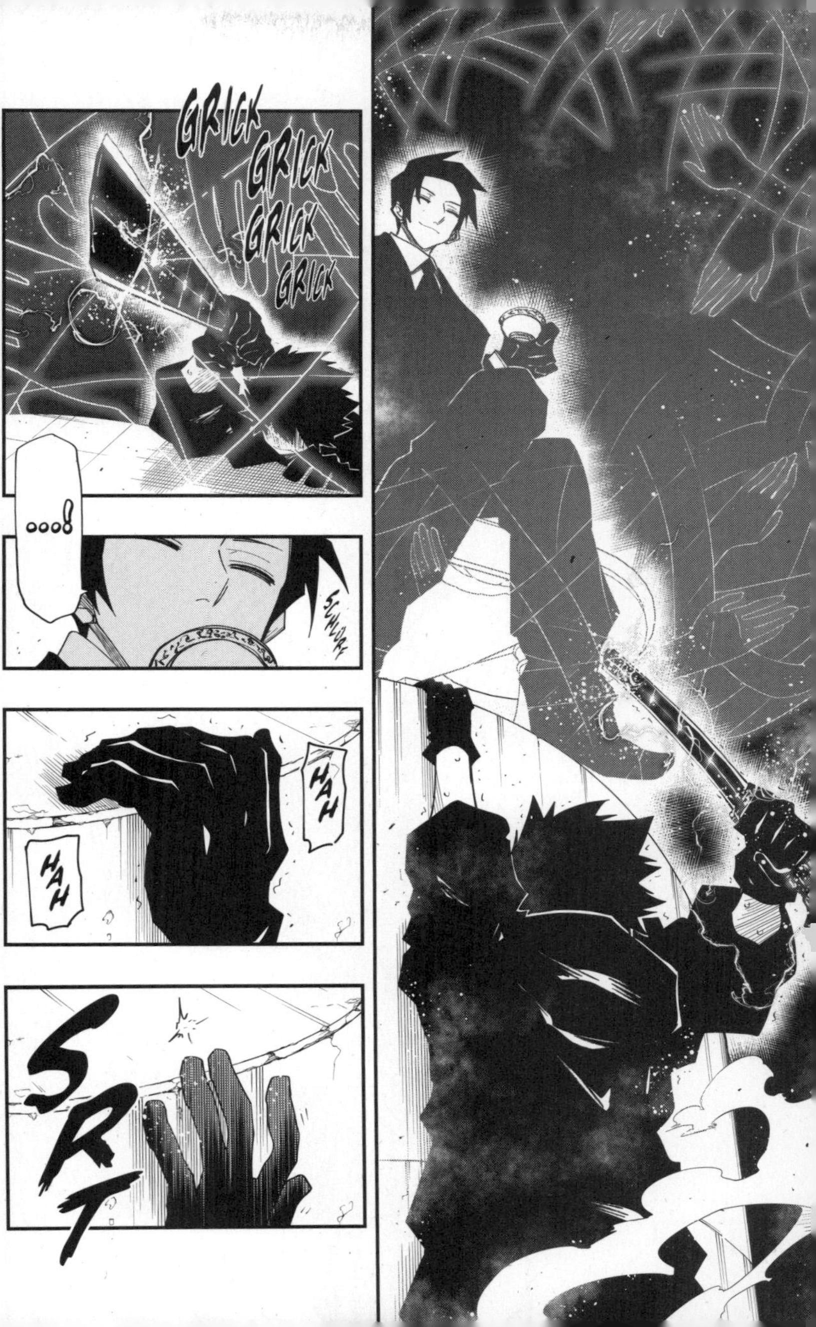
GRICK
GRICK
GRICK
GRICK
...!
SCHLÜRF
HAH
HAH
SRT

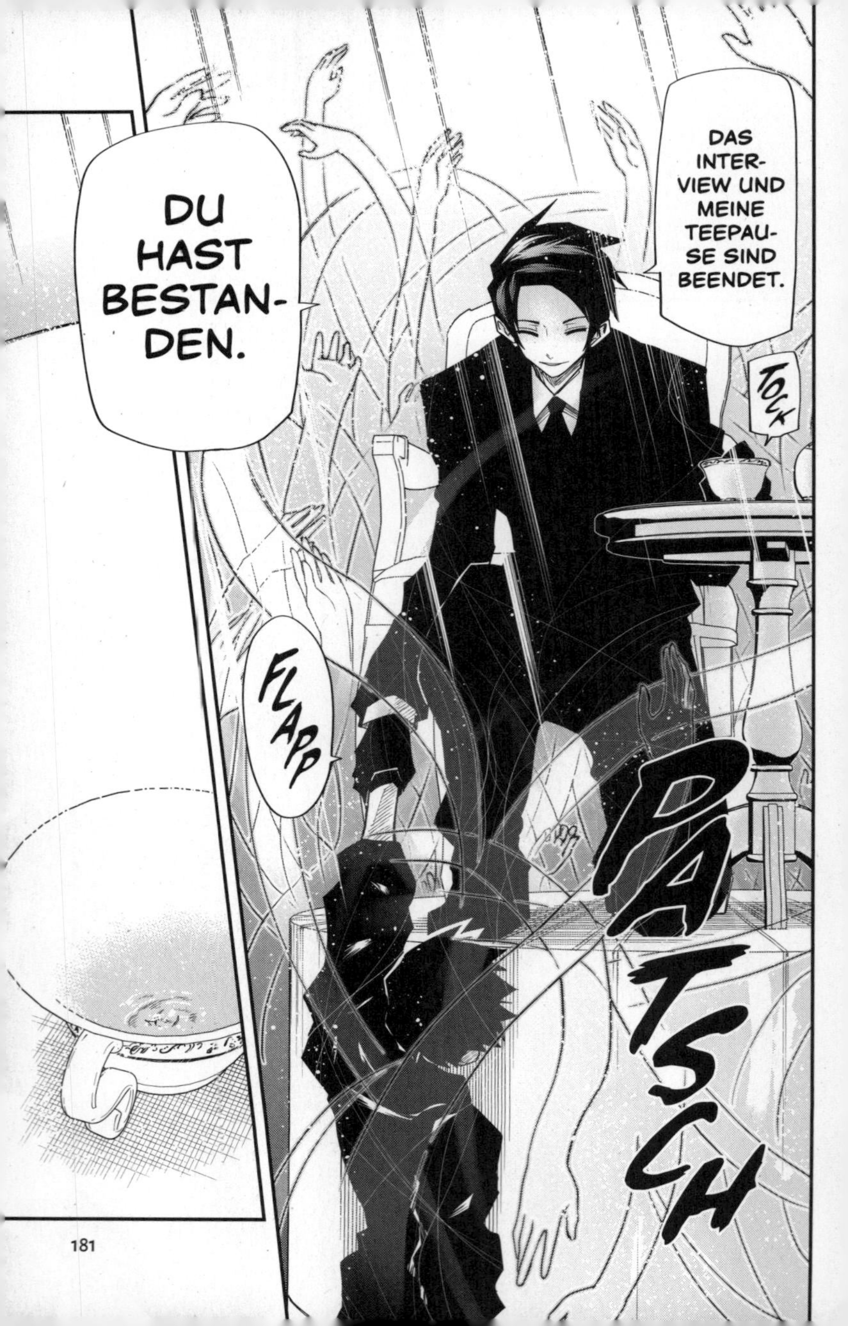
DAS INTER-VIEW UND MEINE TEEPAU-SE SIND BEENDET.
DU HAST BESTAN-DEN.
TOCK
FLAPP
PATSCH

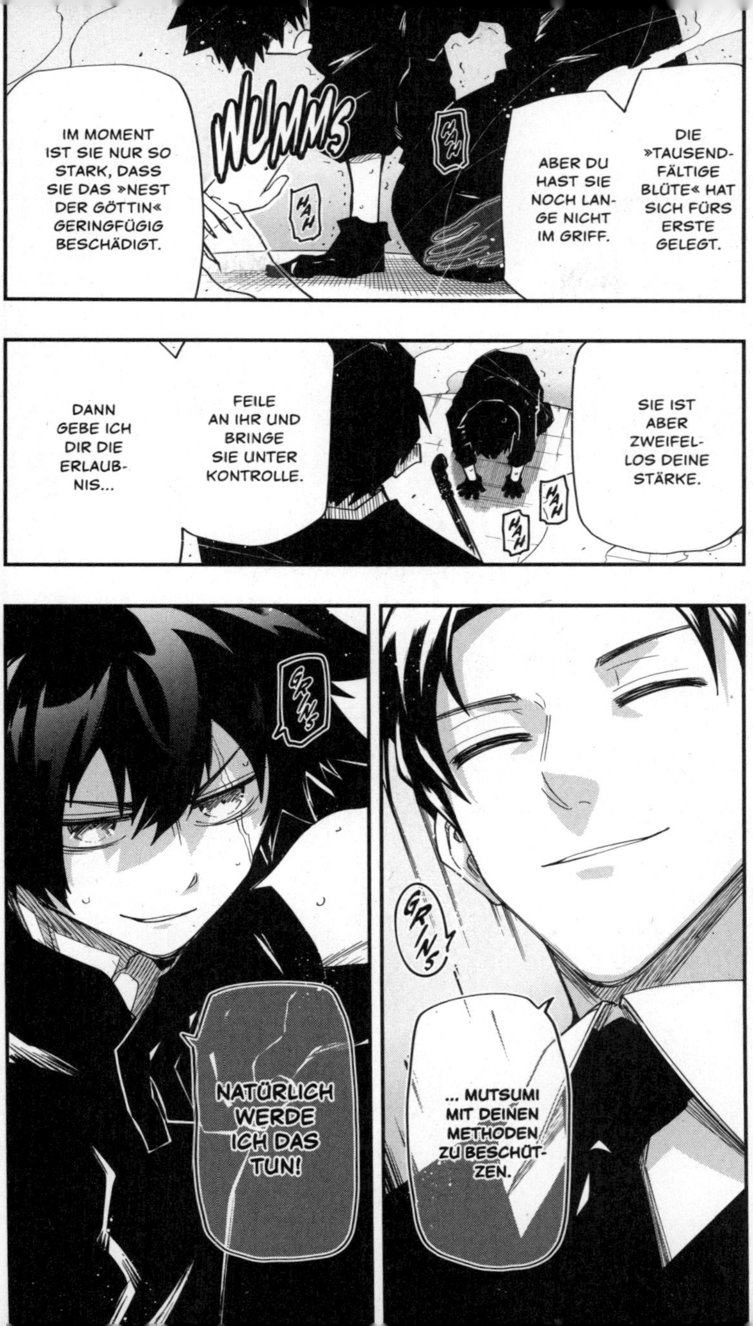
DIE »TAUSENDFÄLTIGE BLÜTE« HAT SICH FÜRS ERSTE GELEGT.
ABER DU HAST SIE NOCH LANGE NICHT IM GRIFF.
HAH
WUMMS
HAH
IM MOMENT IST SIE NUR SO STARK, DASS SIE DAS »NEST DER GÖTTIN« GERINGFÜGIG BESCHÄDIGT.
SIE IST ABER ZWEIFELLOS DEINE STÄRKE.
HAH
HAH
FEILE AN IHR UND BRINGE SIE UNTER KONTROLLE.
DANN GEBE ICH DIR DIE ERLAUBNIS...
GRINS
... MUTSUMI MIT DEINEN METHODEN ZU BESCHÜTZEN.
GRINS
NATÜRLICH WERDE ICH DAS TUN!

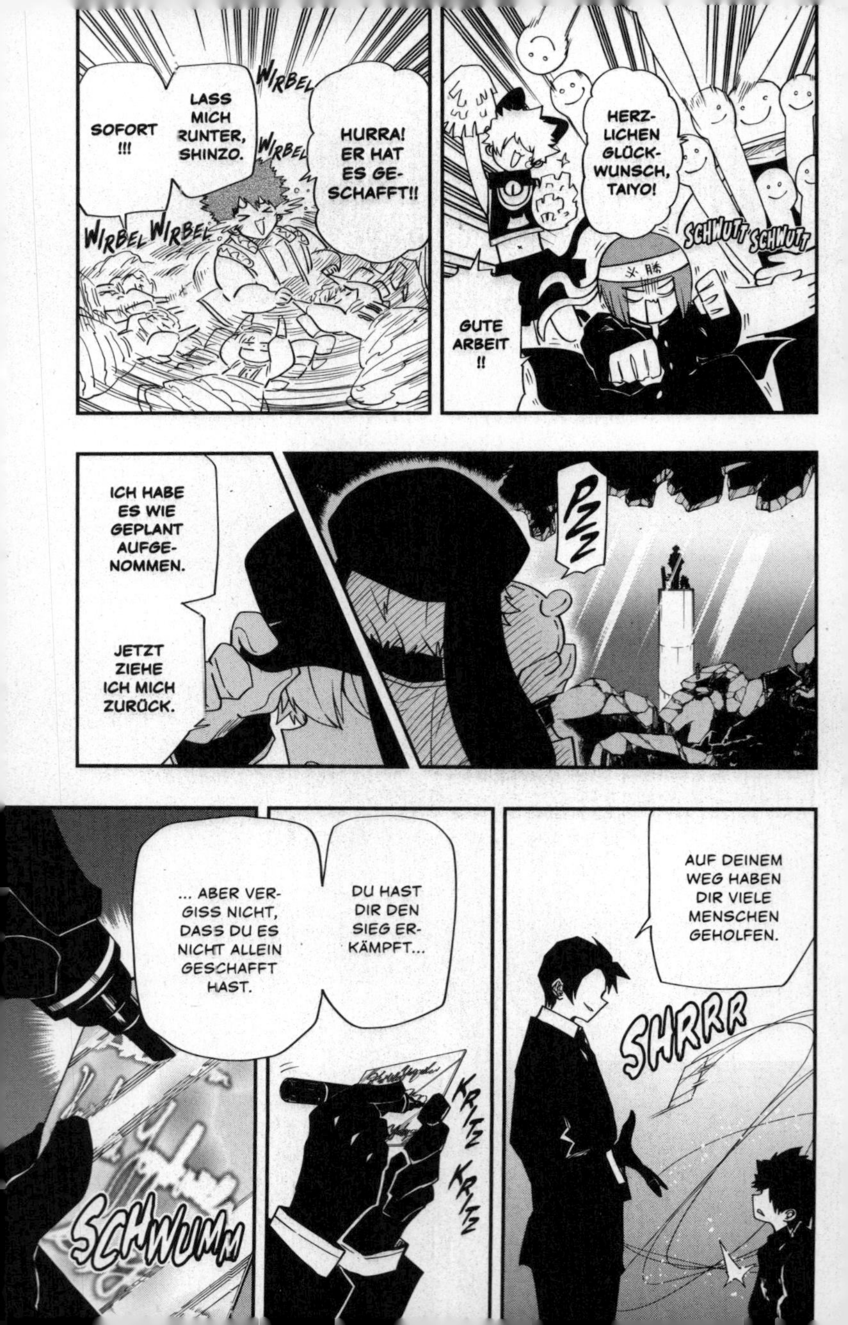
HERZLICHEN GLÜCKWUNSCH, TAIYO!
SCHWUTT SCHWUTT
GUTE ARBEIT !!
HURRA! ER HAT ES GESCHAFFT!!
WIRBEL
WIRBEL
LASS MICH RUNTER, SHINZO.
SOFORT !!!
WIRBEL WIRBEL
PZZ
ICH HABE ES WIE GEPLANT AUFGENOMMEN.
JETZT ZIEHE ICH MICH ZURÜCK.
AUF DEINEM WEG HABEN DIR VIELE MENSCHEN GEHOLFEN.
SHRRR
DU HAST DIR DEN SIEG ERKÄMPFT...
... ABER VERGISS NICHT, DASS DU ES NICHT ALLEIN GESCHAFFT HAST.
KRITZ KRITZ
SCHWUMM

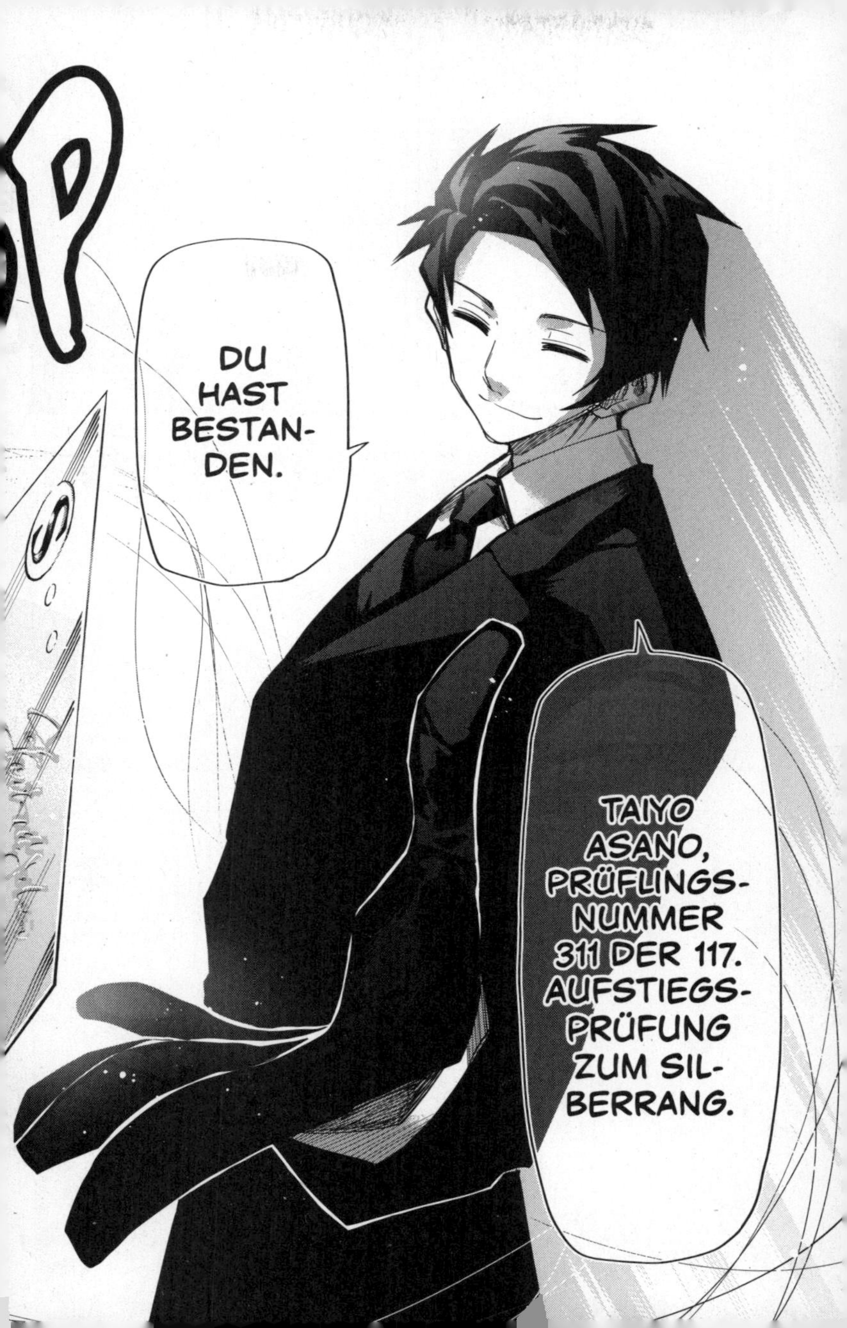
DU HAST BESTANDEN.
TAIYO ASANO, PRÜFLINGSNUMMER 311 DER 117. AUFSTIEGSPRÜFUNG ZUM SILBERRANG.

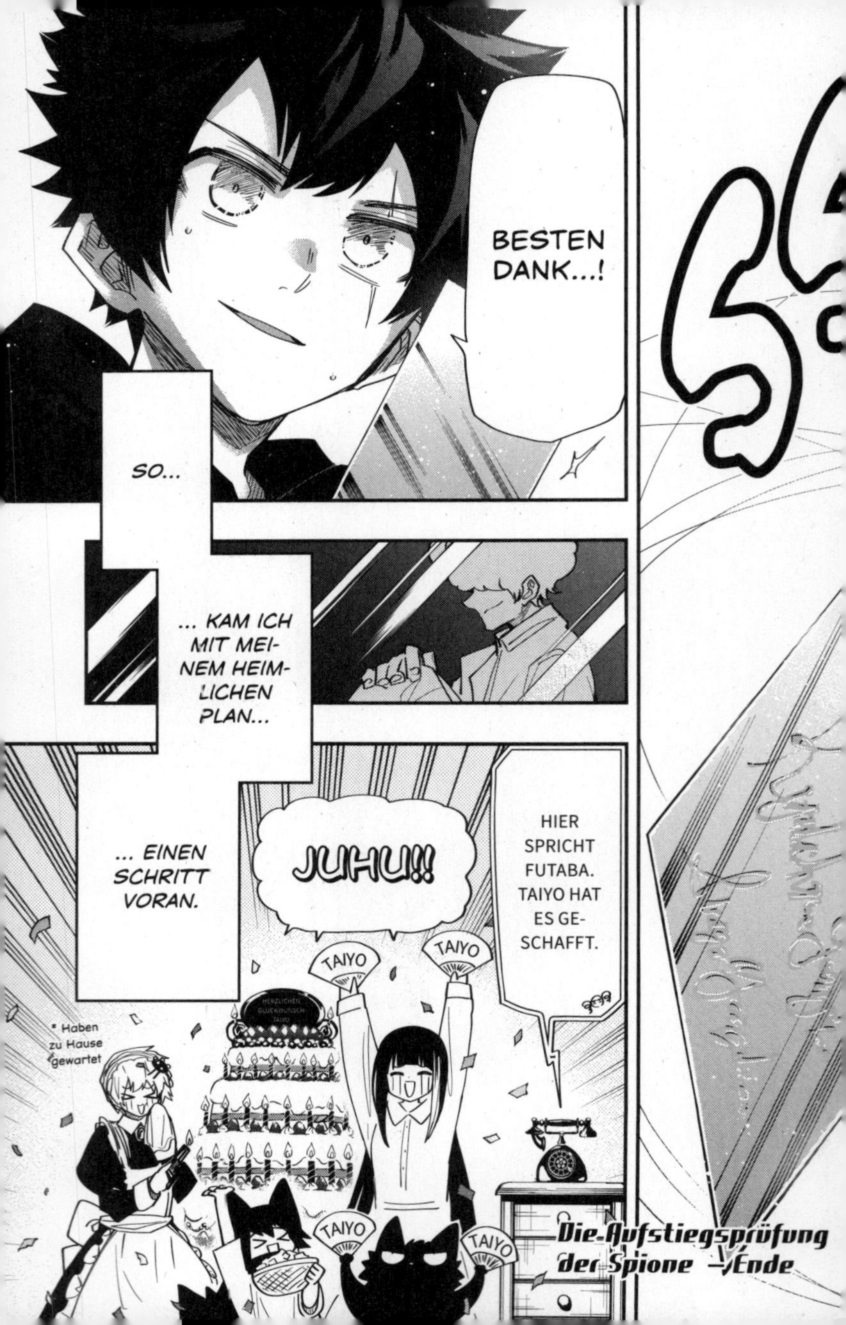
BESTEN DANK...!
SO...
... KAM ICH MIT MEINEM HEIMLICHEN PLAN...
... EINEN SCHRITT VORAN.
HIER SPRICHT FUTABA. TAIYO HAT ES GESCHAFFT.
JUHU!!
TAIYO
TAIYO
HERZLICHEN GLÜCKWUNSCH TAIYO
* Haben zu Hause gewartet
TAIYO
TAIYO
Die Aufstiegsprüfung der Spione – Ende

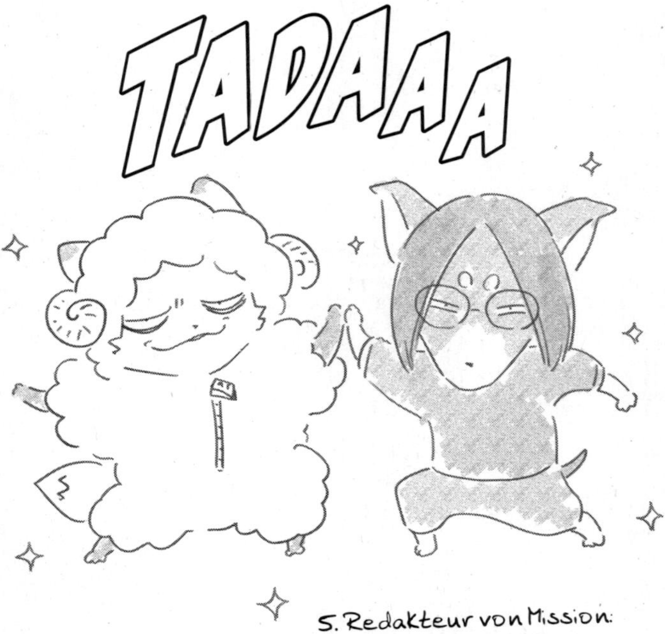

5. Redakteur von Mission: Yozakura Family
»Seisuke Araki«
Lieblingscharakter: Futaba

BONUS: »TANABATA«

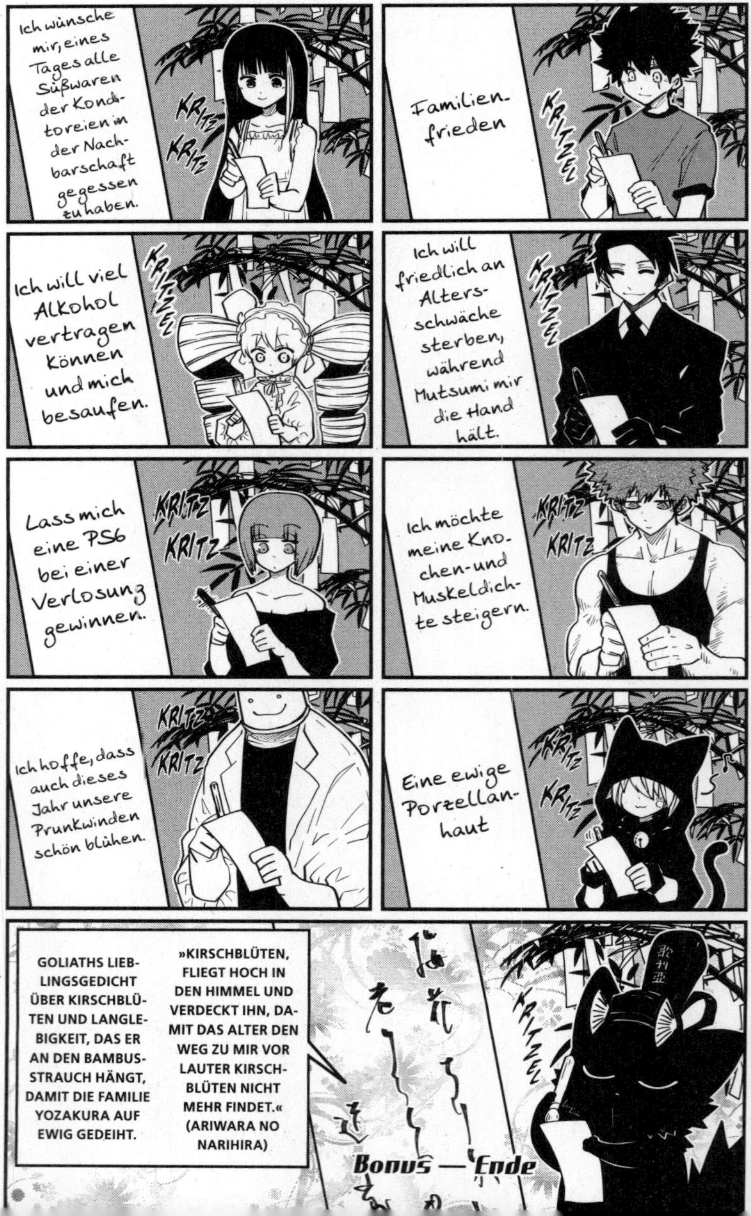

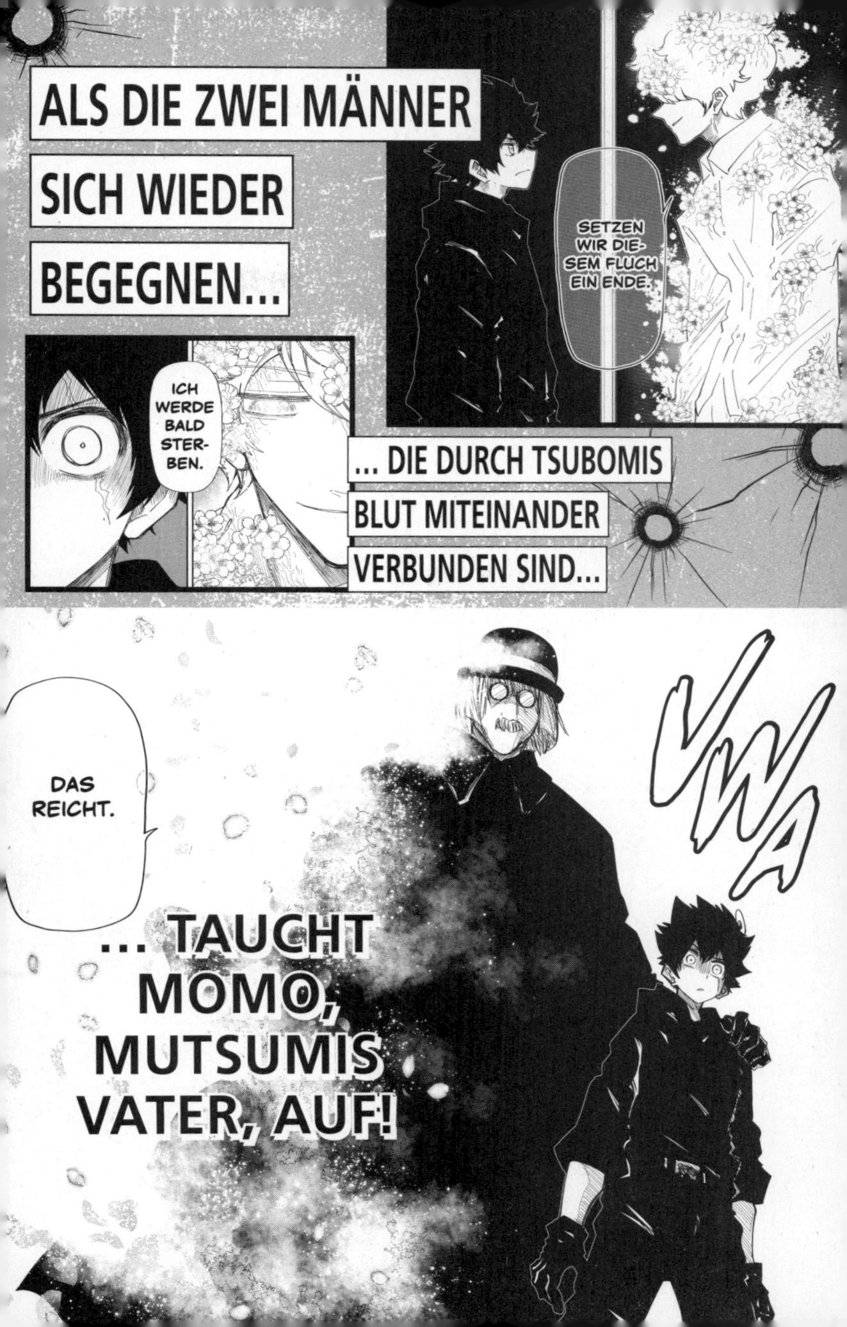
ALS DIE ZWEI MÄNNER SICH WIEDER BEGEGNEN...
SETZEN WIR DIE-SEM FLUCH EIN ENDE.
ICH WERDE BALD STER-BEN.
... DIE DURCH TSUBOMIS BLUT MITEINANDER VERBUNDEN SIND...
DAS REICHT.
... TAUCHT MOMO, MUTSUMIS VATER, AUF!

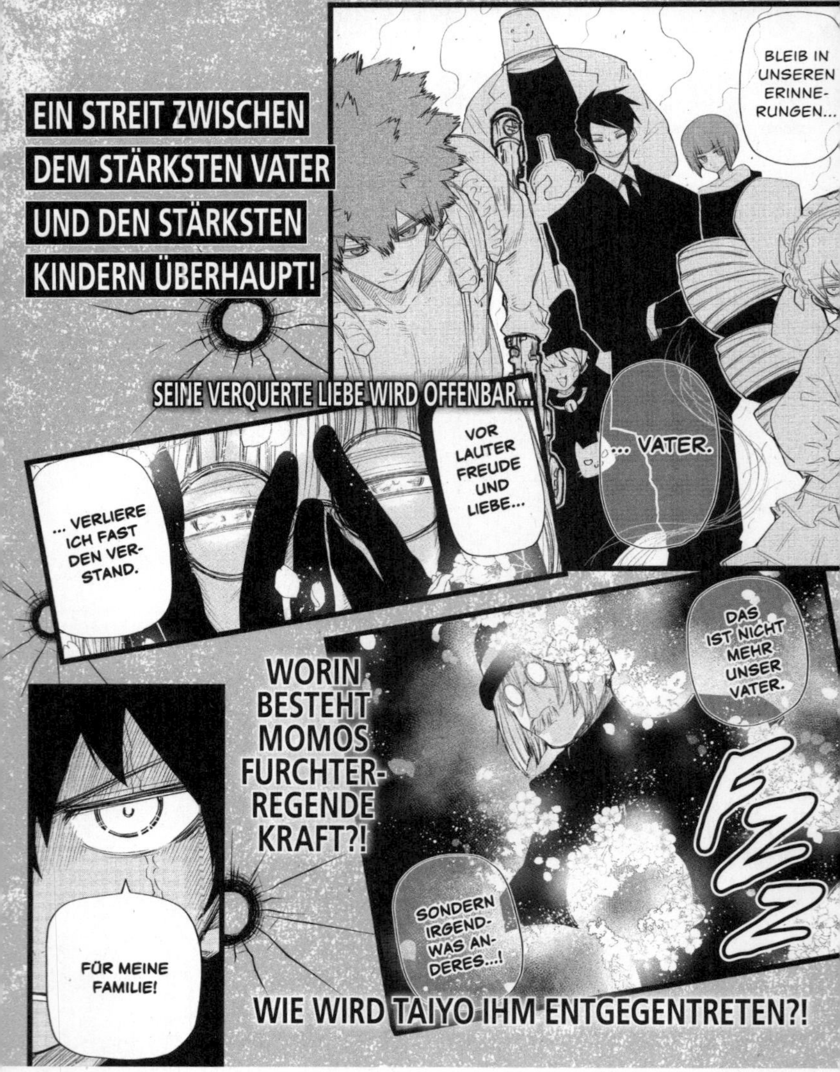

MISSION: Yozakura Family 12

... AB SOMMER 2024 IM HANDEL!!!

reiche Serien

Boruto
von Masashi Kishimoto, Ukyo Kodachi und Mikio Ikemoto

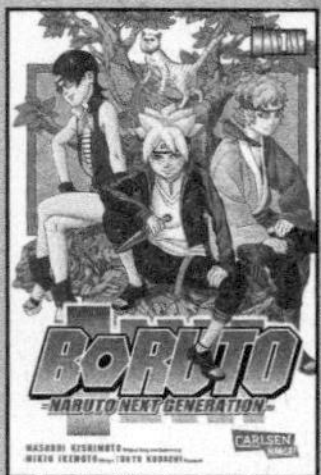

Narutos Sohn Boruto gilt als Wunderkind und ist genauso rebellisch wie einst sein Vater. Er bittet Sasuke ihn zu trainieren, um ein besserer Ninja als Naruto zu werden…

Naruto
von Masashi Kishimoto

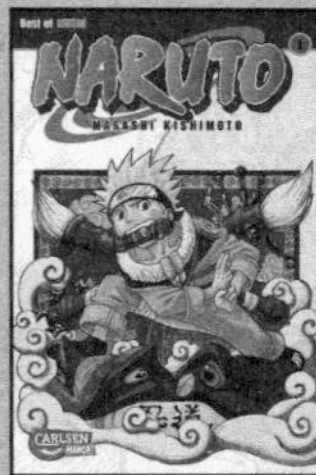

Naruto will der beste Ninja der Welt werden. Weil in ihm ein mächtiges Geheimnis schlummert, wird er von vielen bösen und gefährlichen Ninja verfolgt…

Fairy Tail
von Hiro Mashima

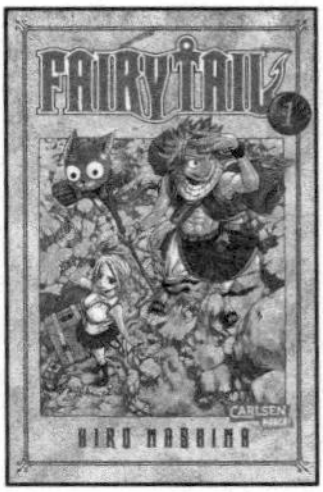

Verrückte Magier, geflügelte Katzen und gefährliche Monster – das ist die Welt von »Fairy Tail«. So nennt sich eine Gilde von sympathischen Outlaws, die mit ihren Zauberkünsten gegen das Böse in der Welt kämpfen, dabei aber mehr als einmal über das Ziel hinausschießen.

Edens Zero
von Hiro Mashima

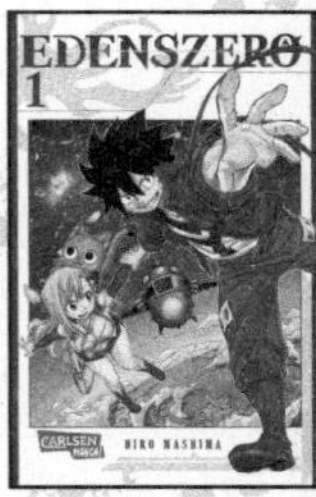

Im Reich der Träume, dem Vergnügungspark Granbell, lebt Shiki allein unter Robotern, doch dann treffen die ersten Gäste seit 100 Jahren ein: Rebecca und ihre blaue Katze Happy. Die drei verstehen sich auf Anhieb gut und werden Freunde… Allerdings birgt dieses kleine Aufeinandertreffen große Veränderungen für ihr Schicksal!

Assassination Classroom
von Yusei Matsui

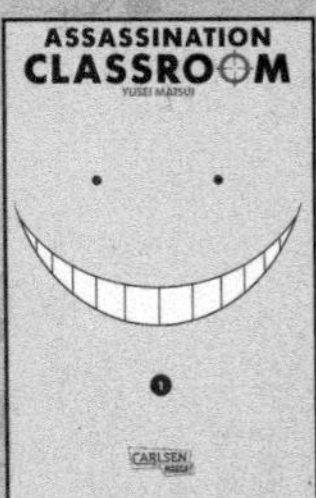

Ein übermächtiges Tentakelmonster mit Smileygesicht droht die Erde zu zerstören. Aber erst nächstes Jahr … Bis dahin unterrichtet das Monster die Klasse 9-E der Kunugigaoka Junior Highschool.

Soul Eater Massiv
von Atsushi Ohkubo

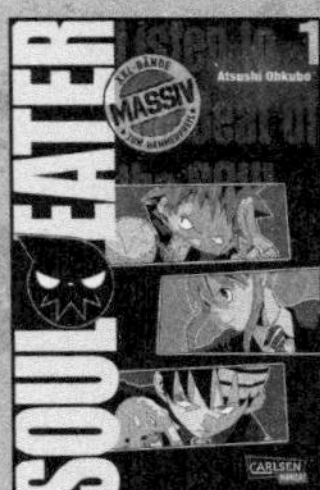

Maka ist Waffenschmiedin in einer spezieller Ausbildung. Ihre Sense namens Soul Eater hat ein Eigenleben und nimmt außerhalb des Kampfes die Gestalt eines ultracoolen Jungen an.

Mission: Yozakura Family Charaktere

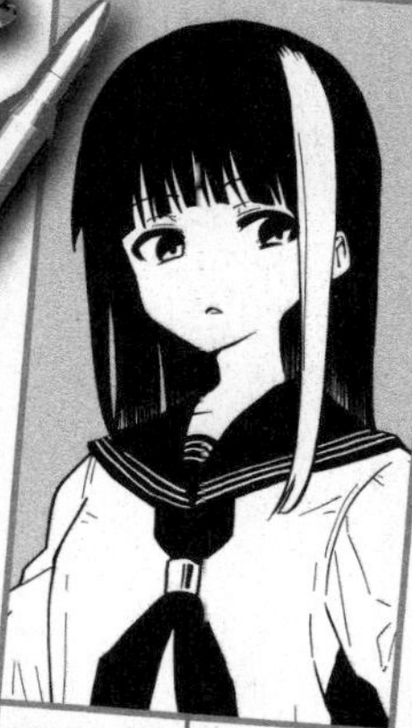

MUTSUMI YOZAKURA

Drittälteste Tochter der Yozakuras. Als Oberhaupt ihrer Familie, die etliche Übermenschen hervorgebracht hat, wird sie rund um die Uhr von ihren Geschwistern beschützt.

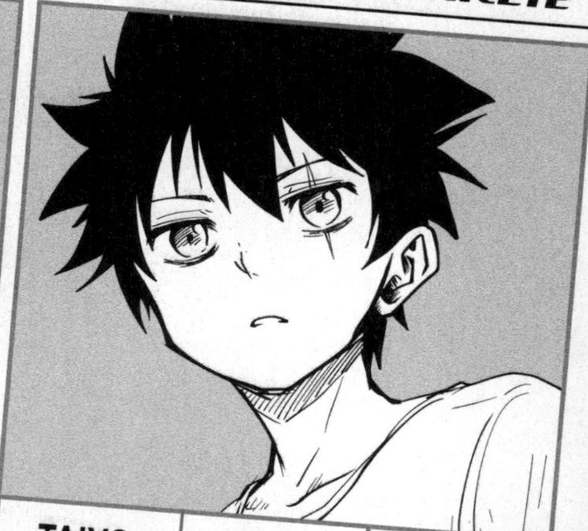

TAIYO ASANO

Der Oberschüler hat seine Familie bei einem Verkehrsunfall verloren und ist seitdem sehr menschenscheu. Die Einzige, der er sein Herz öffnet, ist seine Frau und Kindheitsfreundin Mutsumi.

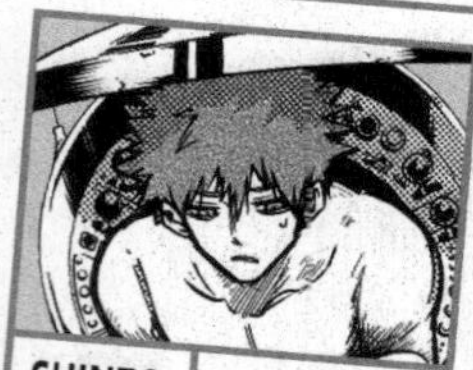

SHINZO

Der zweitälteste Sohn der Familie ist ein Waffenspezialist.

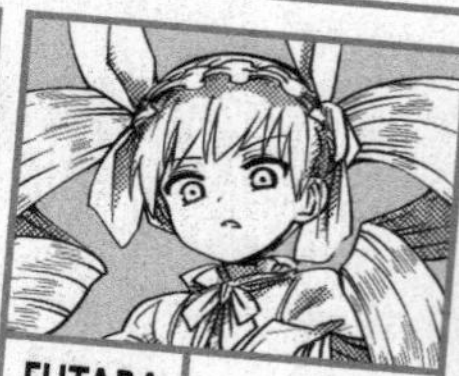

FUTABA

Die älteste Tochter der Yozakuras ist eine Meisterin in Aikido und Jiu-Jitsu.

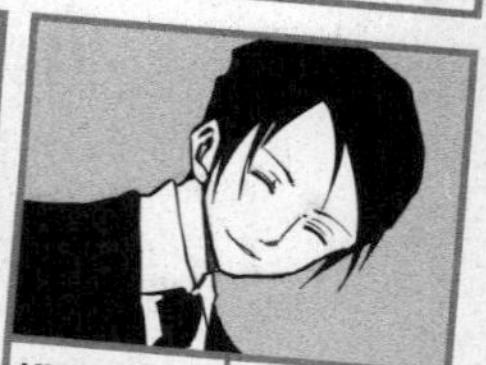

KYOICHIRO YOZAKURA

Der älteste Sohn der Familie Yozakura ist der beste und beliebteste Spion weit und breit.

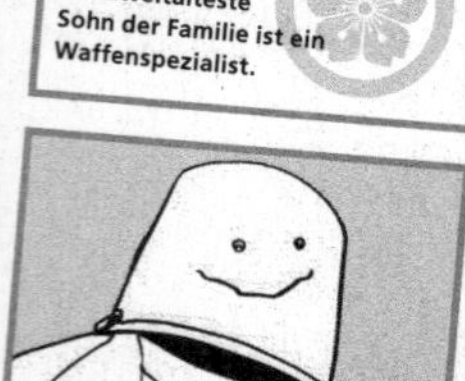

NANAO

Viertältester Sohn der Yozakuras. Nanao ist medizinisch bewandert und hat Bärenkräfte.

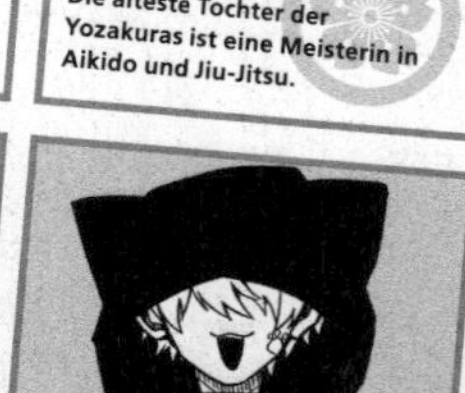

KENGO

Der Verkleidungskünstler und drittälteste Sohn kann sich in alle möglichen Personen verwandeln.

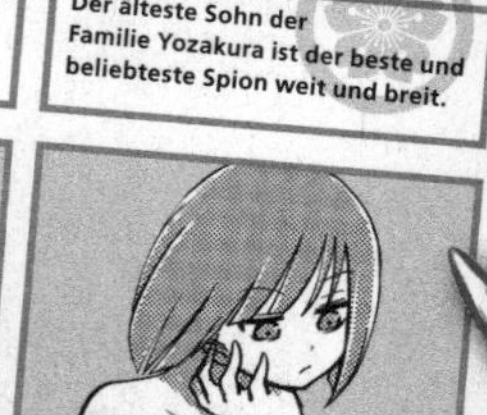

SHION

Die zweitälteste Tochter der Yozakuras ist Gamerin und begnadete Hackerin zugleich.

MISSION: Yozakura Family

11

Die Aufstiegsprüfung der Spione

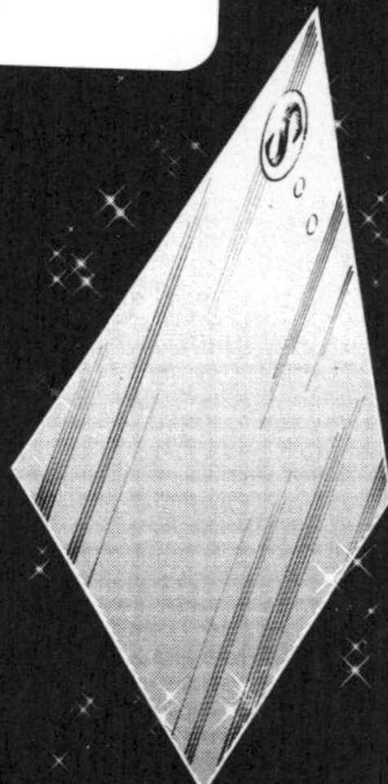

Hitsuji Gondaira